Schummelseite

AKKORDDIAGRAMME »ÜBERSETZEN«

Auch wenn es sich immer lohnt, Noten lesen zu können – unbedingt notwendig ist es für die Ukulele nicht. Für Anfänger sind Griffdiagramme und Tabs sogar der einfachere Weg, da Sie auf dem Blatt genau das sehen, was Sie auch sehen, wenn Sie Ihre Uku in der Hand halten.

Auf den Skizzen sehen Sie in der Regel die ersten fünf Bünde der Ukulele – und zwar aus der Perspektive, wenn Sie die Ukulele vor sich hinstellen und sich gegenseitig anschauen. Das heißt: Ganz oben ist der erste Bund, dann folgt der zweite, der dritte und so weiter. Ganz oben finden Sie die Akkordbezeichnung (in diesem Fall C), und die Ziffer ganz unten verrät Ihnen, welchen Finger Sie am besten verwenden (in diesem Fall steht da eine 3, damit ist der Ringfinger gemeint):

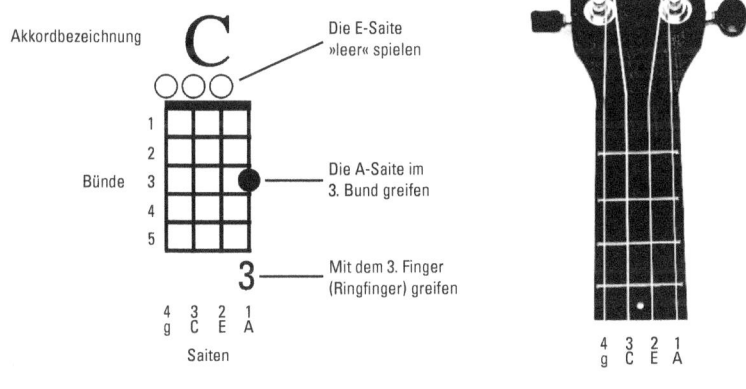

TABULATUREN »ÜBERSETZEN«

Die vier waagerechten Linien in der Tabulatur entsprechen den vier Saiten. Die unterste (g) ist die, die Ihrem Kopf beim Spielen am nächsten ist, die oberste (A) die am weitesten entfernte. Die Zahlen auf den Linien stehen für den Bund, in dem die betreffende Saite gegriffen wird. Tabulaturen werden von links nach rechts gelesen (außer vielleicht in China, aber wer weiß das schon?), und wenn zwei Zahlen übereinander stehen, werden die betreffenden Noten gleichzeitig gespielt.

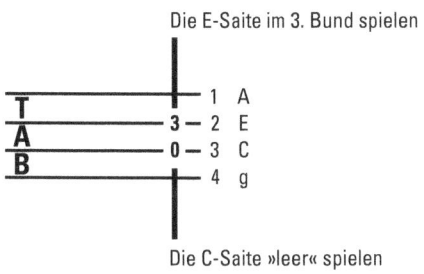

Schummelseite

DIE VERSCHIEDENEN AKKORDFAMILIEN

Ein Akkord besteht aus mehreren Noten, die man gemeinsam spielt, und sie eignen sich bestens für Ihre ersten Schritte auf der Ukulele. Nachfolgend die gängigsten Uku-Akkorde in Form von Griffdiagrammen, unterteilt in Akkordfamilien:

C-Akkordfamilie

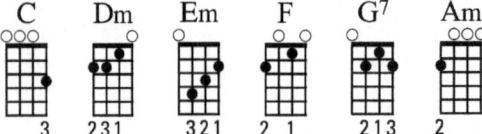

D-Akkordfamilie

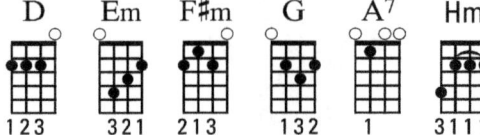

F-Akkordfamilie

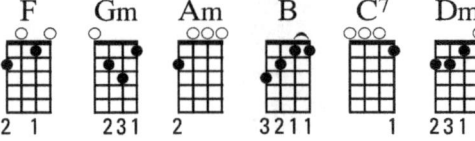

G-Akkordfamilie

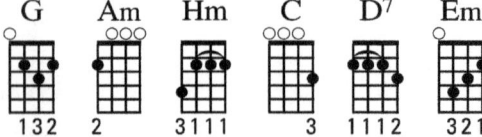

A-Akkordfamilie

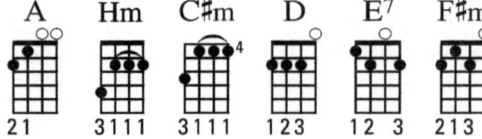

B-Akkordfamilie

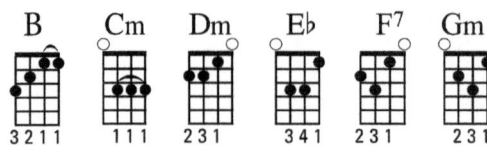

Ukulele für Dummies

Alistair Wood

Ukulele

für dummies®

2. Auflage

Übersetzung aus dem Amerikanischen
von Oliver Fehn

Fachkorrektur von Philipp Janssen

WILEY-VCH GmbH

Ukulele für Dummies

Bibliografische Information der Deutschen Nationalbibliothek

Die Deutsche Nationalbibliothek verzeichnet diese Publikation
in der Deutschen Nationalbibliografie; detaillierte bibliografische
Daten sind im Internet über http://dnb.d-nb.de abrufbar.

2. Auflage 2021

© 2021 Wiley-VCH GmbH, Weinheim

Coverfoto: © xavier gallego morel / stock.adobe.com
Lektorat und Projektmanagement: Harriet Gehring
Satz: SPi Global, Chennai, India
Druck und Bindung: CPI books GmbH, Leck

Print ISBN: 978-3-527-71830-6
ePub ISBN: 978-3-527-83265-1

10 9 8 7 6 5 4 3 2 1

Über den Autor

Alistair Wood ist nicht nur ein begeisterter Ukulele-Spieler, er komponiert und arrangiert auch Songs für dieses Instrument. Als 16-Jähriger griff er zum ersten Mal nach einer Uku; die nächsten fünf Jahre verbrachte er damit, sich das Spiel auf den Saiten selbst beizubringen. Danach war er der Ukulele im wahrsten Sinne des Wortes verfallen und rief die Website UkuleleHunt.com ins Leben. Im Zuge des großen Uku-Booms unserer Tage wurde er zum gefragten Experten, der für *The Guardian* und die *New York Time* geschrieben hat, aber auch bereits in den BBC News zu hören war.

Falls Sie nach der Lektüre noch Fragen haben oder einfach Ihre Meinung zu diesem Buch oder zum Ukulele-Spiel ganz allgemein mitteilen wollen, können Sie Alistair unter der E-Mail-Adresse ukulelehunt@gmail.com erreichen.

Widmung

Für Trefor Wood (1940–2009)

Über den Übersetzer

Oliver Fehn, geboren 1960 und zweisprachig aufgewachsen, lebte schon seit seiner Kindheit nach dem Motto »Music was my first love«. Als Vierzehnjähriger brachte er sich selbst das Gitarrespielen bei und trat schon im Teenageralter gelegentlich als Singer/Songwriter vor Publikum auf. Die Musik ist seine große Leidenschaft geblieben, auch wenn er sich sein Geld später in der »schreibenden Zunft« verdient. In den letzten Jahren hat er mehr als 40 Romane und Sachbücher sowie unzählige Comics aus dem Amerikanischen, Englischen und Französischen übersetzt – darunter auch *Gitarrenakkorde für Dummies*, *Gitarrenimprovisationen für Dummies* und *Musiktheorie für Dummies* – und selbst *Harmonielehre für Dummies* verfasst.

Auf einen Blick

Inhaltsverzeichnis

Kapitel 3
Der richtige Umgang mit der Ukulele

TEIL II
JETZT GEHT'S AN DIE AKKORDE!

Kapitel 4
Die ersten Akkorde und Songs auf der Ukulele

TEIL III
FINGERPICKING UND MELODIESPIEL 123

Kapitel 13
Aloha from Hawaii! 213

Kapitel 14
Die Uku kann auch jazzen 221

Kapitel 15
Von Hawaii nach Jawaii – wo zum Kuckuck liegt denn das? 229

Kapitel 16
Sahnestücke ... klassische Meisterwerke für die Ukulele 235

Kapitel 17
Ukulele für die Festtage 245

TEIL V
KAUF UND PFLEGE EINER UKULELE 251

Kapitel 18
Beim Kauf einer Ukulele Schwerpunkte setzen 253

Einführung

Beginnen wir mit dem besten Rat, den man einem Ukulele-Spieler geben kann: »Freut euch (…) und singt.« Wie Ihnen beides am besten gelingt, lernen Sie in diesem Buch. Das Zitat stammt übrigens aus der Bibel (Psalm 98,4, Einheitsübersetzung) – ein Beweis dafür, dass auch Gott ein Ukulele-Spieler ist.

Die meisten Leute, die zur Ukulele greifen, träumen weniger davon, ein Rockstar oder ein Musikvirtuose zu werden – sie tun es aus reinem Spaß an der Freude. Bei der Lektüre dieses Buches müssen Sie nicht seitenweise Musiktheorie studieren oder sich tausend Tonleitern einprägen. Stattdessen erwerben Sie das Selbstvertrauen und Können, das Sie brauchen, um so schnell wie möglich mit Freude Musik machen zu können.

Über dieses Buch

Sie müssen *Ukulele für Dummies* nicht von der ersten bis zur letzten Seite durcharbeiten. Betrachten Sie es vielmehr als Nachschlagewerk, in dem Sie immer mal wieder blättern können, wenn Sie eine bestimmte Frage haben oder über einen gewissen Aspekt mehr erfahren wollen. Falls Sie noch keine Ukulele haben, starten Sie am besten mit Kapitel 18 – dort finden Sie jede Menge Tipps zum Kauf eines geeigneten Instruments. Oder sollten Sie gleich mit Ihrem Lieblingsmusikstil beginnen wollen, schlagen Sie einfach Teil IV auf – dort finden Sie alles über Rock, Blues, Jazz und andere Genres.

Um aus diesem Buch den größtmöglichen Nutzen zu ziehen, sollten Sie drei Ratschläge beherzigen:

✔ **Sehen Sie sich die Akkorddiagramme an.** Die Songs in diesem Buch sind in Form von Akkorddiagrammen und Tabulaturen dargestellt, und die sind viel leichter zu entziffern als die Standardnotenschrift. Sie sehen genau, welche Saiten Sie greifen und welchem rhythmischen Anschlagsmuster Sie folgen müssen.

✔ **Sehen Sie sich die Fotos an.** Wenn Ihr Spiel auf der Ukulele gut klingen soll, ist es wichtig, die richtige Hand- und Fingerstellung zu üben. Zu diesem Zweck finden sich in diesem Buch immer wieder Fotos, von denen Sie sich die jeweilige Technik genau abschauen können. Diese Fotos sind noch eine Spur anschaulicher als die Akkorddiagramme.

✔ **Hören Sie sich die Tracks auf der CD an.** Wie etwas klingen soll, lässt sich in Worten oft nur schwer beschreiben – deshalb habe ich Musikdateien beigefügt, um die Beispiele hörbar zu machen. Kleiner Tipp: Hören Sie jedes Beispiel mehrmals hintereinander an, ehe Sie sich selbst daran versuchen.

✔ **Schauen Sie sich die Videos an.** Sie finden nützliche englischsprachige Videos unter `www.dummies.com/go/ukulelefd3e`. Sie sehen, wie Sie die Ukulele richtig halten oder auch ein anderes Picking versuchen können. Hoffentlich sind diese Videos für Sie von Nutzen.

Törichte Annahmen über den Leser

Die einzig größere Annahme, die ich mache, ist die, dass die Ukulele, auf der Sie spielen, eine standardmäßig gestimmte Ukulele ist – also eine Sopran-, Konzert- oder Tenor-Ukulele und nicht etwa eine Bariton-Ukulele. Die Bariton-Ukulele ist ein äußerst kompliziertes Instrument.

Ich nehme nicht an, dass Sie über irgendein spezielles Ukulele-Wissen verfügen, oder auch sonst wie musiktheoretisch bewandert sind. Ich setze auch nicht voraus, dass Sie Musiknotationen lesen können. Im vorderen Bereich des Buches finden Sie einige standardmäßige Musiknotationen. Diese sollen nur zeigen, wie die Melodie eines Lieds zu den entsprechenden Akkorden passt. Sie müssen aber erst einmal nicht nach diesen spielen.

Symbole, die in diesem Buch verwendet werden

Die in diesem Buch verwendeten Symbole weisen auf Informationen hin, die für Sie in verschiedener Hinsicht hilfreich sein können:

Dieses Icon weist auf nützliche Informationen hin, die Sie im Gedächtnis behalten sollten. Wenn Sie später ein bestimmtes Kapitel noch einmal durchgehen, führt es Sie gleich zu den wichtigen Stellen.

Dieses Symbol zeigt zusätzlich hilfreiche Hinweise an, die Ihnen Zeit sparen oder Dinge einfacher machen können.

Hier geht es um technische Angelegenheiten. Wenn Sie keine Lust auf Technik haben, überspringen Sie diese Textstellen einfach – das Buch ist so aufgebaut, dass Sie dabei trotzdem nichts Notwendiges verpassen.

Dieses Icon weist auf besonders knifflige Punkte hin, über die Sie leicht stolpern können, oder auf Techniken, die ziemlich schwer zu meistern sind.

Das Symbol zeigt das Musikbeispiel an, in dem Sie eine Übung oder ein Lied auf der beiliegenden CD nachhören können.

Wie geht es jetzt weiter?

Wie alle Bücher aus dieser Reihe ist auch *Ukulele für Dummies*, so aufgebaut, dass jedes Kapitel für sich steht. Das heißt: Nach welchem Fahrplan Sie sich durch das Buch bewegen, bleibt Ihnen selbst überlassen. Orientieren Sie sich einfach an Ihrem Vorwissen und Ihren Interessen.

Und damit Sie Ihre Reise selbst planen können, hier noch zwei Hinweise:

✔ Falls Sie noch keine Ukulele haben, beginnen Sie am besten mit Kapitel 18. Dort steht, was beim Kauf eines Instruments zu beachten ist und wie Sie unnötige Geldausgaben vermeiden können. Ihre Brieftasche wird es Ihnen danken.

✔ Wenn Sie ein Anfänger sind und es kaum erwarten können, mit dem Spielen zu beginnen, lesen Sie Kapitel 2, um Ihr Instrument zu stimmen und spielbereit zu machen.

Teil I
Die Grundlagen des Ukulele-Spiels

IN DIESEM TEIL ...

... machen wir Sie mit allem Wissen vertraut, das Sie brauchen, um so schnell wie möglich auf Ihrer Ukulele spielen zu können. Erst erzählen wir Ihnen einiges über die Geschichte und Entwicklung der Ukulele (aber keine Angst, es wird nicht trocken oder langweilig), danach erfahren Sie, was für spannende Infos sonst noch in diesem Buch auf Sie warten. Ihre Ukulele wird nur gut klingen, wenn Sie sie richtig gestimmt haben, sie richtig anfassen und die Hand beim Spielen korrekt halten. Und wie das geht, verraten wir Ihnen in diesem Teil des Buches ganz genau.

Kapitel 1
Lernen Sie Ihre Ukulele kennen!

Der begnadete Ukulele-Spieler Jake Shimabukuro sagte einmal etwas, mit dem er sicher vielen Ukulele-Spielern aus der Seele sprach: »Das Beste an meinem Instrument ist, dass ich es auf der ganzen Welt überall mit hinnehmen kann, ohne dass die Leute irgendwo große Erwartungen an mein Spiel haben.« Und das stimmt tatsächlich. Viele Menschen betrachten die Ukulele mehr als eine Art Spielzeug und haben keine Ahnung, was für tolle Musik man damit machen kann. Wenn sie dann hören, was für großartige Töne man ihr entlockt, sind sie erst einmal baff. Denn die Ukulele ist ein ebenso hochwertiges Instrument wie viele andere, mit einer langen Geschichte und einer großen Bandbreite, die von einfachen kleinen Melodien bis hin zu richtigen Powersounds reicht.

Warum die Ukulele ein so fantastisches Instrument ist, erklären wir Ihnen in diesem Kapitel. Sie werden verblüfft sein, was für eine Vielfalt an Musikstilen Sie auf ihr spielen können – und wir könnten uns vorstellen, dass sie schon bald zu Ihrer besten Freundin wird, mit der Sie richtig coole Musik machen können.

Welche Vorteile hat die Ukulele?

Vielleicht fragen Sie sich: Wieso ausgerechnet eine Ukulele, wo ich doch ebenso gut lernen kann, ein viel ausgefalleneres Instrument wie eine Saz, eine Shehnai oder eine Sackbut zu spielen? Das werden wir Ihnen gleich erklären. Die Ukulele hat nämlich eine Menge Vorteile, die Ihnen kein anderes Instrument bieten kann.

Der ganz besondere Sound

Das beste Argument, sich für eine Ukulele zu entscheiden, ist ihr einzigartiger und hinreißender Sound. Egal, ob Sie nun einen trällernden Song im Hawaii-Stil spielen oder richtig cool und jazzig rüberkommen wollen – auf der Ukulele klingt beides einfach einzigartig.

Die Saiten auf der Ukulele sind so angeordnet, dass Sie damit sehr dichte und harmonisch klingende Akkorde greifen können, deren Klang fast an eine Harfe erinnert. Auf den meisten anderen Saiteninstrumenten mit Bünden funktioniert das nicht.

Die Ukulele-Spielgemeinschaft

Ukulele-Spieler fühlen sich miteinander verbunden wie nur wenige andere Instrumentalisten. Um zum Beispiel eine Gruppe von Bassisten anzutreffen, die sich schnell und unkompliziert zu einem Bass-Orchester formieren, müssen Sie schon lange suchen. Ukulele-Spieler jedoch treffen regelmäßig auf der ganzen Welt zusammen, um mit ein paar Songs regelrechte Uku-Sessions abzuhalten.

Und denken Sie bitte nie, Sie wären zu alt oder zu jung, um mit dem Ukulele-Spielen anzufangen. In den meisten Ukulele-Gruppen trifft man ebenso viele Teenager an wie Leute im Rentenalter, und auch das Verhältnis von männlich und weiblich ist ziemlich ausgeglichen. Als Anfänger sind Sie in der Regel gern gesehen, und vor allem größere Gruppen kümmern sich oft eingehend um Leute, die gerade ihre ersten Schritte auf der Ukulele machen. Egal wer Sie sind, man wird Sie stets willkommen heißen.

Wenn Sie wissen wollen, wie Sie am schnellsten in der Ukulele-Szene Fuß fassen können, lesen Sie Kapitel 22.

Warum die Ukulele so praktisch ist

Ich lebe in einer winzigen Wohnung. Eine Katze am Schwanz zu packen und um sich zu wirbeln, wäre hier nicht möglich (ich hab's ausprobiert, aber keine Sorge, Kratzi geht es nach wie vor super). Da trifft es sich ganz gut, dass ich Ukulele spiele und keine Kirchenorgel. Wer viel herumreist und sein Instrument immer dabeihaben will, ist mit einer Ukulele bestens bedient.

Denken Sie auch immer an den Preis! Eine brauchbare Ukulele für Anfänger bekommen Sie bereits für ca. 50 Euro. Falls Sie noch keine Ukulele haben, lesen Sie vor dem Kauf unbedingt Kapitel 18. In Kapitel 19 erfahren Sie dann alles über das notwendige Zubehör, und in Kapitel 20 lernen Sie, wie Sie Ihr Instrument pflegen sollten, damit Sie möglichst lang Freude daran haben können.

Sofort mit dem Spielen beginnen

Stellen Sie sich einmal vor, Sie würden sich eine Geige anschaffen und wollten sofort mit dem Spielen beginnen. Natürlich, daran hindern kann Sie niemand – aber glauben Sie mir, es wäre vom Geräusch quietschender Autoreifen kaum zu unterscheiden. Um richtig gut Geige spielen zu können, muss man lange und intensiv üben.

 Bei der Ukulele ist das anders. Hier reicht es, wenn man ein bisschen über das Instrument Bescheid weiß und ein klein wenig geübt hat, um ihm innerhalb weniger Minuten Töne zu entlocken, die sich wirklich hören lassen können. Im Grunde genügt es, erst mal zwei Akkorde zu beherrschen (C und F, siehe Kapitel 4), um seinen ersten Song spielen zu können. Ein Instrument mit Schnellstarter also – ist das nicht aufbauend und ein echter Ansporn, sich näher mit der Ukulele zu beschäftigen?

Wo kommt das Wort *Ukulele* eigentlich her?

Das Wort *Ukulele* stammt aus dem Hawaiianischen, und warum das Instrument ausgerechnet so heißt, liegt verborgen im Nebel der Geschichte. Es wurden aber immer wieder interessante Spekulationen über die Herkunft des Begriffs angestellt: Das hawaiianische Wort *uku* bedeutet Floh, und *lele* bedeutet springen. Der springende Floh also – das könnte ein Hinweis auf die typischen Fingerbewegungen eines Ukulele-Spielers sein.

Es gibt aber auch andere Erklärungsversuche. Manche vermuten, *Ukulele* sei eine Ableitung von *ukeke*, der Bezeichnung für ein altes hawaiianisches Musikinstrument. Meine Lieblingsinterpretation ist jedoch die von Queen Liliʻoukalani, die den Begriff mit »Geschenk, das aus der Ferne kommt« übersetzt.

Ich vermute, es gibt kein Instrument, dessen Name so oft falsch geschrieben wird wie der der Ukulele. Vor allem im britischen und amerikanischen Bereich stößt man oft auf die abenteuerlichsten Versionen. Nicht einmal der englische Dichter Rupert Brooke brachte es richtig hin – bei ihm hieß das Instrument »eukaleli«.

Auch »Ukulele« ist streng genommen nicht ganz korrekt. In der hawaiianischen Sprache kommt vor dem Wort ein Apostroph (ein sogenanntes ʻOkina) – es schreibt sich somit *ʻukulele*. In unseren Breiten jedoch wird auf dieses ʻOkina normalerweise verzichtet – obwohl Puristen es aus Respekt vor den hawaiianischen Wurzeln der Ukulele häufig benutzen.

Was nun die Aussprache betrifft, so dürfte es da im Deutschen keine Probleme geben, denn dort entspricht sie genau der Schreibweise (mit Betonung auf der dritten Silbe). Im angelsächsischen Sprachraum jedoch hört man meistens »Jukaleli« – falls Sie sich also mit einem Engländer oder Amerikaner unterhalten, der nicht gerade zum Kreis der Ukulele-Eingeweihten zählt, sprechen Sie es möglichst auch falsch aus! Er weiß sonst vielleicht gar nicht, wovon Sie reden.

Gut Ding will Weile haben

Sie brauchen nur einmal fünf Minuten im Internet zu surfen, und garantiert stoßen Sie auf irgendeine Anzeige, in der es heißt: »In fünf Tagen mühelos REICH (wahlweise SCHLANK oder BERÜHMT oder GESUND) werden. Das Ganze für nur 99 Euro.« Und ebenso werden Ihnen auch Leute begegnen, die Ihnen weismachen wollen, man könne es in so kurzer Zeit zur Meisterschaft auf der Ukulele bringen. Glauben Sie diesen Unsinn nicht.

Der Einstieg fällt bestimmt nicht schwer, und man kann sehr schnell Erfolgserlebnisse haben, aber das Beste an der Ukulele ist – wie ich finde –, dass man nie auslernt. Da sie einfacher gebaut ist als die meisten anderen Instrumente – weniger Saiten, weniger Bünde, weniger Klangvolumen – ist man dazu gezwungen, beim Umgang mit Rhythmen und Harmonien immer wieder besonders kreativ zu sein. Und man wird Ideen haben, die einem bei einem anderen Instrument nie gekommen wären.

Das Zusammenspiel mit anderen Instrumenten

Falls Sie gerne mit anderen Musikern zusammenspielen – die Ukulele eignet sich hervorragend als Bestandteil eines Ensembles. In Kombination mit anderen Saiteninstrumenten wie etwa der Gitarre entstehen natürlich eine größere Bandbreite an Noten und völlig neue Klangmöglichkeiten, aber es gibt noch eine Menge anderer Instrumente, die mit der Ukulele einen perfekten Zusammenklang ergeben. In den 30er Jahren zum Beispiel war es bei Musikern wie Johnny Marvin und Ukulele Ike üblich, die Uku zu einer Orchesterbegleitung zu spielen. In neuerer Zeit kombiniert man den klimpernden Sound der Ukulele gern mit den fetteren und dominanteren Tönen von Blechblasinstrumenten, um den Klangeffekt zu steigern. (Um einen Eindruck davon zu gewinnen, wie toll das klingen kann, hören Sie sich doch mal einige Songs der Indie-Band Beirut oder der jazzigen Snake Suspenderz an).

Für Kinder sehr geeignet

Die Ukulele ist das ideale Instrument für Kinder und Jugendliche – vor allem, weil die einzelnen Bünde ziemlich eng beieinanderliegen und sich auch von kleineren Händen leicht greifen lassen. Gerade als Anfängerinstrument weckt sie recht häufig den »Appetit« aufs Musikmachen überhaupt. Wer ein wenig Erfahrung mit der Ukulele hat, wird sich auch mit anspruchsvolleren Instrumenten viel leichter tun.

Zu den großen Meistern der Rockgitarre, die als Kind Ukulele spielten, gehören Jimi Hendrix, Brian May (Queen), Pete Townshend (The Who) und der Surf-Rocker Dick Dale.

Mal groß, mal klein – aber immer fein!

Im Gegensatz zu vielen anderen gitarrenartigen Instrumenten gibt es die Ukulele in mehreren verschiedenen Größen. Die drei Standardgrößen sind die *Sopran-Ukulele*, die *Konzert-Ukulele* und die *Tenor-Ukulele*. Die Stimmung jedoch ist bei allen dreien genau die gleiche – das heißt, wer eine davon spielen kann, kann sie alle spielen!

Außer den drei genannten Typen gibt es noch die *Bariton-Ukulele*, aber mit der dauert es etwas länger, Freundschaft zu schließen. Sie ist größer, anders gestimmt und hat einen tieferen Klang als andere Ukulelen (etwa so wie auf der Gitarre die vier tiefen Saiten von E bis G). Aus diesem Grund liegen die Töne ganz woanders und werden auch die Akkorde anders gegriffen. Wer die Bariton-Ukulele beherrscht, kann deshalb noch lange nicht auf einer anderen Ukulele spielen.

 Als Einstiegsinstrument eignet sich die Bariton-Ukulele nicht. Falls Sie sich ausgerechnet für diesen Typus interessieren, sollten Sie sich ein Extralehrbuch dafür zulegen; in diesem Band gehe ich nicht weiter darauf ein.

Auch auf die Bass-Ukulele gehe ich hier nicht weiter ein, ich stelle sie Ihnen aber in Kapitel 18 kurz vor.

Familie Uku: Der Papa, die Mama und das Baby

Die Größe einer Ukulele hängt ab von der Skalenlänge – das ist die Länge jenes Saitenteils, der frei schwingt und auf dem Sie spielen (zwischen Steg und Sattel – wie die einzelnen Instrumententeile bezeichnet werden, lernen wir im nächsten Abschnitt dieses Kapitels). Hier ein kurzer Überblick:

✔ **Sopran-Ukulele:** Die Sopran-Uku ist die kleinste Ukulele – man hört auch oft den Begriff Standardgröße. Ursprünglich gab es nur Sopran-Ukulelen, und die Sopran-Ukulele ist das Instrument, das die meisten Leute meinen, wenn sie von einer Ukulele sprechen. Es ist das richtige Instrument für alle, die viele Akkorde anschlagen und somit den traditionellen Ukulele-Sound erzeugen wollen.

✔ **Konzert-Ukulele:** Die Konzert-Ukulele nennt man auch »Goldilocks-Ukulele«. So wie die Märchenfigur Goldlöckchen alles in einer »angemessenen Größe« haben wollte, so eignet sich auch diese Ukulele für alle, die es weder zu groß noch zu klein lieben. Auch mit ihr lässt sich der gewohnte Ukulele-Sound erzeugen, sogar mit etwas zusätzlichem Spielraum auf dem Griffbrett.

✔ **Tenor-Ukulele:** Die Tenor-Ukulele ist unter den Standard-Ukus die größte. Ihr Hals ist länger, was das Spielen etwas anspruchsvoller macht, aber sie eignet sich auch besser, um mit wilden Klängen zu imponieren. Auch der Klangkörper ist größer, was einen volleren, gitarrenähnlicheren Sound ermöglicht.

»Und welche ist nun die richtige Ukulele für mich?«

Die meisten Leute sind sich einig: Für Anfänger ist die Sopran-Ukulele die beste Uku. Man kann die Akkorde greifen, ohne seine Fingersehnen allzu sehr zu strapazieren, außerdem ist sie billig und leicht zu bekommen. Einfache Akkorde klingen auf ihr ganz großartig.

Doch egal, ob man mit Sopran-, Konzert- oder Tenor-Ukulele beginnt – was man gut kann, lässt sich mühelos von einem Instrument aufs andere übertragen.

Und ich bin mir sicher: Egal, mit welchem Typus Sie einsteigen, irgendwann werden Sie eine stattliche Sammlung von Ukulelen Ihr Eigen nennen. Diese faszinierende »Sucht« bezeichnet man in Fachkreisen auch als das Ukulele-Kauf-Syndrom (UKS).

Ein kleiner Lehrgang in ukulelischer Anatomie

Normalerweise sieht eine Ukulele wie eine kleine Gitarre aus, doch auch andere Formen sind verbreitet (wie etwa die Ananas-Form). Auf den Sound der Uku wirkt sich das nicht allzu sehr aus – allerdings sind manche, wie die Flying-V-Form, schwerer zu spielen).

 Beim Kauf Ihrer ersten Ukulele sollten Sie sich nicht unbedingt für die freakigste Form entscheiden. Vor allem: Kaufen Sie sich keine Flying-V! Mir wurde einmal eine geschenkt, und ich hatte ziemliche Probleme damit, ein lächelndes Gesicht zu bewahren, als sie sich fortwährend in meinen Oberschenkel und meinen Unterarm bohrte.

Auch die Dreiecksform sowie die wie ein Kricketschläger geformte elektrische Ukulele sind mit Vorsicht zu genießen.

Was die Bezeichnung der einzelnen Teile anbelangt, so hat die Ukulele viel mit dem Menschen gemeinsam: Sie hat einen Kopf, einen Hals und einen Körper; für die Bezeichnung »Schallloch« sollten wir besser kein menschliches Äquivalent suchen, sie trifft aber den Nagel auf den Kopf. Machen wir doch einen kleinen Streifzug durch die Welt der verschiedenen »Körperteile« der Ukulele – am besten, Sie sehen sich dazu Abbildung 1.1 an.

Die beiden klangerzeugenden Teile sind:

✔ **Korpus (Körper):** Der Korpus ist der wichtigste Teil der Ukulele, denn aus ihm kommt der Sound, der übrigens stark davon abhängt, aus welcher Art Holz dieser Teil des Instruments besteht. Am verbreitetsten sind Mahagoni und Koa (ein hawaiianisches Holz).

   Der Korpus besteht aus drei verschiedenen Teilen: der Decke (also dem vorderen Teil der Uku), dem Boden (hinterer Teil) und den sogenannten Zargen (das sind die Seitenteile). Der wichtigste Teil davon ist die Decke (aus diesem Grund sieht man oft Ukulelen, deren Decke aus einer teuren Holzart besteht, während Boden und Zargen aus weniger teurem Holz, ja manchmal sogar aus Kunststoff bestehen).

   Eine Spielart der Ukulele ist die *Banjolele* (auch als Banjo-Uku bekannt). Ihr Korpus ähnelt eher dem eines Banjos als dem Holzkörper einer Ukulele, obwohl man sie ebenso spielt wie eine Holz-Ukulele. Der Unterschied besteht in dem Klang, der dabei entsteht. Banjoleles sind viel lauter als eine Uku und haben den metallischen Sound eines Banjos.

✔ **Saiten:** Ursprünglich wurden Ukulele-Saiten aus Catgut und Nylon gefertigt. Inzwischen jedoch bestehen sie aus synthetischen Fasern (mit so hässlichen Namen wie Fluorocarbon und Nylgut), in denen die besten Eigenschaften von Catgut und Nylon vereint sind.

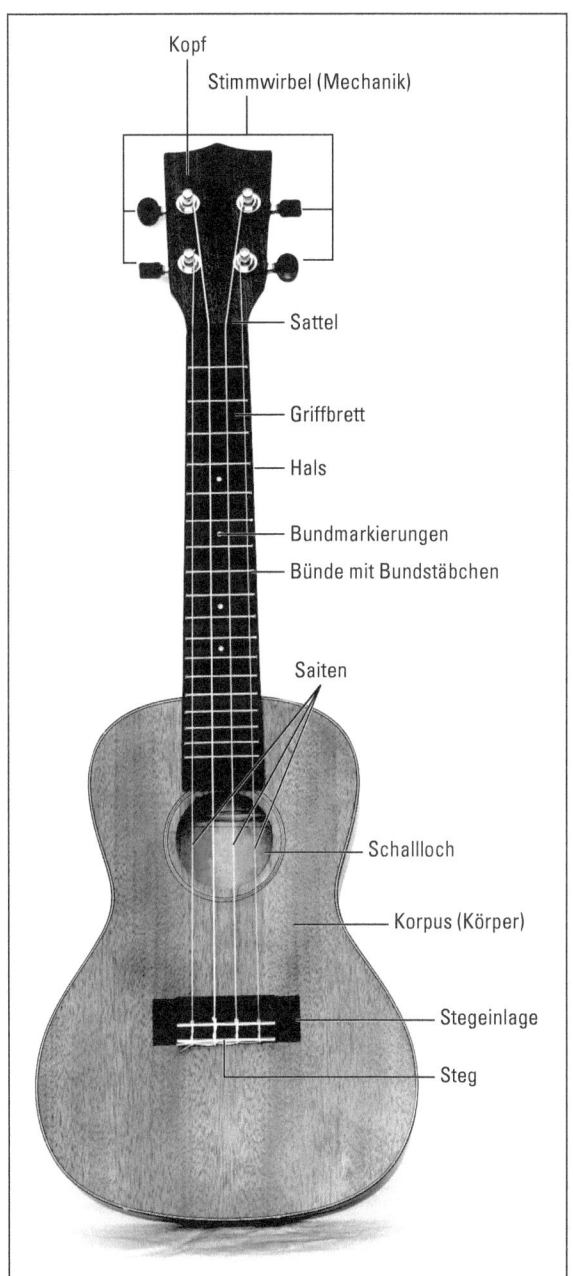

Abbildung 1.1: Eine typische Ukulele samt ihrer verschiedenen Teile

Anders als bei den meisten Saiteninstrumenten befinden sich bei der Ukulele nicht etwa die dicksten Saiten oben und die dünnsten Saiten unten, wenn man das Instrument in der Hand hält. Diese Anordnung verwirrte mich, als ich meine erste Ukulele bekam: Ich dachte, da habe jemand was vergurkt und tauschte die Saiten einfach aus. Ich Idiot.

Und hier noch die restlichen Teile der Ukulele:

✔ **Steg:** Der Steg befindet sich auf der Vorderseite der Ukulele; er bildet den unteren der beiden »Pole«, an dem die Saiten befestigt sind. Es gibt (wie bei der Gitarre) zwei verschiedene Arten von Stegen: eine, bei der die Saiten direkt am Steg befestigt werden, und eine, bei der sie durch ein kleines Loch gefädelt und danach verknotet werden.

✔ **Stegeinlage:** Die Stegeinlage ist das schmale, in der Regel weiße waagerechte Stäbchen, das aus dem Steg hervorragt. Die Saiten werden über diese Stegeinlage hinweggeführt, damit sie ihre Laufrichtung beibehalten.

✔ **Schallloch:** Diese runde Öffnung an der Decke des Instruments sorgt für die Klangerzeugung. Das Schallloch befindet sich in der Regel unterhalb der Saiten, das muss aber nicht so sein. Wo es sich genau befindet, hat keinen maßgeblichen Einfluss auf den Sound.

✔ **Hals:** Der Hals ist das lange Etwas, das aus dem Korpus nach oben ragt. Bei der Ukulele ist er leichter und weniger stabil als bei verwandten Instrumenten wie Gitarre oder Mandoline – denn die Uku ist ausschließlich für Nylonsaiten gedacht. Geraten Sie also nie in Versuchung, sie mit Stahlsaiten zu bespannen – der Hals wird so traurig sein, dass er daran zerbricht.

✔ **Griffbrett:** Das Griffbrett ist der Holzstreifen auf der Vorderseite des Gitarrenhalses, gleich hinter den Saiten. Wenn Sie auf Ihrer Ukulele spielen, drücken Sie die Saiten gegen das Griffbrett, um die richtigen Töne hervorzubringen, sprich: um Noten zu spielen. Die meisten Griffbretter sind aus Palisanderholz gefertigt.

✔ **Bünde:** Als Bünde bezeichnet man bei Saiteninstrumenten die kleinen, durch Metallstäbchen (Bundstäbe) voneinander getrennten Abschnitte des Griffbretts. Sie bestimmen die Tonhöhe der Noten, die Sie spielen. Je weiter Sie auf dem Griffbrett nach unten (Richtung Schallloch) gehen, umso höhere Töne werden Sie erzeugen.

✔ **Bundmarkierungen:** Als Bundmarkierungen bezeichnet man die Punkte auf dem Griffbrett. Sie dienen als Orientierungshilfe, um den richtigen Bund auf Anhieb zu erkennen. Bundmarkierungen finden sich normalerweise im fünften, im siebten und im zehnten Bund (aber auch im 12. und 15. Bund, falls Ihr Griffbrett entsprechend lang ist).

 Anders als bei den meisten Saiteninstrumenten befinden sich bei der Ukulele nicht etwa die dicksten Saiten oben und die dünnsten Saiten unten, wenn man das Instrument in der Hand hält. Diese Anordnung verwirrte mich, als ich meine erste Ukulele bekam: Ich dachte, da habe jemand was vergurkt und tauschte die Saiten einfach aus. Ich Idiot.

✔ **Sattel:** Der Sattel befindet sich am oberen Ende des Griffbretts, und auch er gibt den Saiten Halt.

✔ **Kopf:** Der Kopf ist der Teil oberhalb des Gitarrenhalses, an dem die vier Stimmwirbel befestigt sind. Sein hauptsächlicher Zweck besteht jedoch darin, den Namen des jeweiligen Ukulele-Herstellers möglichst auffällig zu präsentieren.

✔ **Stimmwirbel:** Die am Kopf befestigten Stimmwirbel (auch Mechanik genannt) sind der Ort, an dem die Saiten festgehalten werden. An diesen Wirbeln dreht man, um die Ukulele zu stimmen oder umzustimmen. Von solchen Stimmwirbeln gibt es zwei Arten:

- *Stimmwirbel mit unübersetzter Mechanik:* Hier werden die Saiten allein durch die Reibungskraft »in Schach gehalten«. Je kräftiger man sie festzurrt, umso stabiler sitzen sie. Falls Ihre Ukulele sich sofort wieder verstimmt, nachdem Sie sie gestimmt haben, könnte es an diesen Wirbeln liegen. Sie müssen dann so lange nachstimmen, bis die Reibungskraft groß genug ist.

- *Stimmwirbel mit direkter Mechanik:* Manche Ukulelen haben eine direkte Mechanik (siehe Abbildung 1.2), bei der die Wirbel am Instrumentenkopf zu beiden Seiten abstehen wie die Ohren von Prinz Charles (bei Gitarren ist das die Regel). Eine solche Mechanik ermöglicht eine bessere Feinabstimmung und verhindert auch, dass die Ukulele sich ständig wieder von selbst verstimmt.

Falls Ihre unübersetzte Mechanik also nicht von höchster Qualität ist, raten wir Ihnen unbedingt zum Kauf eines Instruments mit dieser Art von Wirbeln.

Abbildung 1.2: Direkte Mechanik

So wird man zum versierten Ukulele-Spieler

Früher war die Ukulele ein Nischeninstrument, das sich nur in bestimmten Gegenden einer gewissen Beliebtheit erfreute – heute ist sie ein weltweites Phänomen. Wenn man diesen langen Weg einmal nachverfolgt und sich ansieht, wie die Ukulele in den unterschiedlichsten Ländern und Kulturen Einzug hielt, lernt man nicht nur eine Menge über die Entwicklung dieses Instruments, sondern bekommt auch einen Eindruck davon, um welche Fertigkeiten man sich bemühen sollte, während man *Ukulele für Dummies* liest.

Fette Klänge zum hawaiianischen Hula-Sound

Die erste Technik, die wir uns auf der Ukulele aneignen wollen, ist die sogenannte Schlag-technik (näher beschrieben in den Kapiteln 4 bis 6), die schon ganz früh zur musikalischen Begleitung hawaiianischer Hula-Tänze diente. Der *Hula* ist eine sehr sanfte, friedliche Form des Tanzes. Der Sound, den man dazu auf der Ukulele erzeugt, hat daher auch etwas Träl-lerndes an sich, was zu dem Klang des Instruments hervorragend passt. Da werden Bilder wach: eine hawaiianische Insel, Palmen, alles ganz relaxed. Dieser Stil hat viele moderne Songs beeinflusst, in denen man versucht, diese Stimmung wieder einzufangen.

Die Erfindung der Ukulele

Wer glaubt, die Ukulele sei ein rein hawaiianisches Instrument, der irrt sich. Das In-strument hat in der Tat internationale Wurzeln.

Als die Ukulele erfunden wurde – das war gegen Ende des 19. Jahrhunderts – vermisch-ten sich in Hawaii die verschiedensten Nationalitäten: Auf der Insel lebten Europäer, Bri-ten und Amerikaner, aber auch Chinesen und Japaner. Die Herrschaft befand sich noch immer in den Händen der Ureinwohner, die von König David Kalakaua regiert wur-den, doch der Monarch musste sich inzwischen reichlich anstrengen, um eine Stärkung fremder Interessen zu vermeiden.

Immer wieder mit ausländischen Arbeitern versorgt wurde Hawaii von Madeira, einer kleinen Insel im Atlantik, die zu Portugal gehörte. 1879 segelte ein Schiff namens *Ra-venscrag* von Madeira nach Hawaii, an Bord drei Möbelmacher, die schließlich zu den ersten Ukulele-Herstellern wurden: Manuel Nunes, Augusto Dias und Jose Espirito San-to. Diese Männer brachten zwei Instrumente mit auf die Insel, die zu den Vorläufern der Ukulele werden sollten: die *Machete* (*ma-schätt* ausgesprochen) und das *Rajão*. Die Machete war ein kleines, viersaitiges Instrument, und das Rajão war bereits so ähnlich gestimmt wie später die Ukulele. Als sie ihr neues Instrument entwickelten, trafen die Hersteller eine wichtige Entscheidung, indem sie beschlossen, für den Bau der Ukule-le das Holz der auf Hawaii beheimateten Koa-Akazie zu verwenden. Dieses Holz ist für die Einwohner Hawaiis ein wichtiges Symbol des Königtums und zählt zu den grundle-genden Bestandteilen hawaiianischer Identität.

Als Teil seiner Bemühungen, diese hawaiianische Identität und Kultur zu stärken und die Monarchie zu bewahren, stürzte sich König David Kalakaua mit Feuereifer auf die Ukulele. Mithilfe seiner königlichen Protektion wurde das Instrument rasch zu einem festen Bestandteil der hawaiianischen Kultur, und heute ist es fast unmöglich, an Ha-waii und seine Musik zu denken, ohne dass einem sofort die Ukulele in den Sinn kommt.

 Wenn Sie im hawaiianischen Stil spielen wollen, lesen Sie bitte Kapitel 13.

Swingin' and Picking across the USA

Wenn Sie die Anschlagtechnik einigermaßen beherrschen, können Sie sich als Nächstes daran versuchen, einzelne Noten zu zupfen (man nennt das auch »Picking«) und Soli zu spielen, wie es die ersten Ukulele-Spieler pflegten (wie das geht, lernen Sie in den Kapiteln 7 bis 10). Die Zupftechnik ermöglichte es den Musikern, ihr Instrument für neue Stilrichtungen einzusetzen und neue Länder dafür zu begeistern, vor allem die USA. Dort erfreute sich die Ukulele insbesondere bei Collegestudenten großer Beliebtheit und wurde schon bald zu einem der Lieblingsinstrumente junger und cooler Musik-Trendsetter, die auf der Uku traditionelle Jazzmelodien zupften.

Da sie nur vier Saiten hat, schreit die Ukulele geradezu danach, dass man auf ihr die interessanten Akkorde und Rhythmen der Jazzmusik ausprobiert. Schnelles Spiel, komplizierte Rhythmen – dafür eignet sich die Uku hervorragend, und als Jazzbegleitung ist sie fast unschlagbar.

In Kapitel 14 können Sie sich an einigen dieser Jazzmelodien selbst versuchen.

Rock 'n' Roll im Blut und den Blues im Herzen

Wenn Sie nach einer zu Ihnen passenden Stilrichtung suchen, sind es vielleicht nicht unbedingt Rock-, Blues- und Punkmusik, die Ihnen als Erstes einfallen werden – doch für den Ukulele-Spieler sind sie ein fruchtbarer Boden.

In den 50er-Jahren unterstützte Arthur Godfrey, ein damals sehr beliebter Fernsehstar, eine neue Erfindung – die Kunststoff-Ukulele. Dadurch wurden die Instrumente billiger und ließen sich, da Godfrey TV-Kurse abhielt, auch leichter erlernen als zuvor. Diese wachsende Popularität trug dazu bei, dass die Ukulele nun auch Einzug in andere Stilrichtungen hielt. So benutzte zum Beispiel ein Bluesmusiker namens Rabbit Muse die Ukulele dazu, Musik in Stilrichtungen zu produzieren, die man noch nie vorher auf dem Instrument gehört hatte. Danach bedienten sich andere Musiker der Ukulele, um Blues-Akkordfolgen zu spielen, angefangen beim berühmten zwölftaktigen Schema bis hin zum schnelleren Countryblues, und auch als Soloinstrument wurde sie eingesetzt, um die Leadlines von Bluessongs zu spielen.

Falls Sie Lust haben, in Rabbit Muses Fußstapfen zu treten – in Kapitel 12 lernen Sie eine Menge darüber, wie man den Blues auf der Ukulele spielt.

In den 50er-Jahren entwickelte sich aus dem Blues der Rock 'n' Roll, der wiederum die Rock- und Punkmusik hervorbrachte. Obwohl die Popularität der Ukulele während dieser Zeit etwas nachließ – der große Ukulele-Star der 60er-Jahre war Tiny Tim, der die Uku bei seinen Comedy-Auftritten einsetzte wie heute in Deutschland Stefan Raab, und auch alte Jazznummern wie »Tiptoe through the Tulips« wieder aufleben ließ. Einige sehr berühmte Musiker blieben Fans der Ukulele und konnten sie auch spielen – wie Paul McCartney, John Lennon und George Harrison. Wie Brian May (Queen) und Pete Townshend (The Who) brachte Harrison in den 70er-Jahren einige Songs auf den Markt, bei denen er auf der Ukulele spielte.

Angesichts so vieler Großmeister der Rockmusik, die sich alle an Ihr neues Lieblingsinstrument gewagt haben, sollten Sie sich einfach erkenntlich zeigen und einige Rocksongs auf der Ukulele ausprobieren. Egal, wie laut, verzerrt oder Uku-untypisch eine Nummer auch klingen mag – sofern es sich um einen guten Song handelt, wird er sich nie der Ukulele verweigern. Sobald Sie mit ein paar rocktypischen Tricks vertraut sind, wird es Ihnen gelingen, Rocksongs auf die Ukulele zuzuschneiden und zu prüfen, wie das bei Ihnen klappt.

 Sie wollen den großen Rockmusikern nacheifern? Dann lesen Sie die Tipps und Tricks für Ukulele-Rock in Kapitel 11.

Noch mehr Stilrichtungen

Wenn Jazz, Rock und Blues nicht so Ihr Ding sind, erweitern Sie Ihren Aktionsradius doch einfach und lassen sich anderweitig inspirieren. Kennen Sie den Begriff Jawaiianische Musik? Nein? Dann lesen Sie mal weiter.

Die Popularität der Ukulele erlebte ihren Wiederaufstieg in den 90er-Jahren, als die hawaiianische Musik einer Verjüngungskur unterzogen wurde und Einflüsse des jamaikanischen Reggae-Stil in sich aufnahm. Das Resultat war die *Jawaiianische Musik*. Diese Richtung bediente sich des traditionellen Hawaii-Stils und verschmolz sie mit den Schlagmustern und Akkordfolgen des Reggaes. Wenn Sie auf der Ukulele eine Reggae-Nummer spielen, haben Sie genau diesen Mix aus jamaikanischen und hawaiianischen Klängen, was die Ukulele zum perfekten Instrument für diese Stilrichtung macht. Israel Kamikawio'oles Cover des Songs »Somewhere over the Rainbow« im jawaiianischen Stil wurde zum Riesenhit und tauchte in einer endlosen Reihe von Filmen, Fernsehshows und Werbespots auf.

 Eine Reihe von Spieltechniken für den Ukulele-Reggae finden Sie in Kapitel 15.

Da Sie sich dieses Exemplar des Buches *Ukulele für Dummies* sicher bewusst gekauft haben, sind auch Sie ein Teil dieses Revivals, das sich im 21. Jahrhundert fortsetzte und vielleicht das längste Revival der Musikgeschichte darstellt. Es fällt einem heute fast kein musikalisches Genre ein, das von der Ukulele unangetastet blieb – sogar die traditionellen Ballabende in Großbritannien, bei denen klassische Musikkonzerte aufgeführt werden, erlebten eine bis auf den letzten Platz ausverkaufte Vorstellung, als das Ukulele Orchestra of Great Britain dort auftrat (in Kapitel 16 werden Sie eine Menge über Ukulele und Klassik lernen).

Wenn Ihnen klassische Musik zusagt, dann werden Sie staunen, wie viele Werke der Klassik sich auch für die Ukulele arrangieren lassen. Besonders ergiebig ist dabei das gesamte Repertoire für klassische Gitarre. Da beide Instrumente sich ähneln, lassen sich Gitarrenstücke oft sehr gut auf die Ukulele übertragen und umgekehrt. Doch auch prachtvolle Orchesterwerke lassen sich auf der Ukulele spielen. Die alten Meister komponierten großartige Melodien, die auch, wenn man sie schnörkellos auf einer Ukulele spielt, noch immer gut klingen.

Heute lässt sich zweifellos behaupten, dass die Ukulele ein auf der ganzen Welt gespieltes und geschätztes Instrument ist. Sie eignet sich für jedes nur denkbare Genre, für jeden Musikstil. Sogar in den Charts ertönt sie nicht selten, angefangen beim Hip-Hop-Star Janelle Monae bis hin zu verschiedenen Indie-Bands oder der Popgruppe Train.

Lesen Sie also weiter. Gehören auch Sie dazu!

Kapitel 2
Erst die richtige Stimmung sorgt für Stimmung

Kennen Sie das? Sie sitzen in einem Konzertsaal und kurz vor Beginn der Vorstellung hören Sie von der Bühne brummende, schabende, manchmal sogar quietschende Geräusche. Musik ist das noch nicht, aber es bedeutet, dass die Musiker soeben damit beschäftigt sind, ihre Instrumente ein letztes Mal zu stimmen. Nur ein gut gestimmtes Instrument hat auch einen harmonischen Klang. Bei manchen Instrumenten ist das Stimmen ganz einfach, bei anderen ziemlich aufwändig. Wer zum Beispiel einen Flügel hat, muss mindestens einmal pro Jahr einen Klavierstimmer kommen lassen – und die sind in der Regel sündhaft teuer. Eine Gitarre oder Ukulele zu stimmen kann hingegen jeder lernen. Aber auch hier gilt natürlich: Erst die Übung macht den Meister.

Wie unerlässlich es ist, dass Sie Ihre Ukulele richtig stimmen, kann gar nicht oft genug betont werden. Sonst kann Ihr Spiel leicht klingen wie das Jammern einer Katze, die sich in einem Stacheldraht verfangen hat. Aber keine Sorge, für das Stimmen gibt es ein paar ganz einfache Regeln:

✔ Man kann die Saiten aufeinander abstimmen. Wenn Sie zum Beispiel auf der dünnsten und höchsten Saite (der A-Saite) ein H spielen, muss es genauso klingen wie ein H, das Sie auf der G-Saite erzeugen.

✔ Man kann aber auch ein anderes Instrument zum Vergleich hinzuziehen – vorausgesetzt, es ist richtig gestimmt. Dann sollte der A-Akkord auf der Ukulele ebenso klingen wie der A-Akkord auf der Gitarre.

In diesem Kapitel verrate ich Ihnen alles, was Sie wissen müssen, um Ihr Instrument so zu stimmen, dass es beim Spielen gut klingt. Auch ein paar Fachbegriffe werden Sie lernen, die beim Stimmen der Uku hilfreich sind (zum Beispiel Saiten, Bünde und Noten), ferner ein paar weitere Ausdrücke aus dem musikalischen Fachchinesisch (wie etwa *Akkorde* und *Tonleitern*), denen Sie auf Ihrer Reise durch die Welt der Musik immer wieder begegnen werden. Viel Spaß dabei!

Ein paar musikalische Fachbegriffe

Wenn Sie ein Instrument erlernen, werden Sie immer wieder mit Begriffen konfrontiert, die dem musikalischen Fachjargon entstammen. Sie alle einzeln zu erklären, würde ein ganzes Buch füllen, und falls Sie ein wenig tiefer in die Musik einsteigen wollen (was sich immer lohnt), empfehle ich Ihnen das Buch *Musiktheorie für Dummies*. In dem Abschnitt, den Sie jetzt gerade lesen, wollen wir uns aber nur die Begriffe aneignen, die wir im Moment wirklich brauchen und an denen Sie als Musikinteressierter nicht vorbeikommen werden.

Noten in Buchstabenform

Mit den Noten ist es eigentlich ganz einfach: Es gibt davon sieben verschiedene, die nach den sieben ersten Buchstaben des Alphabets benannt wurden – von A bis G.

Moment, werden Sie sagen, gerade haben wir doch noch vom H gesprochen – und das kommt im Alphabet definitiv nach dem G. Nun, das ist in Deutschland leider eine komplizierte Sache: Aufgrund eines Schreibfehlers in grauer Vorzeit, begangen von einem Mönch, ist aus dem B bei uns ein H geworden – so sah es in der Klaue des Klosterbruders nämlich aus. Inzwischen wäre es ziemlich unsinnig, zum B zurückzukehren, da die gesamte hierzulande entstandene Literatur sich an dem alten System orientiert. Das deutsche »Musikeralphabet« lautet also: A, H, C, D, E, F, G – oder genauer gesagt: C, D, E, F, G, A, H, denn die sogenannte *Stammtonleiter* beginnt immer mit dem C. Für Ukulele-Spieler ist das recht bequem, da das mittlere (oder eingestrichene) C auch die tiefste Note ist, die wir auf dem Instrument spielen können. Der Begriff »mittleres C« rührt daher, dass diese Note sich auf der Klaviertastatur exakt in der Mitte befindet.

Um alle Klarheiten zu beseitigen – es gibt auch Noten, die sich zwischen diesen Stammtönen befinden. Und während die weißen Klaviertasten den Stammtönen entsprechen, finden sich auf den schwarzen Tasten jene »Zwischentöne«, die wir in der Musik als *Halbtöne* bezeichnen und die keine eigenen Namen haben, sondern nach ihren »großen Brüdern«, den Nachbartönen, benannt werden – wobei sie entweder ein *Erhöhungszeichen* (#) oder ein *Erniedrigungszeichen* (♭) aufweisen.

Keine Angst – Sie müssen jetzt nicht alle Halbtöne mit ihren *Versetzungszeichen* auswendig pauken. Die lernen Sie nach und nach, wenn sie Ihnen auf unserem Streifgang begegnen. Nur eins sollten Sie sich einprägen: Es gibt zwei Arten von Versetzungszeichen:

✔ Das eine (#) erhöht die Note um einen Halbton (Erhöhungszeichen).

✔ Das andere (♭) erniedrigt sie um einen Halbton (Erniedrigungszeichen).

In Abbildung 2.1 sehen Sie das erhöhte A und das erniedrigte H. Es ist dieselbe schwarze Taste.

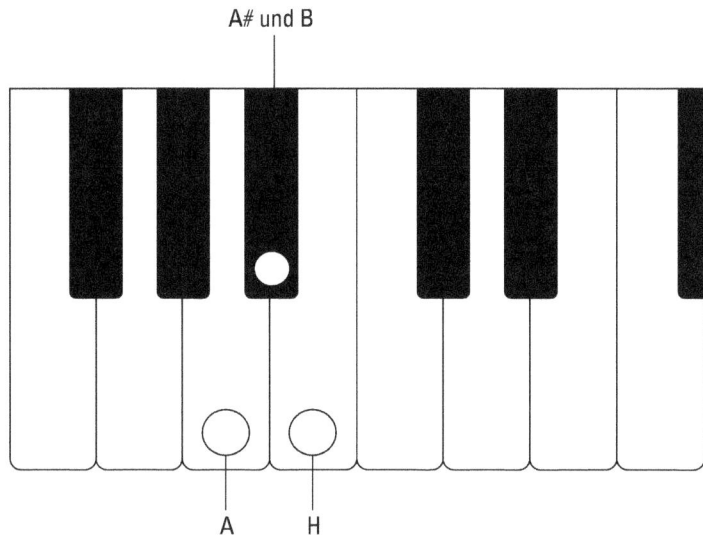

Abbildung 2.1: A# (Ais) und B auf der Tastatur. Im Deutschen müsste das B eigentlich H♭ geschrieben werden, weil es um einen Halbton tiefer ist als das H. Es heißt jedoch einfach B, da das »eigentliche« B ja fälschlicherweise H genannt wird.

Eine kleine Lernhilfe: Das Erhöhungszeichen sieht aus wie das Symbol auf der Rautetaste Ihres Handys, das Erniedrigungszeichen ist eine Art stilisiertes »b«. Um Verwechslungen vorzubeugen: Das Rautesymbol ähnelt ein wenig einem »H« (wie »höher«), der Rest ergibt sich von selbst.

In Anhang B können Sie noch eine Menge mehr übers Notenlesen erfahren.

Halbtonstufen und Ganztonstufen

Die Begriffe *Halbtonstufe* und *Ganztonstufe* stehen für den Tonabstand zwischen zwei Noten. Auf der Ukulele entspricht ein Bund einem Halbton, zwei Bünde entsprechen einem Ganzton.

Musiktheoretisch gesprochen, ist ein halber Schritt ein Halbtonschritt, ein ganzer Schritt ein Ganztonschritt.

Akkorde und Tonleitern

Ein *Akkord* umfasst mehrere Noten, die man gleichzeitig spielt. *Einfache* Akkorde bestehen aus drei Noten, *komplexe* Akkorde aus vier Noten, manche flippigen Jazzakkorde sogar aus noch mehr Noten. Akkorde mit mehr als vier Noten auf der Ukulele zu spielen, ist ein wenig problematisch, da das Instrument ja nur vier Saiten hat. Aber Ukulele-Spieler sind schlaue Leute und haben auch dafür eine Lösung gefunden: Sie lassen einfach jeweils die Note weg, auf die es in dem Akkord nicht so sehr ankommt.

Tonleitern bestehen aus einer ganzen Reihe von Noten. Einige Tonleitern sind uns so vertraut, dass wir sie sofort erkennen, wenn wir sie hören – auch wenn wir in Sachen Musik keine Profis sind. Die Melodie eines Songs setzt sich immer aus den Noten einer bestimmten

Tonleiter zusammen. Bei vielen der bekanntesten Lieder – wie etwa dem Song »Happy Birthday« – ist das die Durtonleiter.

Dur und Moll

Bei Dur und Moll handelt es sich um sogenannte *Tongeschlechter*. Sie unterscheiden sich wie folgt:

✔ Durakkorde und Durtonleitern wirken immer irgendwie heiter. Der Song »Happy Birthday« macht bestimmt niemanden so traurig, dass er heulen könnte.

✔ Mollakkorde und Molltonleitern gelten in der Regel als traurig. Ein gutes Beispiel dafür ist Chopins »Trauermarsch«.

Bei manchen Melodien scheiden sich die Geister auch. »Ich mag dich, du magst mich« von Barney dem Dino etwa baut zweifellos auf der Durtonleiter auf, doch wenn Erwachsene mit kleinen Kindern sich das Stück einen halben Tag lang anhören müssen, können sie das als echte Folter empfinden, was sie unter Umständen sehr unglücklich stimmt.

Die drei Seiten einer Saite

Die Note, die ertönt, wenn wir eine Saite anschlagen (auch *Tonhöhe* genannt), hängt von drei verschiedenen Faktoren ab. Zumindest auf zwei davon haben wir beim Stimmen und Spielen einen gewissen Einfluss.

✔ **Wie straff die Saite ist:** Je straffer eine Saite sitzt, umso höher ist der Ton, den sie erzeugt, und je lockerer sie sitzt, umso tiefer ist er. Das können Sie mithilfe der Stimmwirbel regulieren (falls Sie nicht mehr wissen, was das ist, blättern Sie noch einmal zurück zu Kapitel 1). Wenn Sie den Wirbel entgegen dem Uhrzeigersinn drehen, wird die Saite straffer (und der Ton höher); drehen Sie sie im Uhrzeigersinn, lockert sie sich (und der Ton wird tiefer).

✔ **Wie dick die Saite ist:** Je dünner eine Saite ist, umso höher ist ihr Ton.

 Bei den meisten Saiteninstrumenten, wie etwa der Gitarre, ist es so, dass die beiden dicksten (und somit tiefsten) Saiten uns am nächsten sind, wenn wir das Instrument spielbereit in der Hand halten. Bei der Ukulele jedoch ist es umgekehrt: Da sind es die beiden dünnsten (und höchsten) Saiten, zu denen der Weg am kürzesten ist und die sich in ihrer Tonhöhe übrigens sehr ähnlich sind.

✔ **Wie lang die Saite ist:** Je kürzer die Saite ist, desto höher ist der Ton. Wenn wir also eine Saite in einem der unteren Bünde greifen, verkürzen wir sie dadurch und erhalten hohe Töne; greifen wir sie ziemlich weit oben, in der Nähe des Kopfes, wird der frei schwingende Teil länger, und die Töne werden tiefer.

Wir bringen Ordnung ins Stimmungs-Wirrwarr

Die verschiedenen Möglichkeiten, eine Ukulele zu stimmen, haben sich im Laufe der Zeit verändert, und noch immer gibt es stark voneinander abweichende Varianten, nach denen Ukulele-Spieler ihr Instrument ausrichten. Da gibt es zum Beispiel die gCEA-Stimmung, die aDF#H-Stimmung oder die tiefe G-Stimmung. Sehen wir sie uns, um in Stimmung zu bleiben, doch einmal der Reihe nach an.

Um den »Code« einer Ukulele-Stimmung zu entschlüsseln, merken wir uns folgende Regel: Die erste Note steht immer für die oberste Saite (also die Saite, die uns beim Spielen am nächsten ist), die zweite für die zweitoberste und so weiter.

Wenn wir also hören, dass eine Uku im gCEA-Schema (siehe Abbildung 2.2) gestimmt ist, hört sich das zunächst einmal kompliziert an, aber der Schlüssel dazu ist ganz einfach: Die Saite, die sich uns am nächsten befindet (auch die vierte Saite genannt), muss also ein hohes »g« sein. Wieso ein hohes? Das verrät uns der Kleinbuchstabe. Ein tiefes »G« erkennt man daran, dass der Buchstabe großgeschrieben wird, und das gilt natürlich für alle Noten. Die nächste (dritte) Saite entspräche einem C, die zweite einem E und die erste (von uns am weitesten entfernte) einem A. So einfach ist das. Sollten Sie im Moment trotzdem nicht durchsteigen, lesen Sie einfach noch einmal nach, was wir zu Beginn dieses Kapitels alles über Noten gelernt haben, und sehen Sie sich auch einmal Anhang B an, in dem Sie viel Wissenswertes über das Notenlesen erfahren.

A-Saite (1. Saite)										●
E-Saite (2. Saite)			●		●		●		●		
C-Saite (3. Saite)											
g-Saite (4. Saite)										●

Abbildung 2.2: Die gCEA-Stimmung

Diese Methode, bei der die beiden äußeren Saiten den hohen Noten entsprechen, nennt man auch *rückläufige Stimmung* (»re-entrant tuning«). Etwas salopper ausgedrückt, spricht man – zumindest im englischsprachigen Raum – auch von der »My Dog has Fleas«-Stimmung. Das ist die Stimmung von einem witzigen Kinderlied (das Sie sicher irgendwo im Internet finden), bei dem diese vier Silben auf die entsprechenden vier Noten fallen.

Lernen Sie die gängigste Stimmung kennen: gCEA

Die gCEA-Stimmung ist heute die verbreitetste Ukulele-Stimmung, und wir werden sie in diesem Buch immer wieder benutzen. Ich empfehle Ihnen dringend, mit dieser Stimmung zu arbeiten – sie wird Ihnen das Lernen ungemein erleichtern.

Für die gCEA-Stimmung werden Sie stets genügend Akkordtabellen und Noten finden, sodass Sie sich mit anderen Ukulele-Spielern bestens verständigen können – denn diese Stimmung kennt jeder!

Sie erleichtert es Ihnen auch, Songs in der Tonart C zu spielen, was sehr nützlich ist, denn C ist die verbreitetste Tonart überhaupt. Wenn Sie mit ihr erst einmal vertraut sind, werden Ihnen auch andere, weniger gängige Stimmungen, wie wir sie im nächsten Abschnitt behandeln, keine großen Probleme mehr bereiten.

Mal anders gestimmt ...

Außer gCEA gibt es noch eine Reihe anderer Stimmungen, die zu kennen im Falle eines Falles nicht schaden kann. Bestimmte Songs lassen sich einfach besser mit einer anderen Stimmung spielen, weil sie womöglich Noten und Umkehrungen enthält, die uns die gCEA-Stimmung nicht bieten kann. Aber auch, wenn Sie mit anderen Uku-Freaks zusammenspielen, sorgt eine abweichende Stimmung oft für mehr Sound-Vielfalt, und die Musik, die dabei herauskommt, klingt gleich viel interessanter.

aDF#H

Diese Stimmung war in den 20er- und 30er-Jahren sehr populär. Sollten Sie irgendwo alte Notenblätter mit Akkorddiagrammen für die Ukulele entdecken, werden Sie vermutlich auf diese Stimmung stoßen, bei der jede Saite um einen Ganzton höher gestimmt ist als bei gCEA, was zwei Bünden auf dem Griffbrett entspricht. Das wiederum bedeutet: Das Akkordgefüge ist bei dieser Stimmung das gleiche wie bei gCEA, nur dass der Akkord eben höher klingt.

Einer der Vorteile dieser Stimmung besteht darin, dass sie es Ihnen erleichtert, Akkorde zu spielen, wie sie auch auf der Gitarre üblich sind (vor allem den E-Akkord), und so können Sie ohne weitere Mühen zu Gitarrensongs mitspielen. Außerdem verleiht diese Stimmung Ihrer Ukulele einen reineren, klareren Sound.

 Wenn Sie sich einen Satz Saiten kaufen, die mit aDF#H gekennzeichnet sind, geraten Sie bitte nicht in Panik! Im Grunde besteht kein großer (oder vielleicht auch gar kein) Unterschied zu den gängigen gCEA-Saiten, und jedes Saitenset eignet sich für jede Stimmung.

Tiefe G-Stimmung

Hier besteht der einzige Unterschied zur gCEA-Stimmung darin, dass das hohe durch ein tiefes »G« ersetzt wird, dass also anstatt der dünnen Saite die dicke angeschlagen wird. So kommen wir auf die Noten: GCEA. Und das ist schon die ganze Kunst. Die Akkorde, die man dabei spielt, sind genau die gleichen wie bei gCEA, nur dass dadurch ein Sound entsteht, der ein wenig von der traditionellen Ukulele-Klangfarbe abweicht.

 Wenn Sie einmal versuchsweise mit dieser Stimmung arbeiten wollen, müssen Sie sich einen Saitensatz in der tiefen G-Stimmung kaufen. Einfach eine der üblichen Saiten herunterzustimmen, geht nicht – sie wird dadurch zu schlaff und lässt sich nicht mehr spielen.

Welche Methode ist nun die beste?

Es gibt – wie schon gesagt – verschiedene Methoden, sein Instrument zu stimmen – je nachdem, was einem zur Verfügung steht und mit wem man zusammenspielt. Wenn Sie als Solist auftreten, sind Sie selbst die einzige Person, mit der Sie sich abstimmen müssen. Sollten Sie jedoch mit anderen Musikern zusammenspielen, muss gewährleistet sein, dass nicht der eine Hü spielt und der andere Hott.

In diesem Abschnitt will ich Ihnen ein paar Möglichkeiten vorstellen, wie man seiner Ukulele die richtige Stimmung »verpasst«. Gehen wir dabei einmal grundsätzlich, wie auch im Rest dieses Buches, von der gCEA-Stimmung aus.

In diesem Buch, aber auch draußen, in der ganz realen Welt, werden Sie immer wieder auf die Begriffe *leere Saite* und *gegriffene Saite* stoßen:

✔ **Leere Saite:** Man spielt sie, ohne sie in irgendeinem Bund aufs Griffbrett zu drücken.

✔ **Gegriffene Saite:** Man spielt sie, während man sie in einem bestimmten Bund aufs Griffbrett drückt.

Die Hightech-Methode: Das elektronische Stimmgerät

Der Gebrauch eines elektronischen Stimmgeräts ist bei weitem die einfachste Methode, seine Ukulele »in Stimmung« zu bringen – und sie eignet sich vor allem für Anfänger, deren Gehör noch nicht so gut geschult ist. Wenn Sie Ihre Ukulele also gerade erst erworben haben, gönnen Sie sich ein solches Gerät. Auf andere Methoden können Sie später immer noch zurückgreifen.

Die besten elektronischen Stimmgeräte sind die, die man einfach am oberen Ende der Ukulele befestigt. Ein solches Gerät nimmt die Vibrationen der Saiten auf und übersetzt sie – vermutlich durch eine Art Voodoo-Zauber – in Noten. Sein großer Vorteil besteht darin, dass man das Instrument auch in einer lauten Umgebung wie etwa einem Ukulele-Club, stimmen kann, ohne von äußeren Einflüssen gestört zu werden. Falls Sie vorhaben, mit Ihrer Ukulele viel unterwegs zu sein, gehört ein Stimmgerät zum unerlässlichen Standardzubehör, denn es bietet Ihnen die einzige Methode, nicht hören zu müssen, was Sie spielen.

Auch wenn diese Stimmgeräte alle ein wenig anders gebaut sind, was ihr Display und ihre Funktionsweise anbelangt, so funktionieren sie dennoch immer nach dem gleichen Prinzip. Hier unsere Schritt-für-Schritt-Methode:

1. **Befestigen Sie das Stimmgerät am Kopf der Ukulele und schalten Sie es ein.** (Wo der Kopf ist, wissen Sie ja hoffentlich noch aus Kapitel 1.)

2. **Falls das Gerät Ihnen die Wahl lässt, entscheiden Sie sich für den C-Modus.**

3. **Zupfen Sie nun die g-Saite an (das ist die Saite, die Ihrem Gesicht am nächsten ist).**

Ihr Ziel ist es also, dafür zu sorgen, dass auf der g-Saite auch wirklich die Note g erklingt. Falls sich in Ihrem Display ein kleiner Pfeil befindet, so sollten Sie sich merken: Zeigt er nach links, muss die Saite hochgestimmt werden; zeigt er nach rechts, muss sie heruntergestimmt werden.

4. **Wenn der Pfeil senkrecht nach oben zeigt, ist die Saite korrekt gestimmt, und Sie können zur nächsten übergehen.**

Nicht alle elektronischen Stimmgeräte funktionieren auf die gleiche Weise. Bei manchen blinken auch kleine Lichtsignale auf, wenn man die Saiten anschlägt – rot bedeutet zu hoch/zu niedrig, grün bedeutet korrekt gestimmt. Wichtig ist, dass Sie genau wissen, welche Saite welcher Note entsprechen muss – vor allem, wenn Sie Ihre Uku gerade erst erworben haben, denn im Neuzustand sind die Instrumente oft völlig verstimmt.

Seien Sie beim Stimmen nicht übertrieben pingelig. Diese elektronischen Geräte sind sehr präzise. Sie werden feststellen, dass Ihr Ohr den Unterschied zwischen einem genauen und einem »fast genauen« Wert nicht feststellen kann.

Hören und wiederholen: Stimmen Sie mit der CD

In Track 1 auf der dem Buch beiliegenden CD werden Ihnen die vier Noten der gCEA-Stimmung nacheinander vorgespielt.

Hören Sie sich also zunächst die erste Note an (g) und zupfen Sie auf Ihrer Uku gleichzeitig die leere g-Saite (erste Saite). Die beiden Töne müssen einander genau entsprechen – tun sie das nicht, müssen Sie so lange an dem betreffenden Wirbel drehen, bis alles stimmt. Und das machen Sie dann bei jeder Saite so.

Ein wenig Übung gehört natürlich dazu. Es kann durchaus sein, dass Sie sich die Note in dem Track mehrmals anhören müssen, bis Sie mit dem Ergebnis zufrieden sind.

Viele stimmen eine Saite erst einmal zu hoch und lockern sie dann wieder, damit sie tiefer (und richtiger) klingt. Aber eigentlich sollte man es umgekehrt machen: Von unten nach oben, von tief nach hoch. Erstens leiert dadurch die Saite nicht so schnell aus, zweitens reagiert bei dieser Variante unser Gehör auch feiner. Also: Erst mal ein paar Stufen die Kellertreppe hinab und dann gegebenenfalls wieder etwas höher.

Stimmen mithilfe einer Gitarre ...

Falls Sie mit einem Gitarristen zusammenspielen, müssen Ihre beiden Instrumente natürlich aufeinander abgestimmt sein, sonst hört sich das Ganze an wie ein Banjo-Battle in einer finsteren Gasse.

Wenn der Gitarrist seine Klampfe korrekt gestimmt hat, bitten Sie ihn, nacheinander folgende Noten zu spielen (falls er keine Lust hat, bestechen Sie ihn mit einem Freibier, das wirkt bei Gitarristen stets Wunder):

Ukulele	Gitarre
g-Saite	E-Saite im dritten Bund
C-Saite	H-Saite im ersten Bund
E-Saite	leere E-Saite
A-Saite	E-Saite im fünften Bund

... oder eines Klaviers

Ein Klavier ist vielleicht nicht cool, aber es ist unglaublich praktisch. (Damit kann sich der Herausgeber wohl auf einige Zuschriften freuen). Ein gut gestimmtes Klavier verstimmt sich nicht so schnell wie die meisten Saiteninstrumente. Keyboards und E-Pianos sind sogar noch besser, weil sie die Noten digital erzeugen und somit immer »auf den Punkt« gestimmt sind.

Falls Sie also ein Klavier oder Keyboard griffbereit haben, verfügen Sie über das beste Hilfsmittel zum Stimmen schlechthin. (Allerdings Vorsicht: Mit Bier lässt sich ein Pianist nicht bestechen, auch wenn man gerne singt »Geb'n Sie dem Mann am Klavier noch'n Bier«.)

Die C-Saite einer Ukulele (also die dickste Saite) entspricht dem mittleren (eingestrichenen) C auf dem Klavier (das sich genau in der Mitte der Tastatur befindet – auf der weißen Taste gleich links neben einer Zweiergruppe von schwarzen Tasten). Bewegen wir uns vom C aus zwei weiße Tasten nach rechts, gelangen wir zum E. Noch zwei weiße Tasten weiter finden wir das G und gleich auf der Taste rechts daneben das A (siehe Abbildung 2.3).

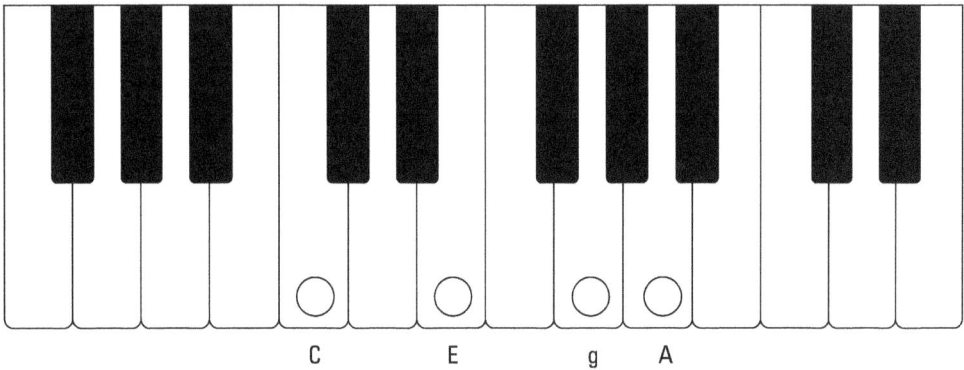

Abbildung 2.3: So findet man die richtigen Noten auf einem Klavier oder Keyboard.

Auch die Ukulele selbst hilft Ihnen beim Stimmen

Falls Sie gerade nichts und niemanden in Ihrer Nähe haben, mit dessen Hilfe Sie Ihre Uku stimmen können, dann muss das Instrument eben selbst herhalten. Das ist allerdings die kniffligste Methode, und bevor Sie sie anwenden, sollten Sie sich bereits mit einer oder zwei der anderen Stimmtechniken vertraut gemacht haben. Andererseits ist es eine sehr nützliche Methode – falls Sie mal mutterseelenallein ohne Stimmgerät, CD oder stimmungsfähiges Mitinstrument mit Ihrer völlig verstimmten Ukulele nachts in der Wüste stehen und nichts sehnlicher verspüren als den Wunsch zu spielen.

Am besten, Sie fangen mit der C-Saite an (der dritten von unten), denn bei der hält die Stimmung normalerweise am längsten:

1. **Greifen Sie die C-Saite im vierten Bund und schlagen Sie sie an.**

   (Wie man richtig greift, lernen Sie in Kapitel 4.)

2. **Schlagen Sie nun die leere E-Saite (die dritte) an und vergleichen Sie die beiden Töne.**

   Wenn die Saiten richtig gestimmt sind, klingen beide Töne identisch. Sollte die E-Saite zu tief klingen, stimmen Sie sie ein wenig hoch (oder umgekehrt), und vergleichen Sie dann wieder. Machen Sie das so lange, bis beide Saiten genau gleich klingen.

3. **Machen Sie nun das Gleiche mit der E-Saite im dritten Bund und der leeren g-Saite (also ersten Saite).**

   Auch hier müssen beide Töne gleich hoch sein.

4. **Zuletzt wiederholen Sie die Prozedur mit der E-Saite im fünften Bund und der leeren A-Saite (vierte Saite).**

Neue Saiten verstimmen sich oft sehr schnell. Das liegt daran, dass sie sich, nachdem man sie eingespannt hat, erst mal immer wieder dehnen und dann logischerweise nicht mehr richtig klingen. Nach etwa zwei Wochen aber geht diese Krankheit vorbei. Dann sind die Saiten gewissermaßen »ausgewachsen«, verziehen sich nicht mehr und klingen länger richtig.

 Diesen Prozess kann man übrigens beschleunigen, indem man jede Saite nach dem Stimmen mit den Fingern ein wenig dehnt, bis sie zu tief klingt, dann wieder nachstimmt und das Ganze ein paar Mal wiederholt. Am Anfang wird es noch ganz krass klingen, aber je öfter man es macht, umso geringer werden die Tonunterschiede, bis die Saite ihre Ausdehnung erst mal beibehält.

Kapitel 3

Der richtige Umgang mit der Ukulele

D ass man seine Ukulele beim Spielen vor der Brust hält und nicht etwa hinter dem Rücken, weiß sogar der Dümmste. Auch dass man die Saiten mit den Fingern anzupft und nicht etwa mit den Zähnen, dürfte jedem klar sein. Was sollen wir Ihnen in diesem Kapitel also Großartiges erzählen? Nun, da gibt es so einiges. Die richtige Fingerstellung, die richtige Position der Arme, die richtige Körperhaltung – all das wird es Ihnen erleichtern, Ihre Ukulele zu spielen, ohne Krämpfe und Zerrungen davonzutragen, und das Ganze auch noch bei einem besseren Klangergebnis. Alles Kleinigkeiten, werden Sie jetzt vielleicht sagen. Mag sein, aber genau diese Kleinigkeiten machen ein gutes Spiel aus und sind entscheidend dafür, wie lange Sie Freude an Ihrer Uku haben werden. Deshalb geht es auf den nächsten Seiten tatsächlich vor allem um Körperhaltung und Handstellung.

Wenn man sich erst einmal etwas Falsches angewöhnt hat, ist es oft schwer, es wieder loszuwerden. Bald schon werden Sie dafür dankbar sein, solche »Basics« gleich am Anfang gelernt zu haben. Die Zeit, die es Sie kosten würde, eine schlechte Gewohnheit wieder abzulegen, bleibt Ihnen als wertvolle Spiel- und Übungszeit erhalten.

Wie man seine Ukulele richtig hält

Das hängt natürlich davon ab, was man mit ihr vorhat. Wenn man spielen will, sollte man die folgenden Regeln beherzigen; wenn sie einem gerade ein Dieb entreißen will, kommt es nicht so sehr darauf an, sie fachgerecht zu halten. Aber mal im Ernst: Gerade bei der Ukulele ist es ungemein wichtig, dass man sie richtig »im Griff hat«. Bei so einem kleinen Instrument kann es schnell vorkommen, dass man jeden guten Klang, den man ihr entlocken könnte, im Keim erstickt.

Deshalb gleich Regel Nummer eins: Umklammern Sie Ihre Ukulele nicht zu fest – sie wird Ihnen nicht weglaufen, versprochen. Haben Sie so wenig Körperkontakt zu dem Instrument wie nur möglich, aber halten Sie es fest genug, dass es Ihnen nicht aus der Hand rutscht und in tausend Teile zerbricht.

 Am besten, Sie achten einmal darauf, wie professionelle Spieler ihre Ukulele halten. Sehen Sie sich Videos mit Jake Shimabukuro oder Roy Smeck an – dann lernen Sie wirklich von den großen Meistern.

Die drei K-Punkte beim Ukulele-Spielen

Wenn Sie spielen, gibt es zwischen Ihnen und Ihrer Ukulele genau drei Kontaktpunkte (K-Punkte):

✔ Der Boden der Ukulele ruht an der Vorderseite Ihres Körpers (siehe Abbildung 3.1).

Abbildung 3.1: Der rechte Arm (mit dem Sie die Saiten zupfen oder anschlagen) drückt die Ukulele sanft gegen Ihren Körper.

✔ Ihr rechter Unterarm befindet sich an der Decke der Ukulele, oberhalb des Stegs (und zwar so, dass Ihre Hand zwanglos über jenen Teil des Instruments gleiten kann, der Kontakt zu Ihrem Körper hat).

✔ Die untere Seite des Halses (nicht Ihres, sondern der Ukulele) liegt auf Ihrer leicht gekrümmten linken Hand (zwischen Daumen und Zeigefinger, siehe Abbildung 3.2).

 Noch einmal: Wenn Sie das Instrument zu fest an Ihren Körper drücken, schwingt es nicht mehr und klingt dumpf und fad.

Stattdessen sollten Sie darauf achten, dass zwischen der Uku und Ihrem Körper ein kleiner Winkel besteht, sodass der Kopf des Instruments weiter von Ihnen entfernt ist als der Korpus (wenn Sie die Namen der verschiedenen Instrumententeile noch einmal nachlesen wollen – sie stehen in Kapitel 1). Auf diese Weise sorgen Sie dafür, dass rings um den Rücken der Ukulele genügend Luft vorhanden ist, damit sie atmen kann und ihr Sound voller klingt.

Abbildung 3.2: Ihre gekrümmte linke Hand umschließt den Hals der Ukulele.

Beim Spielen aufstehen

Solange Sie sitzen, ist das alles noch recht einfach. Sobald Sie aber aufstehen, kann eine lustige Jongliernummer daraus werden. Die drei K-Punkte, von denen wir gesprochen haben – also die Berührungspunkte zwischen Ihrem Körper und der Ukulele – müssen jetzt etwas fester sein als im Sitzen.

Auch das Gleichgewicht zwischen den drei Punkten gilt es jetzt zu verlagern. Wenn man zum Beispiel mit der Greifhand eine schwierige Passage spielt, kann sie den Hals nicht so fest und sicher halten wie gewohnt, also muss man ihr mit dem rechten Arm – der sonst fürs Greifen und Anschlagen der Saiten zuständig ist – Unterstützung bieten.

 Je kleiner Ihre Ukulele ist, umso leichter wird es Ihnen fallen, sie zu halten. Wenn Sie auf einer Tenor-Uku spielen (die verschiedenen Instrumententypen wurden in Kapitel 1 besprochen), ist vielleicht ein Ukulele-Gurt von Nutzen. Er bietet Ihnen ein paar wesentliche Vorteile: Vor allem entlastet er sowohl Ihre Greifhand als auch Ihre Schlaghand, sodass Sie sich ganz aufs Spielen konzentrieren und Passagen, die technisch nicht so ganz einfach sind, viel leichter bewältigen können.

Beim Spielen hinsetzen

Wenn es Ihnen einigermaßen gut gelingt, beim Spielen aufzustehen (wie ich es im letzten Abschnitt beschrieben habe), dann können Sie sich der gleichen Technik auch beim Hinsetzen bedienen.

In diesem Fall können Sie sogar für mehr Stabilität sorgen, indem Sie Ihre Uku auf dem Oberschenkel balancieren. Auch eine Jongliernummer, aber eine viel leichtere. Sie brauchen jetzt keinen so festen Kontakt mehr zur Ukulele (vergleiche Abbildung 3.3).

Die drei K-Punkte sollten aber trotzdem weiter bestehen, und auch die Ukulele sollte zu Ihrem Körper noch immer einen spitzen Winkel bilden, wie wir es im Abschnitt über die K-Punkte beschrieben haben. Doch sobald das Instrument auf Ihren Beinen ruht (und somit Halt findet), wird es viel müheloser sein, diese Kontaktpunkte herzustellen und beizubehalten.

Abbildung 3.3: Die richtige Haltung im Sitzen

Und wie ist es mit Linkshändern?

Linkshänder werden ihre Ukulele vermutlich genau anders herum halten: Da wird dann die rechte Hand zur Greifhand und die linke zur Schlaghand. Aber man braucht deshalb kein spezielles Instrument für Linkshänder – man muss nur die Saiten in umgekehrter Reihenfolge einspannen, sodass es wiederum die g-Saite ist, die Ihnen beim Spielen am nächsten ist, und die A-Saite, die am weitesten von Ihnen entfernt ist (siehe Kapitel 2).

Bei Gitarren lässt sich das nicht so einfach machen, da die Saiten sich in ihrer Dicke sehr voneinander unterscheiden. Anders bei der Ukulele: Sie müssen am Instrument selbst keine Veränderungen vornehmen, denn Ukulele-Saiten unterscheiden sich, was ihre Dicke betrifft, nicht allzu sehr voneinander. Oft wird Linkshändern auch empfohlen, die Uku genauso zu spielen wie Rechtshänder, also mit der rechten Hand als Schlaghand. Schließlich brauche man zum Spielen ja ohnehin beide Hände. Allerdings kommt dieses Argument ausschließlich aus dem Mund von Rechtshändern.

Wie man einen Anschlag richtig ausführt

Als Rechtshänder hat man im rechten Arm normalerweise mehr Kraft, deshalb eignet sich die rechte Hand auch besser als Schlaghand. Die Greifhand muss sich zwar um die ganze Klein- und Feinarbeit kümmern, aber ohne die Schlaghand wird keine der gegriffenen Saiten je auch nur einen Ton von sich geben. Wenn man sich mal im Akkord vergreift oder eine falsche Saite erwischt, lässt sich das leicht überspielen, und das Publikum bekommt es meist gar nicht mit. Es merkt aber sofort, wann die rechte Hand schneller oder langsamer wird.

Ein interessantes und abwechslungsreiches Schlagmuster verleiht einem Song seine besondere Würze. Es ist für ein gutes Spiel so elementar, dass die einzelnen Genres sich weitaus mehr in ihren Schlagmustern unterscheiden als in ihren Akkorden. Halten Sie gerade Ihre Ukulele in der Hand? Dann legen Sie sie einmal kurz beiseite. Sie kriegen Sie auch gleich wieder, versprochen.

Und nun halten Sie Ihre Schlaghand (also bei Rechtshändern die rechte, bei Linkshändern die linke Hand) vor Ihre Körpermitte, etwa dort wo sich die Grenze zwischen Bauch und Brust befindet. Und nun bilden Sie ganz sanft eine Faust (die Hand nicht ballen wie ein Schmied!), sodass Ihre Fingerspitzen zwar die Handinnenfläche berühren, aber keinen Druck ausüben.

Nun deuten Sie mit der Zeigefingerspitze in Richtung Ihrer linken Brustwarze (oder der rechten, falls Sie Linkshänder sind) und positionieren den Daumen zwischen dem ersten und zweiten Knöchel Ihres Zeigefingers. Da soll für Ihre Schlaghand die Ausgangsposition sein (vergleiche Abbildung 3.4).

Abbildung 3.4: Die Position der Schlaghand

 Dass der Daumen auf dem Finger ruht, ist wichtig; es verleiht dem Finger etwas mehr Stabilität, und der Anschlag wird sauberer klingen.

Und nun zur Belohnung eine Süßigkeit!

So! Sie sind erlöst und dürfen Ihre geliebte Ukulele wieder an sich drücken. Bringen Sie Ihre Hand in die Position, die ich Ihnen im vorigen Abschnitt gezeigt habe, und zwar so, dass der Zeigefinger sich genau dort oberhalb der g-Saite befindet, wo der Hals in den Korpus mündet.

Diese Stelle ist bekannt unter dem Namen *Sweet Spot* (wörtlich: der süße Punkt). Jede Ukulele hat ihren eigenen Sweet Spot, wo der Anschlag am besten klingt. Bei Sopran-Ukulelen befindet er sich etwa an der Grenze zwischen Hals und Korpus. Bei größeren Ukulelen liegt er zwischen dem Schallloch und dem Punkt, an dem der Korpus endet. Spielen Sie einfach ein wenig mit Ihrer Ukulele herum und finden Sie selbst heraus, an welcher Stelle es für Sie am »süßesten« klingt.

Die richtige Anschlagtechnik

Beim Anschlagen der Ukulele ist es wie im richtigen Leben – der beste Rat lautet: Stets locker bleiben! Ist man verkrampft, klingt man mit Sicherheit wie ein spielender Roboter und verliert außerdem sehr schnell die Lust am Spielen.

Der zweitbeste Rat lautet: Beim Anschlagen sollten Sie nur Ihr Handgelenk bewegen, nicht den ganzen Arm! Ich habe früher auf dem Jahrmarkt leidenschaftlich gern Whack-a-Rat gespielt – ein Spiel, bei dem man Ratten mit einem Hammer zurück in ihre Löcher klopfen muss. Viel fürs Leben lernt man dabei nicht, aber eine wichtige Lektion ist bei mir hängen geblieben: Ein Arm, der sich ständig auf und ab bewegt, ermüdet unglaublich schnell. Also beim Anschlagen der Saiten bitte nur das Handgelenk einsetzen, der Unterarm vollführt nur leichte Rotationsbewegungen.

 Es ist auch nicht nötig, dass Sie beim Anschlagen mit der Hand einen Viertelmeter weit ausholen. Bleiben Sie so dicht wie möglich im Bereich der Saiten. Nur so können Sie einen präzisen Rhythmus einhalten und müssen sich auch nicht so anstrengen.

Beim Abschlag sind es Ihre Nägel, die als Erstes die Saiten berühren, beim Aufschlag sind es die Fingerkuppen. Deshalb klingt der Abschlag etwas härter und metallener als der Aufschlag, was für eine interessante Abwechslung sorgt.

 Nicht nur Ihre Hände und Arme sollten immer entspannt bleiben, sondern der ganze Körper. Wenn Sie sich zu sehr auf Ihr Spiel konzentrieren, kann es zu Verspannungen kommen, die Sie anfangs gar nicht bemerken, bis die Schulter oder ein anderes Körperteil schmerzt. Am besten, Sie machen ab und zu mal eine Pause, in der Sie Arme und Schultern ganz bewusst entspannen, ehe Sie weiterspielen.

Auf gar keinen Fall mit Plektrum!

Ich empfehle strengstens, den Anschlag zuerst mal mit dem Zeigefinger auszuführen – und bitte nicht mit dem Plektrum, es sei denn, Sie haben Ihre Hand fest eingegipst. Es mag zunächst mal unbequem sein, mit dem Zeigefinger anzuschlagen. Aber so klingt es einfach besser, und außerdem bieten sich so Anschlagmöglichkeiten, die andererseits mit dem Plektrum nicht möglich wären.

 Für Westerngitarren und andere Instrumente mit Stahlsaiten eignet sich das Plektrum hervorragend – aber nicht für die zarten Saiten einer Ukulele. Diese Elefanten-Fußnägel bringen Ihre Uku nicht zum Klingen, sondern zum Knattern.

Vor allem: Sie wollen ja bestimmt auch einmal kompliziertere Anschlagstechniken ausprobieren, bei denen auch die anderen Finger und der Daumen einbezogen werden. Mit einem Plektrum ist das nur sehr eingeschränkt möglich.

Das Plektrum kann aber auch in bestimmten Situationen von Nutzen sein. Manchmal wünschen Sie sich einfach diesen harten Sound. Wenn Sie zum Beispiel mit anderen Ukus zusammenspielen und solieren wollen, dann kann Ihnen das Plektrum helfen, sich von den anderen Ukulelern abzusetzen.

Und jetzt wird Druck gemacht!

Wenn Sie Ihre Ukulele inzwischen korrekt halten können, ohne dass Ihnen dabei irgendetwas wehtut (die wichtigsten Techniken kennen Sie ja inzwischen), können wir uns nun der Greifhand zuwenden. Zum Greifen muss Druck gemacht werden – das heißt, die Finger Ihrer linken Hand müssen bestimmte Saiten aufs Griffbrett drücken, damit die richtigen Noten erklingen.

 Die Tonhöhe einer Saite hängt von deren Länge ab: je kürzer die Saite, umso höher der Ton. Mehr zum Thema Tonhöhen finden Sie in Kapitel 2.

Wenn Sie eine Saite aufs Griffbrett drücken (sie also *greifen*, wie es korrekt heißt), machen Sie sie kürzer. Die Bundstäbchen (das sind die kleinen Metallteile, die die einzelnen Bünde voneinander trennen) zeigen Ihnen an, wo Sie greifen müssen, um für den gewünschten Ton genau die richtige Saitenlänge zu finden.

Man drückt die Saite knapp oberhalb des Bundstäbchens auf den Gitarrenhals, und schon kann sie nur noch im Bereich unterhalb dieses Stäbchens schwingen.

Die Position der Greifhand

Machen Sie bitte folgende Übung: Strecken Sie Ihre Greifhand (bei Rechtshändern ist das die linke Hand, bei Linkshändern die rechte) flach aus, die Handfläche nach oben. Dann nehmen Sie Ihre Ukulele so in die Hand, dass der Sattel sich genau am unteren Ende Ihres Zeigefingers befindet, wie in Abbildung 3.5. (Wenn Sie nicht mehr wissen, wo der Sattel ist – es steht in Kapitel 1.)

Als Nächstes legen Sie Ihren Daumen so um den Hals, dass er knapp oberhalb des Sattels zu liegen kommt. Der Hals der Ukulele befindet sich nun locker zwischen Zeigefinger und Daumen. So verleihen Sie Ihrem Instrument einen guten Halt, und Ihre Hand befindet sich genau in der richtigen Greifposition.

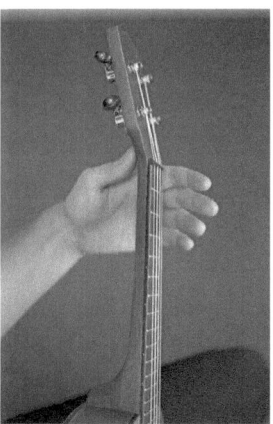

Abbildung 3.5: Ausgangsposition der Greifhand

Krümmen Sie Ihre Finger so, dass sie über den Saiten eine möglichst hohe Wölbung bilden (siehe Abbildung 3.6). Sie sollten darauf achten, dass Ihre Finger immer nur diejenigen Saiten berühren, die auch gegriffen werden.

Abbildung 3.6: Endposition der Greifhand

 Bei besonders komplizierten Passagen können Sie Ihren Daumen auch an die Rückseite des Instrumentenhalses legen – das entlastet Ihre Finger und sorgt dafür, dass Sie mehr Druck ausüben können.

 Die Bünde der Ukulele zählt man, indem man beim Kopf beginnt und dann nach unten fortfährt. Der Bund unterhalb des Sattels ist somit immer der erste Bund, der nächste immer der zweite Bund, und da Sie ein schlauer Mensch sind, muss ich dieses Prinzip sicher nicht für jeden Bund einzeln erklären.

Bitte nicht berühren!

Drücken Sie die Saiten niemals genau am Bundstäbchen aufs Griffbrett, sondern immer (möglichst knapp) darüber. Wenn Sie also eine Saite im zweiten Bund greifen müssen, greifen Sie sie stets oberhalb des Stäbchens zwischen Bund 2 und 3.

 Wo die Saite endet, bestimmen die Bundstäbchen, nicht Ihre Finger.

Wie fest muss man greifen?

So fest, dass die Saite nicht schnarrt oder schnurrt oder knurrt – am besten, man probiert es aus. Es bringt aber nichts, sicherheitshalber immer so fest wie möglich zu drücken – erstens wird dann die Hand schnell müde, zweitens leiert man dadurch die Saite aus.

Am Anfang sollten Sie die Finger erst mal nur auf die Saite *legen*, ohne sie aufs Griffbrett zu drücken. Wenn Sie die Saite jetzt mit der rechten Hand anschlagen, erzeugt es ein Klicken.

Drücken Sie nun mit der linken Hand immer fester zu, aber gehen Sie dabei schrittweise vor. Sie werden merken, wie es immer besser und sauberer klingt.

Wenn es richtig gut klingt, brauchen Sie nicht mehr weiterzumachen. Dann haben Sie die ideale Druckstärke gefunden.

Und wenn es immer noch blöd klingt?

Um die Greifhand richtig einzusetzen, bedarf es natürlich ein wenig an Übung. Vielleicht hören Sie erst mal nur knarrende Saiten oder ein dumpfes Geräusch.

Wenn Sie den Eindruck haben, dass Sie die Bünde nicht richtig greifen, schauen Sie sich diesen Abschnitt noch einmal an und gehen die nachfolgende Checkliste durch:

✔ **Berühre ich beim Greifen das Bundstäbchen?** Falls ja, rücken Sie den Finger einfach ein wenig nach oben.

✔ **Drücke ich nicht fest genug?** Steigern Sie einfach versuchsweise den Druck – falls es jetzt besser klingt, wissen Sie, woran es gelegen hat.

✔ **Berühre ich die Saite noch mit einem anderen Finger?** Die Saite darf nur mit dem Finger in Berührung kommen, der greift. Andere Finger dämpfen den Klang.

Wenn es jetzt immer noch nicht klingt, wie es klingen soll, könnte es auch an Ihrer Ukulele liegen, vor allem wenn das Problem immer bei der gleichen Saite oder im gleichen Bund auftritt. Kapitel 20 informiert Sie darüber, was man selbst unternehmen kann, um Probleme dieser Art zu beheben.

Wer schön spielen will, muss leiden

Die wenigsten von uns sind es gewohnt, die ganze Zeit über mit den Fingern Drähte in ein Holz zu treiben – deswegen müssen unsere Hände sich an eine solche Tätigkeit erst einmal gewöhnen. Und das kann am Anfang auch mal wehtun.

Zwei Arten von Schmerz sind es, die den Ukulele-Anfänger am häufigsten plagen:

✔ **Muskelschmerz:** Vom Drücken der Saiten bekommt man Muskelkater in den Händen und Fingern.

✔ **Schmerz in den Fingerkuppen:** Die Fingerspitzen fühlen sich wund an, und manchmal hinterlassen die Saiten auch vorübergehend tiefe Furchen.

Wenn Sie merken, dass sich beim Spielen Ihre Hand verkrampft oder die Muskeln zu schmerzen beginnen, ist es unsinnig, die Zähne zusammenzubeißen und weiterzuspielen.

Dann nämlich könnten Sie sich langfristig schaden. Hören Sie lieber auf und steigern Sie allmählich die Übungszeit, während Ihre Muskeln immer stärker werden.

Schmerzende Fingerkuppen hingegen sind nicht so wild, und bleibende Schäden kann man davon nicht zurücktragen. Hören Sie einfach auf, wenn es Ihnen zu bunt wird. Mit der Zeit werden Sie jede Menge Hornhaut bekommen, und dann spüren Sie gar nichts mehr. Dann können Sie sogar auf der nächsten Party Eindruck schinden, indem Sie eine Nadel quer durch Ihre Fingerkuppe stoßen, ohne dass Sie dabei die Miene verziehen.

Teil II
Jetzt geht's an die Akkorde!

IN DIESEM TEIL ...

... erlernen Sie die praktischen Grundlagen des Ukulele-Spiels: die wichtigsten Akkorde, aber auch kompliziertere Akkorde und eine Menge Schlagmuster und Rhythmen. In jedem Kapitel finden Sie eine Vielzahl von Songs, mit deren Hilfe Sie Ihr neu erworbenes Wissen sofort ausprobieren können.

Kapitel 4

Die ersten Akkorde und Songs auf der Ukulele

Akkorde sind das beste Hilfsmittel, um das Musikmachen zu lernen. Es reicht bereits, zwei oder drei Akkorde »auf Lager« zu haben, um zu Songs spielen zu können, den eigenen Gesang zu begleiten oder mit anderen Musikern zusammenzuspielen.

Ein Akkord ist ein Verbund aus mehreren Noten, die zusammen gespielt werden. Akkorde sind das A und O der Musik; sie bilden den Hintergrund eines jeden Songs, dessen Melodie wir singen oder spielen. So gut wie alle Lieder, die wir im Radio hören, gründen auf einer Reihe von aufeinander folgenden Akkorden.

In diesem Kapitel werde ich Sie mit sieben Akkorden vertraut machen (auch mit zwei *Septakkorden*, aber vergessen Sie das Wort erst einmal wieder). Mit diesen wenigen Akkorden werden Sie jedoch sehr weit kommen, sich ein stattliches Repertoire an Songs aneignen können und eine gute Basis für Ihre weiteren Pläne mit der Ukulele in Händen halten.

Um zu spielen, müssen Sie keine Noten lesen können

Ich muss Ihnen ein Geständnis machen: Im Notenlesen bin ich in etwa genauso gut wie ein Hund im Lesen lateinischer Texte. (Und ich bin wirklich kein Hund, auch wenn ich gelegentlich Eichhörnchen jage und auf den Teppich sabbere.)

Zum Glück aber muss man, um zu spielen, gar keine Noten lesen können. Akkorde kann man auch lernen, indem man sich kleine Bildchen etwas genauer ansieht.

Wie man Akkorddiagramme liest

Akkorddiagramme zeigen Ihnen ganz genau, welche Finger Sie benötigen und wo Sie sie auf dem Griffbrett platzieren müssen, um einen Akkord zu spielen.

In unseren Akkorddiagrammen sehen Sie die obersten fünf Bünde der Ukulele, und zwar aus der Perspektive, als stünde die Uku vor Ihnen und Sie könnten ihr direkt ins »Gesicht« sehen (vergleiche Abbildung 4.1).

Damit Sie wissen, wie ein Akkorddiagramm aussieht, sehen Sie sich bitte Abbildung 4.2 an.

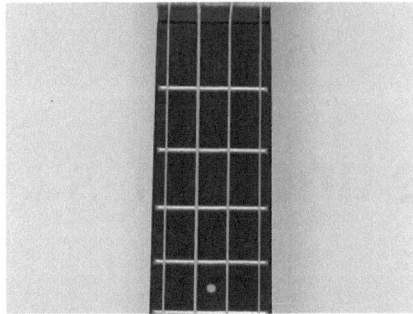

Abbildung 4.1: Die obersten fünf Bünde auf dem Hals der Ukulele

Zur Geschichte der Akkorde

In den frühen Tagen der Musikgeschichte entstanden Lieder aus einfachen Tönen. Die Musik, von der die frühesten Niederschriften vorliegen, war die singender Mönche. Jeder Mönch sang eine eigenständige Melodielinie, die für sich stand, während die Mitsänger fröhlich die ihren sangen. Daher stand zwar jede Melodielinie für sich, im gemeinsamen Gesang aber fanden sie harmonisch zueinander.

Mit dem Lauf der Geschichte dachten Komponisten immer mehr darüber nach, wie diese Melodielinien tatsächlich zusammenpassten. Sie legten das Augenmerk auf ganze Notensätze, die gleichzeitig gespielt wurden – Akkorde.

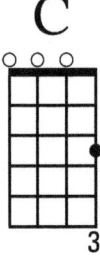

Abbildung 4.2: Beispiel für ein Akkorddiagramm

Kommen wir zu den einzelnen Teilen des Akkorddiagramms:

✔ **Senkrechte Linien** symbolisieren die Saiten der Ukulele, mit der g-Saite ganz links und der A-Saite ganz rechts.

✔ **Die dicke waagerechte Linie** ganz oben steht für den Sattel der Ukulele.

✔ **Die dünnen waagerechten Linien** unterteilen das Diagramm in die einzelnen Bünde. Am besten, wir stellen sie uns als die Bundstäbchen vor. Dann wissen wir genau: Zwischen dem Sattel und der ersten Linie ist Bund 1, zwischen dem ersten und dem zweiten Bundstäbchen ist Bund 2 und so weiter.

✔ **Die Punkte** zeigen Ihnen, wo Sie Ihre(n) Finger aufsetzen müssen. Sehen Sie also einen Punkt auf der linken senkrechten Linie zwischen der ersten und zweiten waagerechten Linie, so heißt das, Sie müssen die g-Saite im zweiten Punkt greifen.

✔ **Die O ganz oben** (man könnte sie sinnigerweise auch als Nullen deuten) zeigen Ihnen: Die betreffende Saite wird »leer gespielt«, also nicht gegriffen.

✔ **Die Zahlen ganz unten** verraten, mit welchem Finger Sie die betreffende Saite greifen sollten:

  • 1 = Zeigefinger

  • 2 = Mittelfinger

  • 3 = Ringfinger

  • 4 = kleiner Finger

Die Zahlen unten in der Abbildung verweisen auf den vorgeschlagenen Griffsatz für den jeweiligen Akkord. Sie beziehen sich nicht auf die Bund-Nummerierungen, die Ihnen anzeigen, wo Sie greifen sollen. Lassen Sie sich nicht irreführen!

Nicht alle Akkorddiagramme beginnen am Sattel. Wenn Sie auf ein Akkorddiagramm stoßen, das oben keine dicke waagerechte Linie aufweist, dann finden Sie dort auf der rechten (manchmal auch linken) Seite mit Sicherheit eine Zahl. Das bedeutet: Dieses Diagramm fängt nicht bei Bund 1 an, sondern bei dem Bund, den Ihnen die jeweilige Zahl verrät. Ein Beispiel dafür sehen Sie in Kapitel 6 beim C#m-Akkord in Abbildung 6.25.

Und wie entziffern Linkshänder ein solches Diagramm?

Für Linkshänder, die ihre Ukulele genau andersherum halten, können solche Diagramme sehr verwirrend sein. Sie müssen erst eine Methode finden, die ihnen hilft, die Dinge »im Kopf« richtig zu sehen, auch wenn sie auf dem Papier ganz anders stehen. Dabei scheinen sich zwei Methoden besonders gut bewährt zu haben:

Die »gespiegelte Ukulele«: Das heißt, man stellt sich das Diagramm als Spiegelbild vor. Diese Methode erfordert wohl etwas Übung, aber wenn man sie beherrscht, gelingt es auf Anhieb, die Diagramme richtig zu interpretieren und fehlerfreie Akkorde zu spielen.

Die »gläserne Ukulele«: Man stellt sich vor, der Hals der Ukulele bestünde aus Glas und man könne von hinten hindurchsehen. Dann sieht man seine Finger und die Bünde tatsächlich so, wie sie notiert sind. Das heißt: Man blickt seine stehende Ukulele genauso an wie vorhin beschrieben, nur dass sie diesmal den Blick nicht erwidert, sondern einem den Rücken zukehrt. Nach und nach wird man ein Gespür für die Griffe bekommen.

Zwei Akkorde, ein Song

In diesem Abschnitt werden Sie sich Ihren ersten Song auf der Uku erarbeiten. Dazu brauchen Sie nur zwei Akkorde – C und F.

Kinderleicht: Der C-Akkord

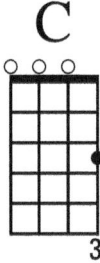

Abbildung 4.3: Diagramm für den C-Akkord

Der erste Akkord, den Sie in diesem Buch lernen, ist der C-Akkord. Er ist kinderleicht – Sie brauchen nur einen einzigen Finger, wie Sie in Abbildung 4.3 sehen. Drei der vier Saiten (g, C und E) sind mit einem O gekennzeichnet, das heißt, sie werden leer gespielt.

Die A-Saite jedoch *wird* gegriffen, und zwar im dritten Bund, und dazu benutzen Sie den Ringfinger (das sagt Ihnen die Ziffer 3) und machen es wie in Abbildung 4.4.

Sieht es bei Ihnen richtig aus? Okay, dann bringen Sie Ihre rechte Hand in die Schlagposition und machen einen Abschlag (wobei die Fingernägel die Saiten berühren).

Na, wie klingt es? Sind alle Saiten zu hören? Klingt es harmonisch und »passend«?

Falls es sich noch irgendwie schräg anhören sollte, zupfen Sie einmal nur die A-Saite an. Klingt sie sauber? Falls nicht, lesen Sie in Kapitel 3 nach, wie man eine Saite richtig greift, und dann probieren Sie so lange herum, bis Sie mit dem Sound zufrieden sind.

Falls die A-Saite für sich allein gut klingt, aber am Gesamtakkord etwas nicht stimmt, prüfen Sie noch einmal nach, ob Ihre Uku richtig gestimmt ist (siehe Kapitel 2).

Abbildung 4.4: Die richtige
Fingerstellung beim C-Akkord

Schon kniffliger: Der F-Akkord

Für den F-Akkord brauchen Sie vermutlich etwas mehr Geduld. Denn erstens sind nicht nur ein, sondern zwei Finger nötig, um ihn zu spielen, und zweitens sind an ihm auch zwei Saiten beteiligt. Schauen Sie sich das Diagramm in Abbildung 4.5 an.

Abbildung 4.5: Diagramm
für den F-Akkord

Leer gespielt werden diesmal nur die C- und die A-Saite. Diese beiden Saiten brauchen Sie also nicht weiter zu beachten. Hier eine Anleitung, wie Sie vorgehen müssen:

1. **Die E-Saite im ersten Bund greifen Sie mit dem Zeigefinger.**

2. **Die g-Saite im zweiten Bund greifen Sie mit dem Mittelfinger.**

   Ihre Fingerstellung sollte so aussehen wie in Abbildung 4.6.

3. **Achten Sie darauf, dass Ihre Finger über den nicht angeschlagenen Saiten hochgewölbt sind (damit es nicht zu Schnarrgeräuschen kommt).**

4. **Nun schlagen Sie die Saiten an und prüfen, wie es klingt.**

5. **Danach prüfen Sie den Klang, indem Sie eine Saite nach der anderen anzupfen.**

   - Wenn irgendeine der gegriffenen Saiten nicht richtig zum Klingen kommt, gehen Sie die Checkliste in Kapitel 3 durch.

- Wenn irgendeine der leer gegriffenen Saiten dumpf klingt, werfen Sie einen Blick auf Ihre Finger. Kann es sein, dass Sie mit einem Finger unabsichtlich die betreffende Saite berühren? Falls ja, korrigieren Sie Ihre Fingerstellung, bis die »Problemsaite« korrekt zum Klingen kommt.

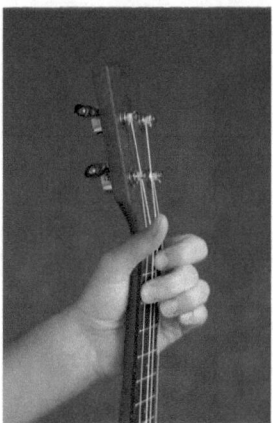

Abbildung 4.6: Die richtige Fingerstellung beim F-Akkord

Ihr allererster Song: »Li'l Liza Jane«

Falls Sie Ihre Ukulele gestimmt haben, die Akkordgriffe einigermaßen sitzen und Ihr Anschlagfinger bereit ist (wie wir es in den letzten beiden Abschnitten erklärt haben), dann kann es losgehen – Sie sind jetzt bereit für den ersten Song. Ich werde Ihnen zeigen, wie man die C- und F-Akkorde zu einer sogenannten Akkordfolge (also einer Reihe aufeinanderfolgender Akkorde) verbindet.

Ihr erster Song heißt »Li'l Liza Jane« – ein Country-Klassiker, der vor gar nicht langer Zeit von The Hot Club of Cowtown und Alison Krauss gecovert wurde. Wie viele Traditionals ist auch er sehr einfach aufgebaut.

In Abbildung 4.7 sehen Sie genau, an welcher Stelle des Songs Sie welchen Akkord greifen müssen. Machen Sie einen einfachen Abschlag, sobald Sie oberhalb eines Wortes den Akkord-Buchstaben sehen.

Beim F-Akkord erfolgt der Abschlag also bei den Worten *I, you, li'l* und so weiter.

Spielen Sie zunächst sehr langsam – also wirklich seeehr langsam. Stellen Sie sich eine Schnecke vor, die nicht mehr die Jüngste ist, und einen Schubkarren schiebt. Das gilt für jedes neue Stück, das Sie lernen.

Sie sollten so langsam spielen, dass die Akkordübergänge fließend klingen und nicht abgehackt. Manche Anfänger spielen ziemlich schnell, dann kommt ein Akkordwechsel, und es folgt ein »Loch«, dann geht es wieder im normalen Tempo weiter. Das sollten Sie vermeiden. Spielen Sie das Stück von vorn bis hinten im gleichen Tempo durch. Stellen Sie sich vor, Sie spielen den Song als Ständchen auf einer Geburtstagsfeier (oder als großer Star vor einem Millionenpublikum), und alle klopfen dazu mit dem Fuß. Dann müssten Sie vor jedem Akkordwechsel rufen: »Achtung, Leute, jetzt die Bremse in den Fuß!« Das würde keinem gefallen; die Leute wollen im gleichen Tempo weiterklopfen, egal ob Sie gerade den Akkord wechseln oder nicht.

```
F                    F
I know a gal that you don't know,

F        F
Li'l Liza Jane,

F                     F
Way down south in Baltimore,

C        F
Li'l Li-za Jane,

F    F    F        F
O E - liza, li'l Liza Jane,

F    F    C        F
O E - liza, li'l Liza Jane!
```

Abbildung 4.7: Die einfachen Akkordfolgen für »Li'l Liza Jane«

Und nun die ersten Schlagmuster!

Nachdem Sie nun alles Wichtige wissen, was Sie zum Spielen Ihres ersten Songs benötigen, peppen wir unser bisher recht eintöniges Schlagmuster ein wenig auf.

Es gibt kein Patentrezept, mit welchem Schlagmuster man einen Song begleitet. Hauptsache, es passt zur Melodie und betont sie dort, wo Akzente gesetzt werden sollen.

Wie man Schlagmuster notiert

Ebenso wie Akkorddiagramme lassen sich auch Schlagmuster-Notationen sehr leicht entziffern.

Die einzelnen Noten, wie auf einem standardmäßigen Notenblatt, lassen sich daraus allerdings nicht ablesen. Sie enthalten lediglich Symbole, die Ihnen verraten, ob Sie einen Auf- oder Abschlag machen müssen und an welcher Stelle. Sehen Sie sich dazu Abbildung 4.8 an.

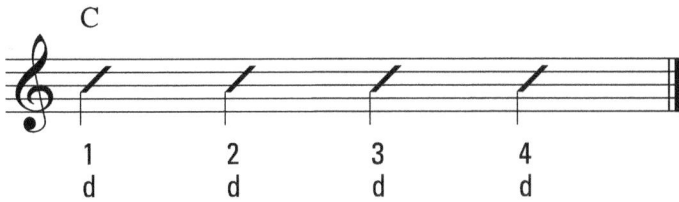

Abbildung 4.8: Bei dieser Notation folgen vier Abschläge aufeinander.

Die Hauptbestandteile einer Akkordnotation sind folgende:

✔ Die Striche mit dem abgewinkelten, etwas dickeren oberen Ende zeigen: Hier werden **Schläge** ausgeführt.

✔ Diese Schlagsymbole werden in **Gruppen** unterteilt: Damit Sie beim Spielen den Überblick bewahren, wird eine bestimmte Anzahl von Schlägen jeweils zu einer Gruppe zusammengefasst, bekannt als Takt.

✔ Die **Akkordbezeichnung** (in Form des betreffenden Buchstabens) findet sich jeweils direkt über dem ersten einer Reihe von Schlagsymbolen; der Akkord gilt dann für alle nachfolgenden Taktschläge, bis ein neuer Buchstabe erscheint.

✔ Die **Zählzeiten** (»eins – zwei – drei – vier«) finden sich in Form von Zahlen unterhalb der jeweiligen Schlagsymbole. Wenn Sie mitzählen (laut oder auch nur im Kopf), fällt es Ihnen leichter, den Rhythmus beizubehalten.

✔ Die **Schlagrichtung** wird durch die Buchstaben unterhalb der Zählzeiten angezeigt. »d« (engl. down) steht für einen Abschlag, »u« (engl. up) für einen Aufschlag. (Es auf Deutsch zu benennen, wäre weniger hilfreich, da die Worte »Aufschlag« und »Abschlag« beide mit einem »A« beginnen.)

Ein wenig Auf- und Abwechslung muss sein

Ihr Schlagmuster wird viel interessanter klingen, wenn Sie ab und zu einen Aufwärtsschlag zwischen die Abwärtsschläge schmuggeln. Sie müssen ja ohnehin die Hand auf und ab bewegen, warum also nicht das Gute mit dem Nützlichen verbinden?

Betrachten Sie einmal Abbildung 4.9 (gehört zu Track 2 auf der CD), um zu sehen, wie Aufwärtsschläge im Wechsel mit Abwärtsschlägen notiert werden. Überall dort, wo zwei Zählzeiten mit einem Balken verbunden sind, lautet das Muster ab/auf.

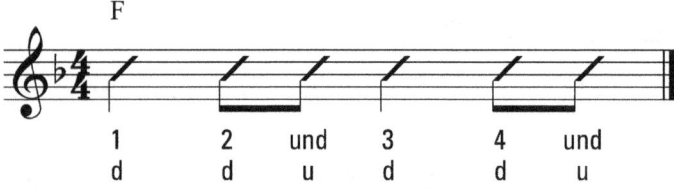

Abbildung 4.9: Das Ab-ab/auf-Muster

Ein solches Schlagmuster müssen Sie beim Spielen natürlich auch dann beibehalten, wenn ein Akkordwechsel erfolgt. Aber darum sollten Sie sich vorerst nicht kümmern. Studieren Sie einfach nur das Muster ein, bis es »sitzt«. Am besten, Sie klatschen oder klopfen es erst ein paar Mal, bevor Sie es spielen.

Ganz wichtig: Die Kombination ab/auf dauert nicht etwa doppelt so lang wie ein einfaches ab, sondern genauso lang – sie hat den gleichen Zeitwert. Ein einfacher Abschlag entspricht genau *einer* Zählzeit, während bei der ab/auf-Kombination sowohl der Ab- als auch der Aufschlag je einer *halben* Zählzeit entspricht. Zählen können Sie das am besten, indem Sie überall dort, wo ein Aufschlag kommt, das Wörtchen »und« einfügen, also: »Eins zwei und drei vier und …«

Um dieses ab/auf-Muster zu spielen, brauchen Sie an dem Schema in Abbildung 4.8 nicht viel zu ändern. Sie müssen die Hand für den nächsten Abwärtsschlag ja sowieso nach oben bewegen, und diesmal machen Sie es einfach so, dass die weiche Seite (Fingerbeere) Ihres oberen Zeigefingerglieds dabei die Saiten berührt.

Wie man sich Rhythmen gut einprägen kann

Um sich einen Rhythmus so einzuprägen, dass man ihn »im Blut« hat, kann man auf einfache Eselsbrücken zurückgreifen. Anstatt »eins, zwei drei« und so weiter zu zählen, bedient man sich beispielsweise bestimmter Worte, die genau der Schlaglänge entsprechen.

Man kann im Grunde jedes Wort nehmen, das passt. In der Schule machten wir das mit den Namen von Getränken – das kann man auch hier ausprobieren. Zum Beispiel:

✔ Abschlag (ganzer Schlag) = Bier

✔ ab/auf (Wechselschlag, je ein halber Schlag) = Kaba

Bei jeder Silbe erfolgt ein Schlag. Ein Abschlag entspräche also einem langen »Bier«, ein Wechselschlag beim Ab dem »Ka-«, beim Auf dem »-ba«.

Der Rhythmus lautet also »Bier – Ka-ba – Bier – Ka-ba«. Wenn Sie dieses Schlagmuster einigermaßen beherrschen, versuchen Sie, es auf den Song »Li'l Liza Jane« zu übertragen, den Sie bereits aus einem früheren Abschnitt kennen. Nehmen Sie dazu das Muster aus Abbildung 4.7; nun aber folgen die einzelnen Takte nicht mehr dem »ab – ab – ab – ab«-Schema, sondern lauten: »ab – ab/auf – ab – ab/auf«.

 Während Sie sich Track 3 anhören (»Li'l Liza Jane«), verfolgen Sie die dazugehörigen Akkorde in Abbildung 4.10. Die untere Zeile zeigt die Anschlag-Notation und die zu spielenden Akkorde (auf dem rechten Kanal). Die obere Zeile ist die Melodie (linker Kanal). Diese müssen Sie zum jetzigen Zeitpunkt nicht spielen. Schauen Sie in Teil III nach, wenn Sie Näheres zum Spielen von Melodien lernen wollen.

 Noch einmal zur Erinnerung: Beim Spielen immer locker und gelassen bleiben, sonst kann es leicht passieren, dass Ihre Anschläge statisch und leblos klingen und Sie viel zu schnell ermüden.

Li'l Liza Jane

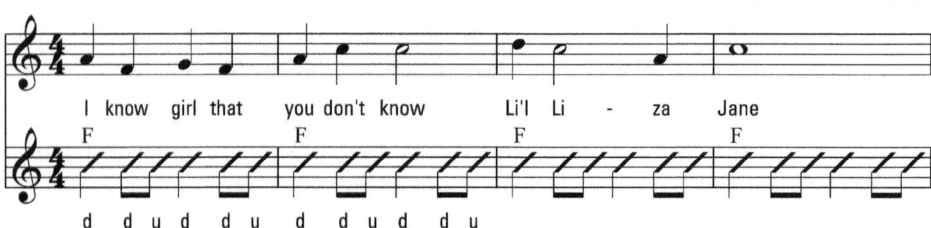

Abbildung 4.10: Die Akkorde für den Song »Li'l Liza Jane«

Begegnung mit den Septakkorden

Sobald es bei Ihnen mit den zwei Akkorden richtig »flutscht« und Sie Ihren Song gut spielen können, werden Sie als Nächstes denken: Jetzt möchte ich noch mehr Akkorde lernen, damit ich auch schwierigere Sachen spielen kann.

Kein Problem! Am nützlichsten ist es, wenn ich Ihnen als Nächstes einen *Septakkord* (oder *Septimakkord*) beibringe. Wenn Sie den beherrschen, können Sie auf Ihrer Ukulele schon fast ein wenig zaubern, da man mit Septakkorden wunderbar Spannung aufbauen und auch wieder lösen kann. Septakkorde bewirken, dass der Zuhörer fast ungeduldig auf den nächsten Akkord wartet, sie sind der Garant dafür, dass ein Song das Publikum richtig fesseln kann.

 Septakkorde werden mit einer 7 hinter dem Namen des Akkords gekennzeichnet: Der Septakkord für den C-Akkord schreibt sich also C7.

Packen wir's an ... hier ist der G7-Akkord

Als ersten Septakkord wollen wir den G7-Akkord lernen. Damit befinden wir uns auf einer höheren Schwierigkeitsstufe als bei F und C, denn diesmal brauchen wir drei Finger. Das Akkorddiagramm finden Sie in Abbildung 4.11.

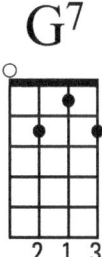

Abbildung 4.11: Diagramm für den G7-Akkord

In Abbildung 4.12 sehen Sie, wie der G7-Akkord im richtigen Leben aussieht.

Und nun verrate ich Ihnen noch, welche Finger Sie wo einsetzen müssen:

✔ Der Zeigefinger greift die E-Saite im ersten Bund.

✔ Der Mittelfinger greift die C-Saite im zweiten Bund.

✔ Der Ringfinger greift die A-Saite im zweiten Bund.

✔ Die g-Saite wird nicht gegriffen.

Abbildung 4.12: So sieht es aus,
wenn Ihre Finger den G7-Akkord greifen.

Und jetzt noch der E7-Akkord!

Weil's so schön war, lernen wir gleich noch einen Septakkord, nämlich E7. Auch dazu brauchen wir drei Finger. Das Akkorddiagramm finden Sie in Abbildung 4.13, die Fingerstellung »in natura« sehen Sie auf dem Foto in Abbildung 4.14.

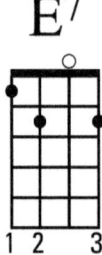

Abbildung 4.13: Diagramm
für den E7-Akkord

Abbildung 4.14: So sieht es aus,
wenn Ihre Finger den E7-Akkord greifen.

Und hier wieder die benötigten Finger samt ihrer »Arbeitsplätze«:

✔ Der Zeigefinger greift die g-Saite im ersten Bund.

✔ Der Mittelfinger greift die C-Saite im zweiten Bund.

✔ Der Ringfinger greift die A-Saite im zweiten Bund.

✔ Die E-Saite wird nicht gegriffen.

Dieser Akkord ist etwas schwieriger, da Ihr Mittelfinger erst einmal dazu neigt, auf der E-Saite zu landen. Achten Sie also gut darauf, dass alle Saiten sauber klingen. Ist dies nicht der Fall, muss die Wölbung Ihres Mittelfingers über der Saite etwas höher liegen, was Sie durch eine kleine Korrektur des Handgelenks erreichen.

Ihre zweite »Single«: Der Song »I'll Fly Away«

Und schon können Sie Ihr Spielrepertoire erweitern und Ihre neu erworbenen Fertigkeiten mit den Septakkorden gleich einsetzen. Das dazugehörige Schlagmuster finden Sie in Abbildung 4.15: erst ein einfacher Abwärtsschlag, dann dreimal die Kombination ab/auf.

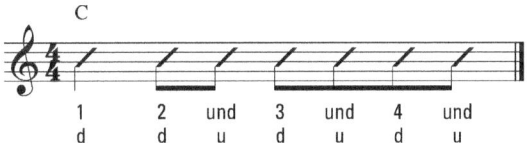

Abbildung 4.15: Schlagmuster für »I'll Fly Away«

Die Eselsbrücke lautet diesmal »Bier – Ka-ba – Ka-ba – Ka-ba«. Hören Sie sich Track 4 auf der CD an und sehen Sie sich dazu Abbildung 4.16 an, die Ihnen die Anschlagnotation für den gesamten Song zeigt.

 Damit Ihre Akkordübergänge schneller und fließender werden, sollten Sie den nächsten Akkord stets schon vorbereiten. Das heißt: Während Sie zum Beispiel den C-Akkord spielen, sind Ihr Zeige- und Mittelfinger ja frei. Da empfiehlt es sich, die beiden Finger gleich oberhalb der Saiten »lauern« zu lassen, auf denen sie als Nächstes zu liegen kommen. Dadurch haben die Finger beim eigentlichen Akkordwechsel keinen so langen Weg mehr.

Abbildung 4.16: Anschlagnotation für den Song »I'll Fly Away«

Nächster Schritt: Wir üben Mollakkorde

Gruftis werden dieses Kapitel lieben, denn es ist den düsteren, verdrießlichen Akkorden gewidmet.

Mollakkorde erkennt man an dem »m« hinter der Akkordbezeichnung. a-Moll schreibt man also kurz Am.

Für jeden Akkord gibt es auch eine Mollversion: Für C also c-Moll (Cm), für G7 also g-Moll 7 (Gm7) und so weiter. In diesem Abschnitt des Buches zeige ich Ihnen drei Mollakkorde.

Ein Versuch in a-Moll

A-Moll ist ein ganz einfacher Mollgriff, denn wir brauchen dazu nur einen Finger: den Mittelfinger auf der g-Saite im zweiten Bund. Platzieren Sie also Ihren Finger auf der g-Saite und schlagen Sie sie zusammen mit den anderen Saiten an – so klingt a-Moll.

In Abbildung 4.17 sehen Sie wieder das Akkorddiagramm, in Abbildung 4.18 ein Foto, das Ihnen die richtige Fingerstellung zeigt.

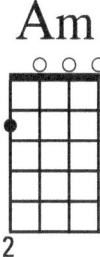

Abbildung 4.17: Diagramm für den Am-Akkord

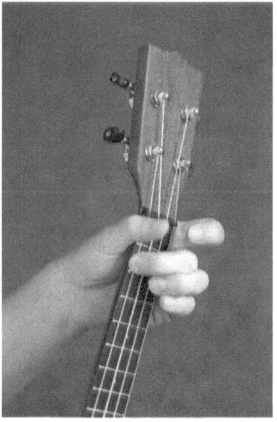

Abbildung 4.18: So sieht es aus, wenn Ihre Finger den Am-Akkord greifen.

Weiter geht's mit d-Moll

D-Moll ähnelt sehr dem F-Akkord. Greifen Sie also einfach einen F-Akkord (wie das geht, können Sie in dem Abschnitt »Schon kniffliger: Der F-Akkord« nachlesen), dann drücken Sie zusätzlich mit dem Ringfinger die E-Saite im zweiten Bund. Griffdiagramm und Fingerstellung finden Sie in Abbildung 4.19 beziehungsweise Abbildung 4.20.

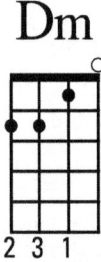

Abbildung 4.19: Diagramm für den Dm-Akkord

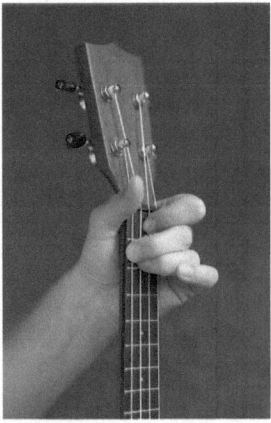

Abbildung 4.20: So sieht es aus, wenn Ihre Finger den Dm-Akkord greifen.

Es gibt sogar ein System für die Greiftechnik von Akkorden, allerdings ist es ein bisschen willkürlich. Die Standardregel lautet: Im ersten Bund greift man Saiten mit dem Zeigefinger, im zweiten Bund mit dem Mittelfinger, im dritten Bund mit dem Ringfinger. Wer dieses System befolgt, wird in der Regel die geschmeidigsten Akkordübergänge schaffen. Aber so mancher Akkord lässt sich unter Missachtung dieser Regel bequemer greifen, und in diesem Fall sollten Sie unbedingt die bequemere Methode wählen.

Zum Schluss noch der e-Moll-Akkord

Um den e-Moll-Akkord zu greifen, müssen Sie sich auf dem Griffbrett auf bisher noch un-erforschtes Terrain vorwagen – nämlich in den vierten Bund. Greifen Sie zunächst mit Ih-rem Zeigefinger die A-Saite in Bund 2. Dann führen Sie Ihren Mittelfinger über diese Posi-tion hinweg in den dritten Bund, um dort die E-Saite zu greifen. Und nun ist es Aufgabe des Ringfingers, noch eine Etappe weiter zu gehen, nämlich bis zur C-Saite, die er im vierten Bund aufs Griffbrett drückt. Das Akkorddiagramm sehen Sie in Abbildung 4.21.

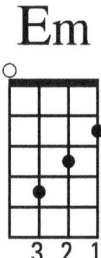

Abbildung 4.21: Diagramm für den Em-Akkord

Da Sie sowohl Mittel- als auch Ringfinger über dem Griffbrett ziemlich strecken müssen, kann dieser Akkord am Anfang einige Probleme bereiten. Schlagen Sie auf jeden Fall bei-de Saiten erst mal getrennt voneinander an, um festzustellen, ob sie auch sauber klingen.

Ihr erster Song mit Mollakkorden

Da Sie nun reif für Ihren ersten Song mit Mollakkorden sind – was empfiehlt sich da mehr als ein Stück des Königs der düsteren Klänge, Johnny Cash?

Ein gutes Schlagmuster für den Song finden Sie in Abbildung 4.22. Es lautet ab – ab/auf – ab/auf – ab/auf. Und ich hoffe, Sie haben es nicht vergessen: »d« (down) steht für einen Ab-wärtsschlag, »u« (up) für einen Aufwärtsschlag.

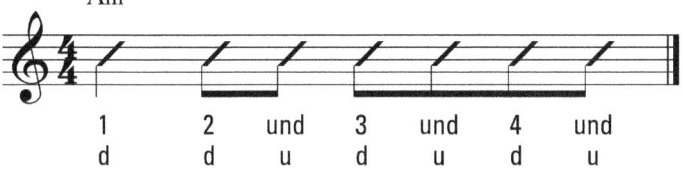

Abbildung 4.22: Schlagmuster für den Song »The Wayfaring Stranger«

Der Song heißt »The Wayfaring Stranger«, und wir brauchen dazu einige Akkorde, die wir in diesem Kapitel durchgenommen haben. Welche es sind, sehen Sie in Abbildung 4.23.

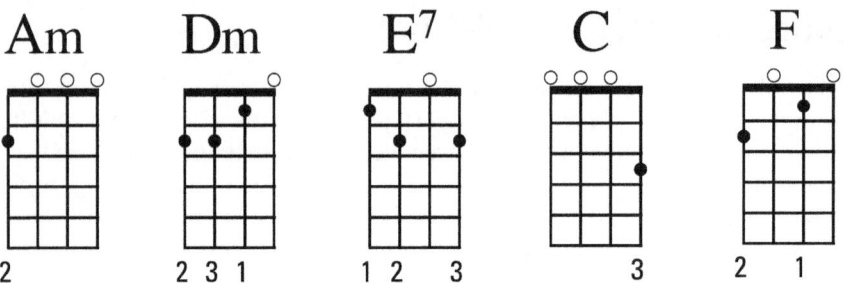

Abbildung 4.23: Die Akkorde, die Sie beim Spielen von »The Wayfaring Stranger« brauchen

 Die kniffligste Stelle des Songs ist der Wechsel von F zu E7. Den müssen Sie einfach immer wieder üben, und irgendwann wird es klappen. »The Wayfaring Stranger« ist ohnehin ein langsamer Song, aber spielen Sie ihn ruhig noch langsamer – so langsam wie notwendig, um diesen Wechsel reibungslos hinzubekommen. Vor allem: Lassen Sie sich nicht dazu hinreißen, die einfachen Passagen schneller zu spielen, um dann an der Problemstelle regelmäßig fast einzuschlafen. In Abbildung 4.24 sehen Sie das Akkordschema für den gesamten Song.

Wayfaring Stranger

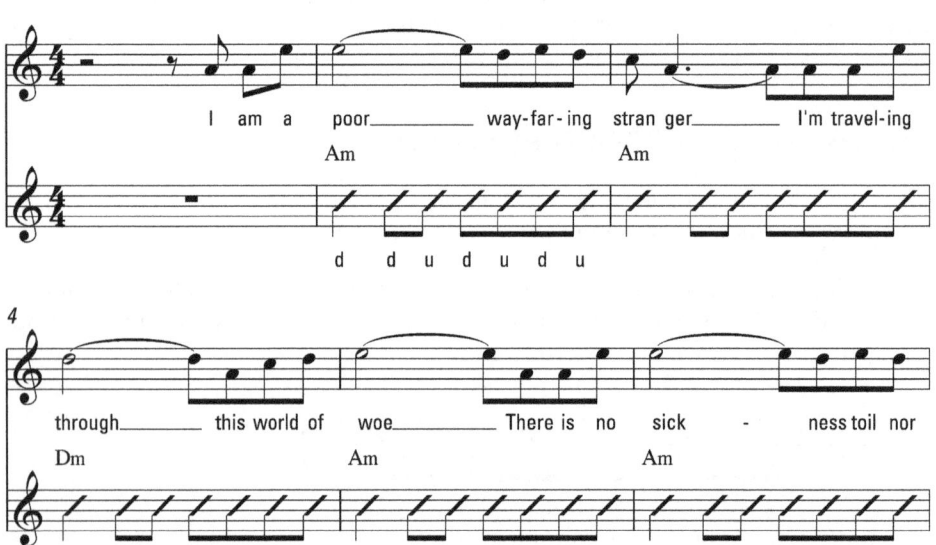

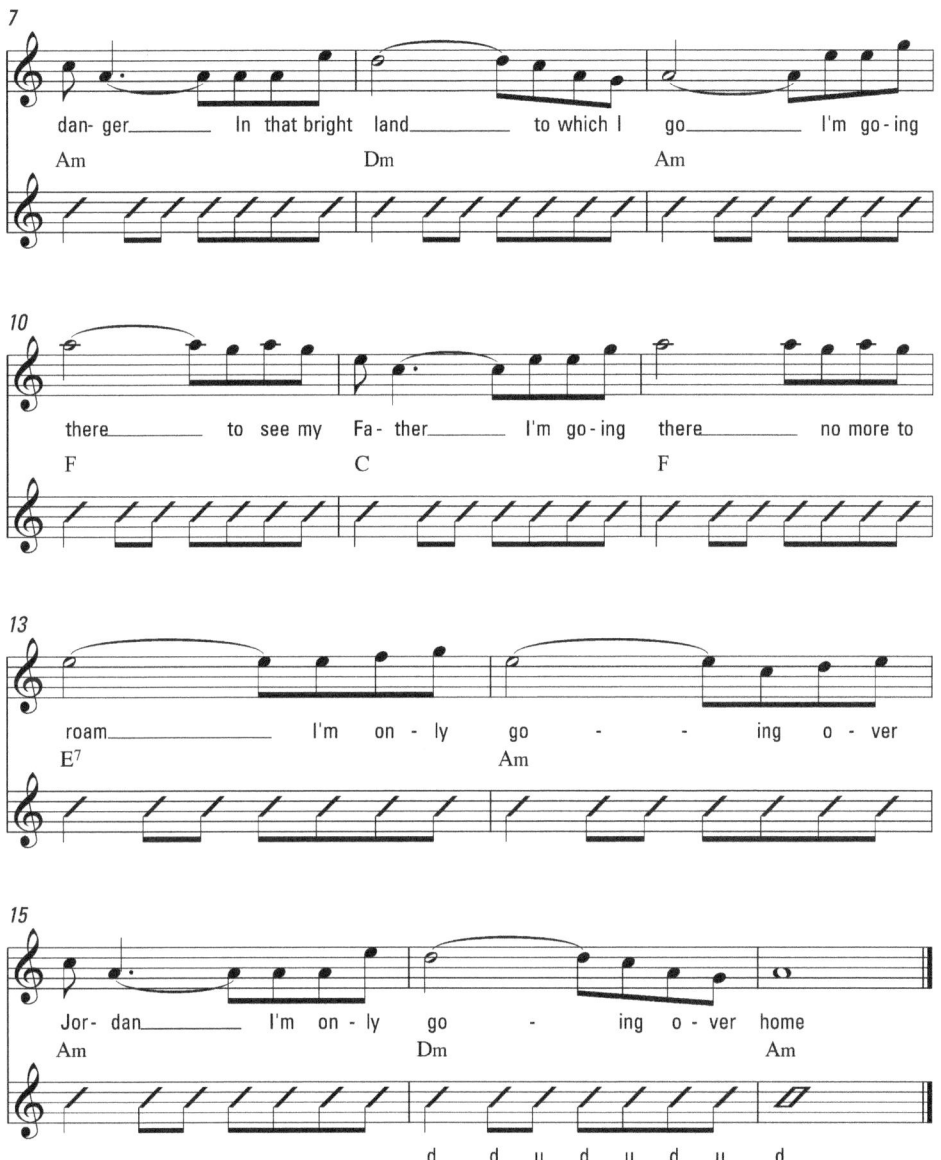

Abbildung 4.24: Der Song »The Wayfaring Stranger« inklusive Anschlagmuster und Akkordschema

Kapitel 5

Noch raffiniertere Schlagmuster

D ie Ukulele bietet nicht die gleiche Vielfalt an Akkorden und Griffen wie die meisten anderen Saiteninstrumente – deshalb sollten wir den Schwerpunkt unseres Spiels auf Rhythmus und Rhythmustechniken verlagern. Wenn wir hier eine angemessene Vielfalt entwickeln, werden wir mit unserer Ukulele mindestens ebenso interessant klingen wie andere auf der Gitarre oder dem Banjo.

In diesem Kapitel soll es daher vor allem um Rhythmus gehen. Ich zeige Ihnen einige neue Akkorde und Schlagmuster aus verschiedenen beliebten Genres, sodass Sie das Wissen, das Sie sich in Kapitel 4 erworben haben, nun ausbauen und verfeinern können.

Das Schweizer-Armee-Schlagmuster des Uku-Spielers

Ist Ihnen das schon einmal passiert? Sie waren im Wald und wussten nicht, womit Sie eine Weinflasche öffnen, einen Fisch entgräten oder Ihre Fahrradkette vernieten sollen? Falls Sie jetzt sagen »So etwas passiert mir die ganze Zeit«, dann benötigen Sie ein Schweizer Armeemesser. Da ist einfach alles dran, was man braucht.

Lautet Ihre Antwort hingegen »Nein, so etwas ist mir noch nie passiert, und ich lese dieses Kapitel auch nicht wegen irgendwelcher Probleme im Wald, sondern weil ich auf meiner Ukulele spielen lernen will«, dann brauchen Sie das Schweizer-Armee-Schlagmuster des Ukulele-Spielers –das Schlagmuster, mit dem Sie Tausende von Songs begleiten können.

Wenn Ihnen zu einem bestimmten Song partout kein passendes Muster einfällt – versuchen Sie es mit dem Schweizer-Armee-Schlagmuster. Es gibt nur wenige Songs, zu denen es nicht passt.

 Das Muster sehen Sie in Abbildung 5.1, anhören können Sie es sich in den Tracks 6 und 7. Je nach Song können Sie es schnell oder langsam spielen.

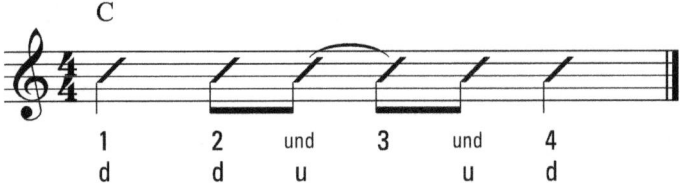

Abbildung 5.1: Das Schweizer-Armee-Schlagmuster

Es sind einige ganz bestimmte Elemente, die dieses Schlagmuster interessanter klingen lassen als so manches andere. Das erste wird klar, wenn Sie sich die Mühe machen, einmal aufzuschreiben, welches Muster Sie eigentlich spielen: ab – ab/auf – auf/ab. Richtig, es folgen zwei Aufwärtsschläge aufeinander. Das heißt: Nach dem ersten Aufwärtsschlag müssen Sie Ihre Hand nach unten bewegen, ohne dabei die Saiten zu berühren. Diese Technik erfordert eine veränderte Notation des Schlagmusters, und Sie erhalten etwas, das aussieht wie in Abbildung 5.2.

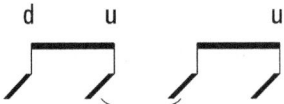

Abbildung 5.2: Notation mit Haltebogen

Die kleine geschwungene Linie in der Mitte bezeichnet man als *Haltebogen*. Sie verbindet die beiden Schrägstriche so, dass Sie wissen: Ich muss die Saiten jetzt nicht noch einmal anschlagen, ich muss den ersten Anschlag nur »festhalten«. Auf diese Weise verbinden Sie zwei halbe Schläge so, dass sie gemeinsam einen ganzen Schlag ergeben.

 Eselsbrücken (wie ich sie in Kapitel 4 beschrieben habe) empfehlen sich in dieser Situation ganz besonders. Würde man laut mitzählen, hieße es: »Eins, zwei und drei und vier«, man müsste aber stets daran denken, dass auf der Drei nicht gespielt werden darf.

Die Folge beginnt mit einem Abschlag – da können wir wieder »Bier« sagen. Dann folgt ein halber Schlag, gefolgt von einem ganzen Schlag. Welches Getränk können wir nun verwenden? »Kaffee« (mit Betonung auf der zweiten Silbe) eignet sich sehr gut. Der Abschlag erfolgt also auf »Kaf-«, der Aufschlag auf »-fee«.

Auch als Nächstes folgt wieder ein halber Schlag, gefolgt von einem ganzen. Wir können also beim Kaffee bleiben (man soll ja auch nicht alles wild durcheinandertrinken), nur dass diesmal beim »Kaf-« ein Aufschlag, beim »-fee« ein Abschlag erfolgt.

Bevor wir uns an einen neuen Song wagen, wollen wir jedoch erst noch zwei neue Akkorde erlernen. Den A-Akkord sehen Sie in Abbildung 5.3, und damit Sie sich ihn auch plastisch vorstellen können, folgt in Abbildung 5.4 wieder die Fingerstellung.

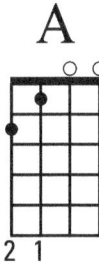

Abbildung 5.3: Diagramm für den A-Akkord

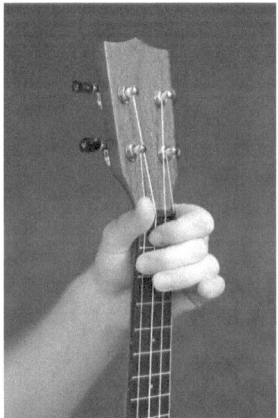

Abbildung 5.4: So müssen Ihre Finger aussehen, wenn Sie den A-Akkord greifen.

Der zweite neue Akkord, D, ist in den Abbildung 5.5 und Abbildung 5.6 zu sehen.

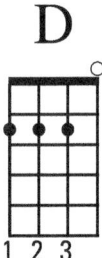

Abbildung 5.5: Diagramm für den D-Akkord

Abbildung 5.6: So müssen Ihre Finger aussehen, wenn Sie den D-Akkord greifen.

 So, nun sind Sie gerüstet für den neuen Song. Er heißt »What Did the Deep Sea Say?«, und in Abbildung 5.7 finden Sie das Akkordmuster; hören Sie sich dazu Track 7 an.

What Did the Deep Sea Say?

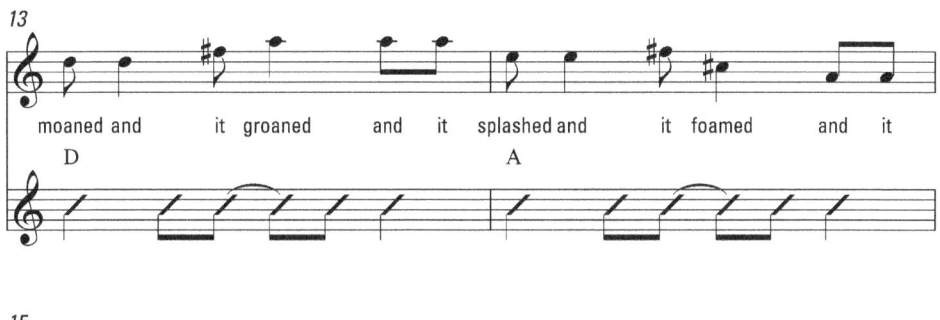

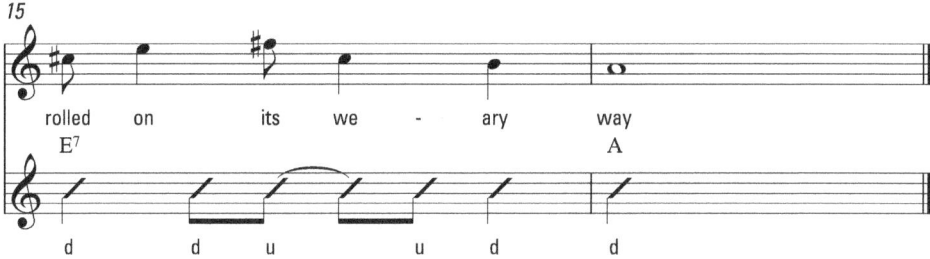

Abbildung 5.7: Das Akkordmuster für »What Did the Deep Sea Say?«

Peppen Sie Ihr Spiel durch Anschlagvariationen auf

In diesem Abschnitt bringen wir Ihnen einige Tricks bei, denen Sie in vielen Songs immer wieder begegnen, und mit denen Sie auch Ihr eigenes Spiel aufpeppen können. Das erfordert von Ihnen zwar ein wenig mehr Einsatz, aber das weitaus interessantere Spielergebnis wird Sie dafür belohnen.

Akkordwechsel innerhalb eines Taktes

Bis jetzt war es so, dass Akkordwechsel immer nur zu Beginn eines neuen Taktes stattfanden. Aber das muss nicht immer so sein: Man kann auch mitten im Takt zu einem neuen Akkord übergehen. Am Schlagmuster ändert das nichts. Ihre rechte Hand sollte einfach so tun, als wäre da nichts gewesen.

Am besten sehen wir uns diese Technik einmal an dem Song »Shady Grove« an. Ein Großteil des Stücks bedient sich des Anschlagmusters aus Abbildung 5.8.

Doch es gibt einen Takt in diesem Lied, der zur Hälfte aus einem Am-Akkord (siehe Kapitel 4) und zur anderen Hälfte aus einem G-Akkord besteht. Dieser Takt weist auch ein anderes Schlagmuster auf, das Sie in Abbildung 5.9 sehen können (wie man den G-Akkord spielt, können Sie in einem späteren Abschnitt dieses Kapitels, »Was uns die Taktvorgabe verrät«, nachlesen).

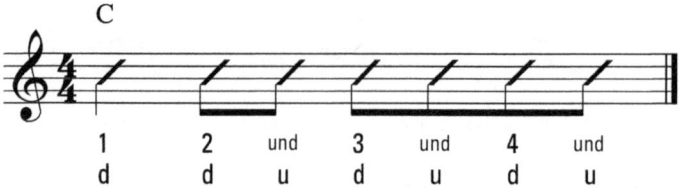

Abbildung 5.8: Die Anschlagnotation für den Song »Shady Grove«

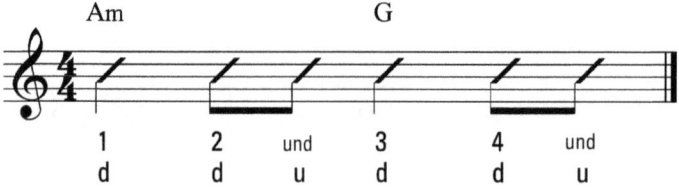

Abbildung 5.9: Ein Takt mit zwei Akkorden

Sie greifen also erst Am und spielen dann das Muster ab – ab/auf. Dann greifen Sie G und spielen wiederum ab – ab/auf. Den ganzen Song finden Sie in Abbildung 5.10, zum Mithören in Track 8.

Wenn Sie den Am-Akkord in diesem Fall nicht wie gewohnt mit dem Mittelfinger, sondern mit dem Zeigefinger greifen, wird Ihnen der Wechsel leichter fallen.

Shady Grove

Abbildung 5.10: Das Akkordmuster für den Song »Shady Grove«

Starker und schwacher Anschlag

So wie man den Rhythmus variieren kann, damit das Schlagmuster interessanter klingt, lässt sich auch die Stärke des Anschlags ändern, sodass aus einem langweilig klingenden Muster oft etwas sehr Fesselndes werden kann.

 An Track 9 lässt sich das sehr gut nachvollziehen. Die erste Hälfte klingt auf Grund des sich ständig wiederholenden ab/auf-Musters ermüdend und lahm. Doch in der zweiten Hälfte kommt Leben ins Spiel. Es ist das gleiche Muster, doch diesmal folgt auf jedes schwache ab/auf ein starkes.

Diese Abwechslung beim Anschlag bezeichnet man als *Dynamik*, und es ist eine der wirksamsten und meistunterschätzten Methoden, um aus den Saiten wirklich viel mehr herauszuholen als man für möglich hält.

In unserer Notation kennzeichnen wir betonte Anschläge mit Großbuchstaben, weniger betonte mit Kleinbuchstaben. In Abbildung 5.11 sehen Sie, wie man diesen Dynamikwechsel aus Track 9 notiert. (Und nie vergessen: d/D = Abwärtsschlag, u/U = Aufwärtsschlag).

Abbildung 5.11: Die Notation von betonten Anschlägen

Was uns die Taktvorgabe verrät

Jeder Song hat eine sogenannte *Taktvorgabe*, die uns verrät, aus wie vielen Taktschlägen jeder einzelne Takt besteht.

Alle Stücke, die ich in Kapitel 4 und auch bisher in diesem Kapitel vorgestellt habe, sind im 4/4-Takt (sprich: Viervierteltakt) notiert, und das bedeutet: Jeder einzelne Takt besteht aus vier Taktschlägen. Das ist nicht immer so. Es gibt zum Beispiel auch den 3/4-Takt und viele weitere Taktarten.

In der Notenschrift wird die Taktvorgabe gleich zu Beginn des Stückes notiert. Falls Sie einen scharfen Blick haben, ist Ihnen das vielleicht schon bei unseren Akkordnotationen aufgefallen – da stand am Anfang zweimal die Ziffer 4 übereinander (wie in Abbildung 5.12). Das bedeutet: Das Stück ist im 4/4-Takt gehalten.

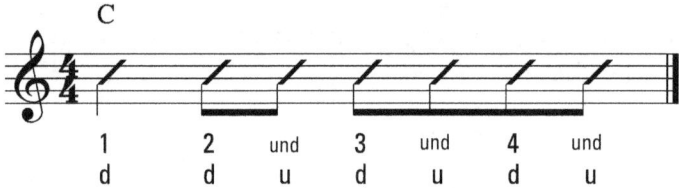

Abbildung 5.12: Notation im 4/4-Takt

In Abbildung 5.13 hingegen finden Sie eine Notation im 3/4-Takt:

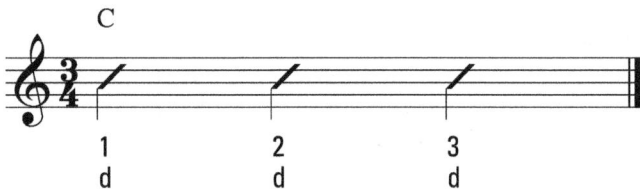

Abbildung 5.13: Notation im 3/4-Takt

 Was die Schlagtechnik anbelangt, ändert sich für Sie beim 3/4-Takt nicht allzu viel. Der einzige Unterschied besteht darin, dass der Song jetzt in Gruppen von drei anstatt vier Anschlägen zerfällt.

Ein typisches Anschlagmuster für den 3/4-Takt finden Sie in Abbildung 5.14:

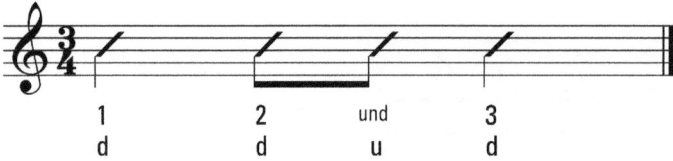

Abbildung 5.14: Ein Anschlagmuster für den 3/4-Takt

Es folgt also erst ein ganzer Abschlag, dann zwei halbe Schläge im ab/auf-Muster, und zuletzt wieder ein ganzer Abschlag. Die Eselsbrücke würde lauten »Bier Ka-ba Bier«.

Dem 3/4-Takt begegnen wir am häufigsten bei Walzern (deshalb wird er oft auch *Walzertakt* genannt). Aber nicht zu allen Songs im 3/4-Takt lässt sich elegant zu zweit durch einen Ballsaal schweben. »Take Me Out to the Ballgame« (Track 10) ist einer der Songs, bei dem die wenigsten von uns auf den Gedanken kämen, einen Walzer zu tanzen.

Um »Take Me Out to the Ballgame« zu spielen, müssen Sie den G-Akkord (siehe Abbildung 5.15 und Abbildung 5.16) und den A7-Akkord (siehe Abbildung 5.17 und Abbildung 5.18) beherrschen.

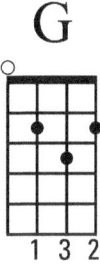

Abbildung 5.15: Diagramm für den G-Akkord

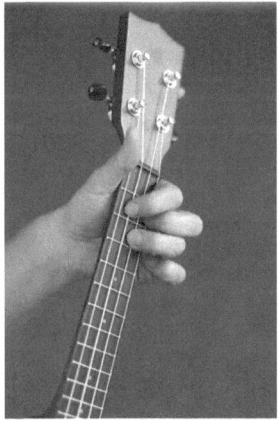

Abbildung 5.16: So müssen Ihre Finger aussehen, wenn Sie den G-Akkord greifen.

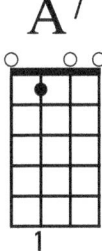

Abbildung 5.17: Diagramm für den A7-Akkord

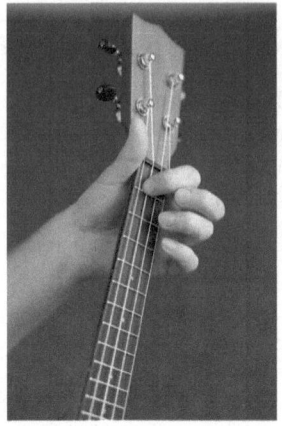

Abbildung 5.18: So müssen Ihre Finger aussehen,
wenn Sie den A7-Akkord greifen.

Das ganze Akkordmuster für den Song sehen Sie in Abbildung 5.19.

Take Me Out to the Ball Game

Abbildung 5.19: Akkordmuster für den Song »Take Me Out to the Ballgame«

 Ein weiterer beliebter Song im 3/4-Takt ist »House of the Rising Sun« (bekannt geworden durch die Animals, Track 11 auf der CD). Er enthält eine Menge Akkordwechsel – also erst mal tief durchatmen, bevor Sie sich ans Werk machen.

Als Schlagmuster für dieses Lied empfehle ich das Pattern aus Abbildung 5.20. In Abbildung 5.21 finden Sie das vollständige Akkordmuster.

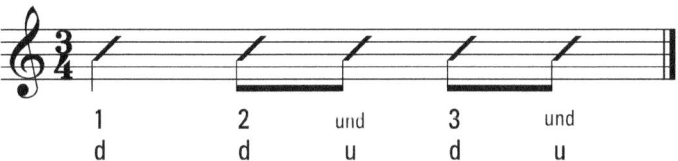

Abbildung 5.20: Anschlagmuster für »House of the Rising Sun«

 Theoretisch sind natürlich alle Arten von Taktvorgaben möglich, doch den meisten davon begegnet man eher selten. Eine Ausnahme bildet das eigenwillige und kantige Genre der Heavy-Metal-Musik. Wenn Sie also diese Stilrichtung auf Ihrer Ukulele pflegen wollen – und glauben Sie mir, das tun mehr Leute, als Sie denken –, sollten Sie sich ein wenig eingehender mit Taktvorgaben beschäftigen, auch mit ausgefalleneren. (Um tiefer in diese Materie einzudringen, empfehlen wir Ihnen einen Blick in das Buch *Musiktheorie für Dummies* von Michael Pilhofer und Holly Day, erschienen im Wiley-Verlag, Weinheim). Ansonsten reicht es erst einmal, den 4/4-Takt und den 3/4-Takt näher zu kennen.

House of the Rising Sun

Abbildung 5.21: Akkordmuster für »House of the Rising Sun«

Probieren Sie auch mal Chnks aus!

»Chnks?«, werden Sie sagen. Was soll das denn sein? Klingt, als wäre jemand verschnupft und bräuchte dringend ein Taschentuch. Bestimmt nur ein Druckfehler. Gemeint damit sind tatsächlich gedämpfte Schläge, und die können zu Ihrem Spielreichtum erheblich beitragen. Wie es geht? Sie führen einen ganz normalen Abschlag aus, nur dürfen die Saiten diesmal nicht schwingen und klingen, deshalb dämpfen Sie sie mit Ihrer Schlaghand, die Sie sanft auf die Saiten pressen. Dann ertönt kein Shing-a-ling, sondern ein Chnk. Keine Sorge – die Technik braucht einfach ein bisschen mehr Übung.

Die Chnk-Technik ist nicht einfach, weil die rechte Hand zwei Aufgaben gleichzeitig zu erledigen hat: erstens, die Saiten anzuschlagen, und zweitens, sie gleich wieder abzudämpfen.

Den Abschlag führen Sie ganz normal aus. Bringen Sie die Schlaghand in die gewohnte Position (eine locker geballte Faust oder flach), und lassen Sie den Anschlag aus dem Handgelenk erfolgen. Der einzige Unterschied: Sie winkeln die Hand jetzt um etwa 45 Grad an, sodass die Kante Ihres kleinen Fingers in Richtung der Saiten zeigt (Abbildung 5.22) und sie auch leicht berührt. Damit dämpfen Sie die Saiten ab: Chnk. Wie es klingt, können Sie sich in Track 12 der CD anhören, und Abbildung 5.23 zeigt Ihnen die Notation, wobei jedes Chnk durch ein *x* gekennzeichnet ist.

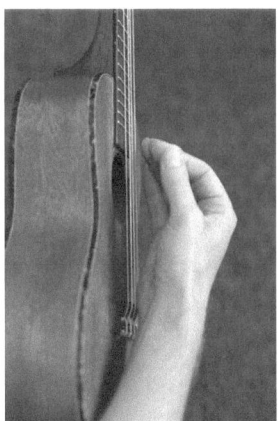

Abbildung 5.22: Die Chnk-Position

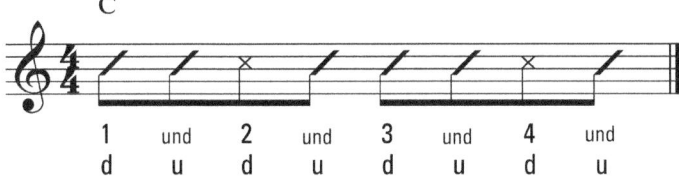

Abbildung 5.23: Chnks in der Schlagnotation

Eine Reise durch die verschiedenen Genres

Wenn wir wissen, wie ein Akkord gegriffen wird, können wir ihn in sämtlichen Genres anwenden. Das heißt: Ob Blues, Reggae, Rock oder Opas Stubenmusik – ein C-Dur-Akkord bleibt ein C-Dur-Akkord. Der große Unterschied liegt im Rhythmus. Und der variiert von Genre zu Genre oft ganz gewaltig.

In diesem Kapitel wollen wir lernen, ein Gespür für die typischen Rhythmen der einzelnen Genres zu entwickeln.

Charakteristisch für den Blues: Der »Shuffle«

Mit den Schlagmustern ist es ein wenig wie mit dem Leben – mal geht es auf, mal geht es ab. Aber es gibt auch den sogenannten *Shuffle*, vor allem beim Blues. Auch beim Shuffle wechseln sich Ab- und Aufwärtsschläge ab, allerdings mit dem Unterschied, dass die Abwärtsschläge hier länger dauern als die Aufwärtsschläge – wie sollte es beim Blues auch anders sein? Unser ab/auf-Muster klingt nun also nicht mehr so gleichmäßig.

Das Shuffle-Muster (auch *Swing Time* genannt) treffen wir auch in anderen Stilrichtungen an – zum Beispiel in der Country Music, beim Reggae oder in der hawaiianischen Musik. Für den Blues jedoch ist es geradezu typisch.

 Beim Shuffle-Anschlag dauert der erste Teil genau doppelt so lang wie der zweite (wodurch der Taktschlag in drei Drittel zerfällt). Ich weiß, Sie versuchen gerade, sich das im Kopf vorzustellen, aber da ist es wohl einfacher, sich das auf Ihrer CD direkt anzuhören. Dann bekommen Sie auf jeden Fall das richtige Feeling.

Zuvor sollten Sie allerdings noch einen kurzen Blick auf Abbildung 5.24 werfen. Dass es sich hier um einen Shuffle-Rhythmus handelt, sehen Sie der Notation als solcher nicht an, daher der fett gedruckte Vermerk »Swing Time«.

Swing Time

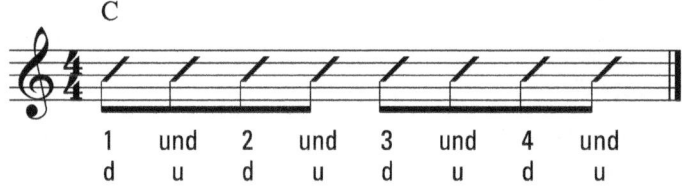

Abbildung 5.24: Der Shuffle-Rhythmus

Als Hilfswort empfiehlt sich »Martin«.

Singen Sie also »Mar-tin Mar-tin Mar-tin Mar-tin« (erste Silbe lang, zweite kurz).

 Sehen Sie sich Abbildung 5.25 an und lauschen Sie dabei Track 13. Es ist ein Beispiel für das zwölftaktige Bluesschema, dem Sie in diesem Genre sehr häufig begegnen werden.

Zwölftaktiger Blues

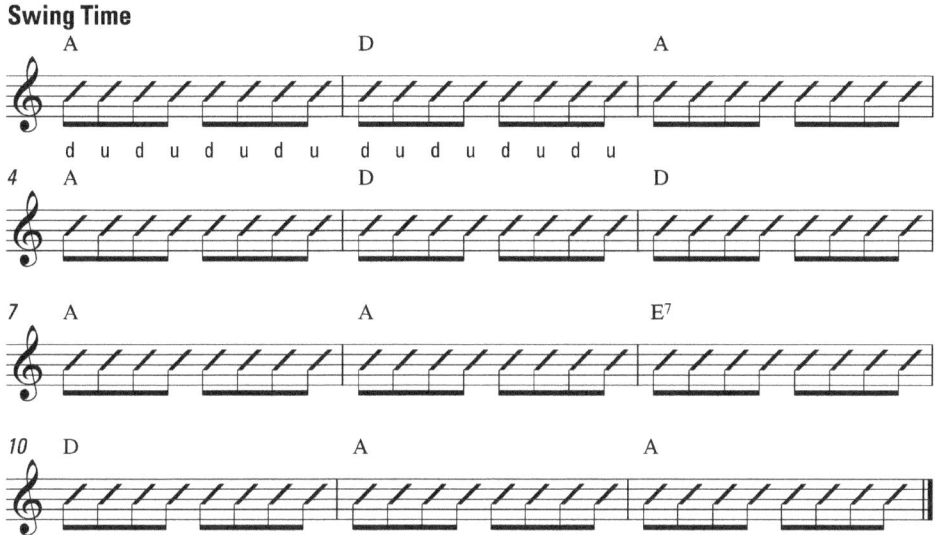

Abbildung 5.25: Akkordmuster für den zwölftaktigen Blues

Abschlag? Aufschlag? Jetzt kommt der Querschlag!

Um den Wechsel von betonten und unbetonten Anschlägen zu üben, eignet sich am besten die jamaikanische Musik – denn dort gibt es nicht nur Auf- und Abschläge, sondern regelrechte »Querschläge«, die man als *Offbeats* bezeichnet. Ein Offbeat ist ein Taktschlag, der gewissermaßen aus dem Rhythmus fällt; es handelt sich dabei immer um die zweite und vierte Zählzeit des Takts. Wie so etwas klingt, hören Sie in Track 14 am besten. Sehen Sie sich dazu Abbildung 5.26 an.

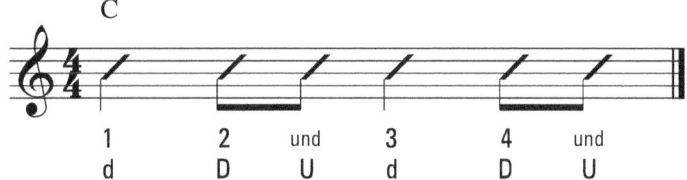

Abbildung 5.26: Schlagmuster mit Offbeats

Ein bekanntes Beispiel für einen Song mit Offbeats ist Harry Belafontes »Banana Boat Song« (auch bekannt als »Day-O«), den viele aus dem Film *Beetlejuice* kennen. Die Akkordfolge ähnelt der aus den vorangegangenen Abschnitten dieses Kapitels, doch das Anschlagmuster ist völlig anders, was dem Song seine ganz besondere Note verleiht (Abbildung 5.27 und Track 15).

Banana Boat Song

2

Abbildung 5.27: Der »Banana Boat Song«

Ein Zauberkunststück: Rocken ohne Anschlag

Manchmal erzielt man den besten Spieleffekt, indem man *nicht* spielt. Lisa Simpson sagte einmal zu einem Mann im Publikum, den die Musik nicht so mitzureißen schien: »Sie müssen auf die Noten achten, die nicht gespielt werden«, worauf er grummelte: »Das kann ich zu Hause auch.«

Nicht zu spielen (zumindest für eine kurze Zeit) ist übrigens eine beliebte Technik in der Rockmusik. Aber wie macht man so etwas?

Ganz einfach: Indem man die Saiten *dämpft*. Und das macht man am besten mit den Fingern der Greifhand (Abbildung 5.28).

Abbildung 5.28: So werden die Saiten gedämpft.

Aber Vorsicht! Man darf die Saiten dabei nur leicht berühren; wird der Druck nämlich fester, greift man sie bereits, und sie klingen! Also: Unbedingt den sanften Weg gehen.

 Wenn die Pause zwischen zwei Tönen mehrere Taktschläge lang dauert, kann es manchmal passieren, dass man sozusagen das Zeitgefühl verliert. Da ist es hilfreich, wenn man den Takt mit dem Fuß weiterklopft oder den Kopf dazu bewegt oder die Schlaghand in der Luft »weiterarbeiten« lässt.

Die ultimative Technik in der Rockmusik ist der sogenannte *Riff* – und um den zu spielen, brauchen wir einen weiteren Akkord, und zwar E♭, sprich: Es-Dur. Das ♭ sagt uns, dass die Note um einen Halbton erniedrigt wurde, dass die linke Hand also einen Bund weiter oben (in Richtung Uku-Hals) greifen muss. Alle Einzelheiten zu diesem Griff können Sie den Abbildung 5.29 und Abbildung 5.30 entnehmen.

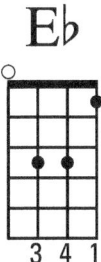

Abbildung 5.29: Griffdiagramm für Es-Dur

Abbildung 5.30: Die Fingerstellung für den Es-Dur-Griff

Und so spielen Sie das Riff:

1. Drücken Sie mit dem Zeigefinger die A-Saite im ersten Bund herunter.

2. Drücken Sie mit Ihrem Ringfinger die C-Saite im dritten Bund herunter.

3. Drücken Sie mit Ihrem kleinen Finger die E-Saite im dritten Bund herunter.

 Schauen Sie sich jetzt Abbildung 5.31 an und spielen Sie zu Track 16, um ein großartiges Rock-Riff erklingen zu lassen.

Nicht nur rocken, sondern auch rollen!

So wie die Nacht dem Tage folgt, so folgt der Roll dem Rock. Und keine Sorge: Um »rollen« zu können, müssen Sie keine Mastkur machen. Sie müssen lediglich lernen, wie man einem bestimmten Anschlag innerhalb eines Musters so viel Betonung verleiht, dass er sich wirklich entschieden von den anderen Taktschlägen abhebt. Dazu reicht der Zeigefinger nicht aus – diesmal brauchen Sie die ganze Hand.

Rock Riff

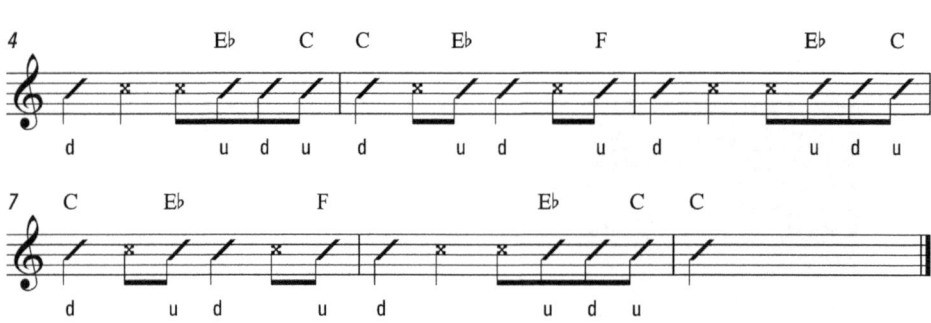

Abbildung 5.31: Akkordmuster für einen Rock-Riff

Hier die Anleitung: Sie schließen die Schlaghand wiederum zu einer lockeren Faust, dann strecken Sie den kleinen Finger aus und bewegen ihn über die Saiten. Danach machen Sie das Gleiche mit dem Ringfinger, dann mit dem Mittelfinger, dann mit dem Zeigefinger. Am Anfang sollten Sie das erst einmal langsam üben, sich dann aber steigern, sodass irgendwann der nächste Finger die erste Saite bereits anschlägt, ehe der vorherige Finger bei der letzten angekommen ist. Es muss eine fließende Bewegung daraus werden.

 In der Notation erkennen Sie den Roll-Anschlag (Track 17) an einem Pfeil mit gewellter Linie sowie dem Buchstaben »R« (Abbildung 5.32). Dieses »R« steht jedoch nicht für »Roll«, sondern für »Rasgueado« – ein Begriff aus dem Fachjargon des Flamenco, bei dem solche Roll-Anschläge an der Tagesordnung sind. Wenn Sie nach einem echten Paradebeispiel für Roll-Anschläge auf der Ukulele suchen, hören Sie sich Jake Shimabukuros »Let's Dance« an.

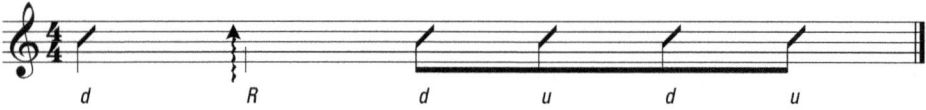

Abbildung 5.32: Der Roll-Anschlag

Und für welches Schlagmuster entscheiden wir uns nun?

Sie werden in der »realen Welt« auf unglaublich viele Akkorddiagramme stoßen, die Ihnen null Auskunft über ein geeignetes Schlagmuster geben. Aber keine Panik! Je vertrauter Sie mit der Ukulele werden, umso genauer wissen Sie selbst, was in solchen Fällen zu tun ist.

Versuchen Sie als Erstes, den Song in seiner Grundstruktur zu durchschauen. Das heißt: Kümmern Sie sich weder um die Melodie noch um die Akkorde, sondern achten Sie einfach nur auf den Rhythmus. Dazu legen Sie die Uku am besten beiseite und klatschen mit den Händen im Takt.

Als Erstes müssen Sie herausfinden, welches die richtige Taktvorgabe ist (vielleicht lesen Sie dazu noch einmal den Abschnitt »Was uns die Taktvorgabe verrät« in diesem Kapitel). Klatschen Sie zu diesem Zweck erst einmal im Vierertakt zu dem Song (»eins, zwei, drei vier, eins, zwei, drei, vier …«), danach im Dreiertakt (»eins, zwei, drei, Eins, zwei drei …«). Was passt besser?

Wenn Sie den richtigen Takt herausgefunden haben (in den meisten Fällen ist es der 4/4-Takt), können Sie nun einige Anschlagmuster ausprobieren, wie wir sie in diesem Kapitel besprochen haben. Und auch hier fragen Sie sich wieder: Welches klingt gut, welches irgendwie daneben?

Sobald Sie die richtige Kombination entdeckt haben, können Sie losspielen – und natürlich nach Belieben eigene Variationen einfügen.

 Begehen Sie nicht den Fehler zu glauben, es gäbe nur ein einziges, also das »allein seligmachende« Schlagmuster zu einem Song. Alles, was gut klingt, ist auch richtig.

IN DIESEM KAPITEL

Kapitel 6

Zu Gast bei den Akkorden und ihren Familien

Akkorde sind die Grundbausteine eines Songs. Es gibt wohl auch Songs, die mit einem einzigen Akkord auskommen, aber sie sind selten und klingen meist nicht so berauschend. In der Regel besteht ein Song aus drei oder mehr Akkorden.

Falls ich einigermaßen gut in Mathe bin (und die Chancen, dass ich es nicht bin, stehen bei 108 Prozent), gibt es zwölf Durakkorde, zwölf Mollakkorde und zwölf Septakkorde – und damit lassen sich genau 7.140 Dreierkombinationen zaubern. Aber so einfach können wir es uns auch nicht machen. Es passen nämlich nicht alle Akkorde zusammen – gut klingen sie nur, wenn sie der gleichen *Akkordfamilie* entstammen.

Jeder Akkord hat also seine eigene Familie – und bei einigen davon sind wir in diesem Kapitel zu Besuch geladen. Wir werden auch ein paar echt wirkungsvolle Tricks kennenlernen, um sie auf der Ukulele zu spielen. Eine Vollversammlung aller Akkordfamilien findet hier allerdings nicht statt – wenn Sie da zu Gast sein wollen, müssen Sie zu Anhang A vorblättern.

Wie sieht eine Akkordfamilie aus?

Eine Akkordfamilie besteht aus sechs Hauptakkorden. Und damit wir sie nicht miteinander verwechseln (Familienmitglieder sehen sich ja oft verblüffend ähnlich), kennzeichnen wir sie mit römischen Ziffern, sodass es also einen »Einser«, einen »Zweier« und so weiter gibt. Bei Mollakkorden verwenden wir Kleinbuchstaben, bei Durakkorden Großbuchstaben. Die Akkordfamilie, mit denen wir auf der Ukulele am häufigsten zu tun haben werden, ist Familie C-Dur. Nachfolgend eine Liste der einzelnen Mitglieder und in Abbildung 6.1 eine genaue Anleitung, wie man sie auf der Uku greift:

✔ I: C

✔ ii: Dm

✔ iii: Em

✔ IV: F

✔ V: G oder G7

✔ vi: Am

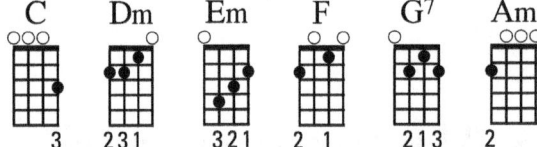

Abbildung 6.1: Die C-Dur-Familie

Hmm … ein Familienmitglied haben wir jetzt glatt unterschlagen. Eins mit der Nummer VII. Das tritt aber nicht so häufig in Erscheinung und ist auch etwas schwieriger im Umgang. Wir werden in einem späteren Abschnitt mit dem Titel »Was sind verminderte Akkorde?« darauf zurückkommen.

In der Welt der Menschen wird eine Familie meist nach dem Vater benannt, in der Welt der Akkorde nach dem Akkord Nummer I – auch *Grundakkord* genannt. Man sagt also: Songs, die sich der Akkorde aus dieser Familie bedienen, sind in der *Tonart C* gehalten. Jede Akkordfolge beginnt und endet in der Regel mit diesem Akkord. Nehmen wir als Beispiel den Song »I'll Fly Away« (den wir bereits aus Kapitel 4 kennen und in Kapitel 7 noch näher kennenlernen werden): Er ist in der Tonart C notiert, und wir sehen, dass er mit einem C-Akkord beginnt und mit einem C-Akkord endet.

 Warum passen Akkorde, die der gleichen Akkordfamilie angehören, so gut zusammen? Ganz einfach – weil sie nur Noten enthalten, die der gleichen Tonleiter entstammen. In anderen Worten: Sämtliche Akkorde aus der C-Dur-Familie sind aus Noten aufgebaut, die der C-Dur-Tonleiter angehören.

Jede Tonart hat eine Moll-Verwandte, die sich genau des gleichen Akkordgefüges bedient. Im Falle von C-Dur ist es das a-Moll. Blättern Sie noch einmal zurück zu dem Song »The Wayfaring Stranger« (Kapitel 4). Der Song beginnt und endet mit a-Moll (was somit seine Tonart ist), und alle darin enthaltenen Akkorde entstammen der C-Dur-Familie. (Achtung! Die Notenbezeichnungen für Durakkorde werden in Großbuchstaben, die für Mollakkorde meistens in Kleinbuchstaben geschrieben, also C-Dur, aber a-Moll.)

Und jetzt wird gezaubert: Hier ist der Drei-Akkorde-Trick

Jedes Stück setzt sich zunächst einmal aus drei Akkorden zusammen – egal ob Rock, Pop, Blues, Country, Jazz oder Punk. Am Anfang stehen immer diese drei Akkorde. Der Wechsel zwischen diesen drei Akkorden auf der Ukulele sollte Ihnen in Fleisch und Finger übergehen, dann werden Sie so gut wie jeden Song erobern, der Ihnen in die Quere kommt. Ich erkläre es Ihnen am Beispiel C-Dur:

Die Akkorde, die Sie sich merken müssen, sind I, IV und V. Auf C-Dur bezogen sind das:

✔ I: C

✔ IV: F

✔ V: G7

 Dieses Akkordgefüge ist sehr verbreitet – wie etwa in dem Song »I'll Fly Away« (Kapitel 4) oder »When the Saints Go Marching In« (Abbildung 6.2, Track 18 auf der CD).

 Bei »When the Saints Go Marching In« verwenden wir das in Kapitel 5 beschriebene Schweizer-Armee-Schlagmuster; aber achten Sie auf den vorletzten Takt, bei dem ein Akkordwechsel mitten im Takt stattfindet.

When the Saints Go Marching In

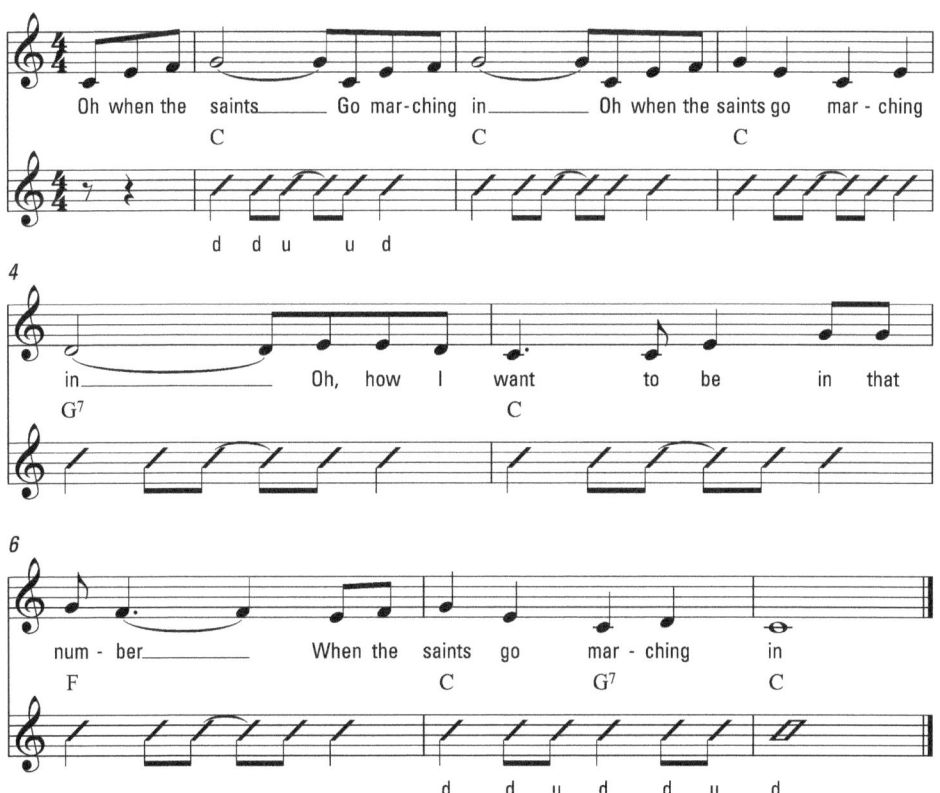

Abbildung 6.2: Die Notation zu »When the Saints Go Marching In«

Wenn die Finger weinen: Wir lernen Barrégriffe

Als Barrégriff bezeichnet man jeden Gitarrengriff, bei dem ein einzelner Finger mehr als nur eine Saite greift. In den Griffdiagrammen werden Barrégriffe ebenso notiert wie andere Akkorde auch – nur mit dem Unterschied, dass ein Bogen über den Saiten verläuft, die zusammen gegriffen werden müssen (in manchen Darstellungen ist es auch ein Balken, der die betreffenden Saiten verbindet), und dass mittels einer Zahl am Rande vermerkt wird, in welchem Bund man die Saiten greift (siehe den c#-Moll-Akkord in Abbildung 6.25).

Wer A sagt, muss auch B sagen

Der A-Dur-Akkord war ziemlich leicht zu greifen – aber der B-Dur-Akkord ist ein Barrégriff, das heißt: Sie müssen jetzt mit ein und demselben Finger zwei Saiten aufs Griffbrett drücken – und zwar die A- und die E-Saite im ersten Bund. Benutzen Sie dazu nur das oberste Zeigefingerglied, wie in Abbildung 6.3.

Abbildung 6.3: Ausgangsposition für den B-Akkord

Das ist aber noch nicht der ganze B-Akkord. Falls Ihre anderen Finger geglaubt haben, sie könnten faulenzen, solange der Zeigefinger sich abmüht, war das ein Irrtum. Zumindest der Mittelfinger und der Ringfinger müssen mit in die Arena, um die C–Saite im zweiten Bund und die g-Saite im dritten Bund zu greifen. Erst dann klingt es, wie es klingen soll (Abbildung 6.4 und Abbildung 6.5).

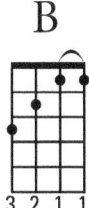

Abbildung 6.4: Diagramm
für B-Dur

Abbildung 6.5: Fingerstellung für den B-Akkord

 Der Daumen ruht dabei idealerweise ziemlich genau in der Mitte der Rückseite des Ukulele-Halses. Das hat zwei Vorteile:

✔ Sie können Mittel- und Ringfinger hoch genug wölben, um nicht unwillkürlich die E- oder A-Saite zu dämpfen.

✔ Sie haben mehr Kraft, die Saiten niederzudrücken, ohne dass es schnarrt oder unangenehm schmettert.

 Wenn Sie den B-Akkord einigermaßen beherrschen, können Sie den Drei-Akkorde-Trick auch auf die Tonart F-Dur anwenden. Die I-IV-V-Folge lautet in diesem Fall F-B-C. Auf der Grundlage dieser drei Akkorde ist der Country-Song »Man of Constant Sorrow« aufgebaut (Abbildung 6.7 und Track 19).

Vorher müssen Sie jedoch noch einen anderen Akkord erlernen (Abbildung 6.6) – und zwar F7.

Rezept: Sie greifen einfach den normalen F-Dur-Griff (wie in Kapitel 4 beschrieben) und dann zusätzlich mit dem Ringfinger die C-Saite im dritten Bund.

F7
2 3 1

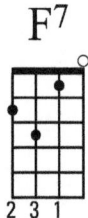

Abbildung 6.6: Diagramm für den F7-Akkord

Man of Constant Sorrow

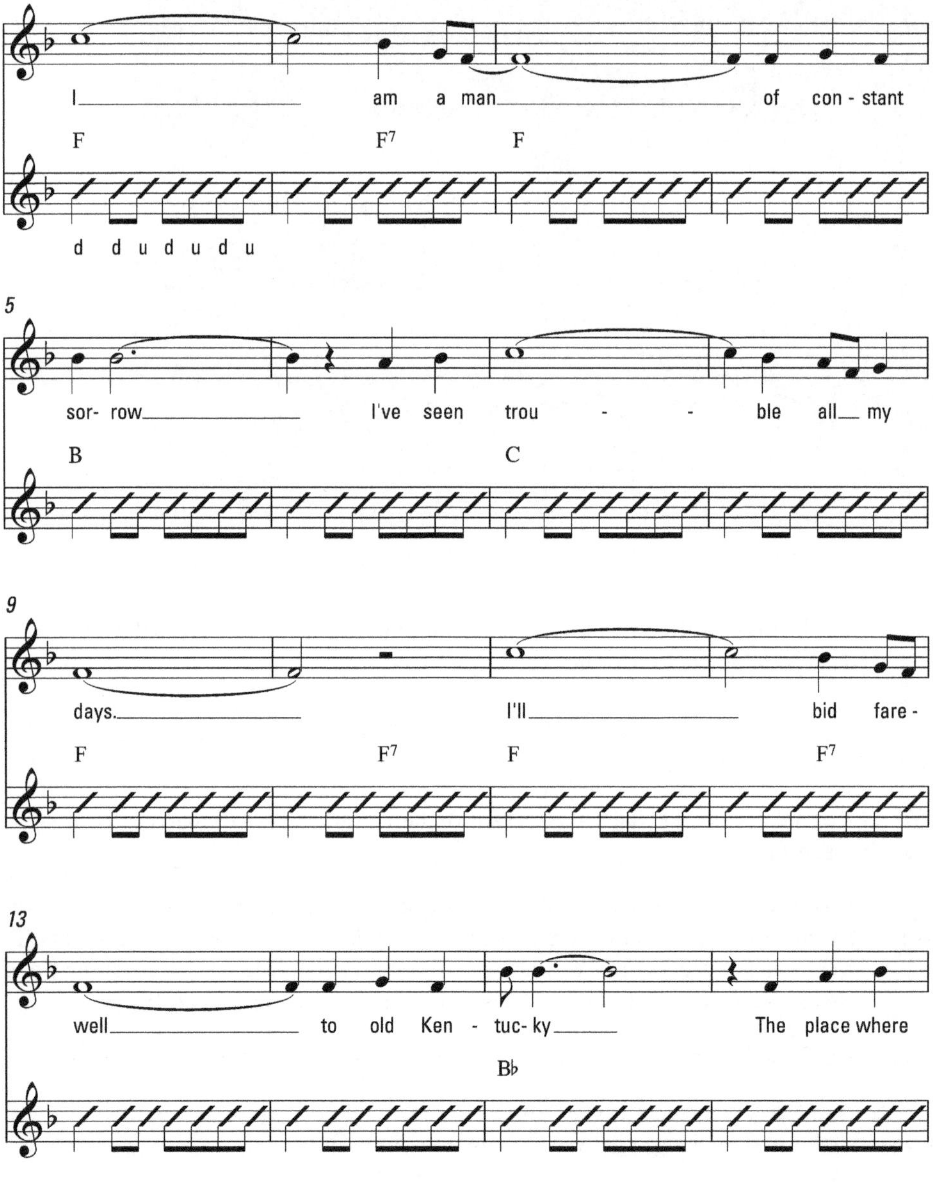

I am a man of con - stant
F F7 F
d d u d u d u
5
sor- row I've seen trou - - ble all my
B C
9
days. I'll bid fare -
F F7 F F7
13
well to old Ken - tuc- ky The place where
B♭

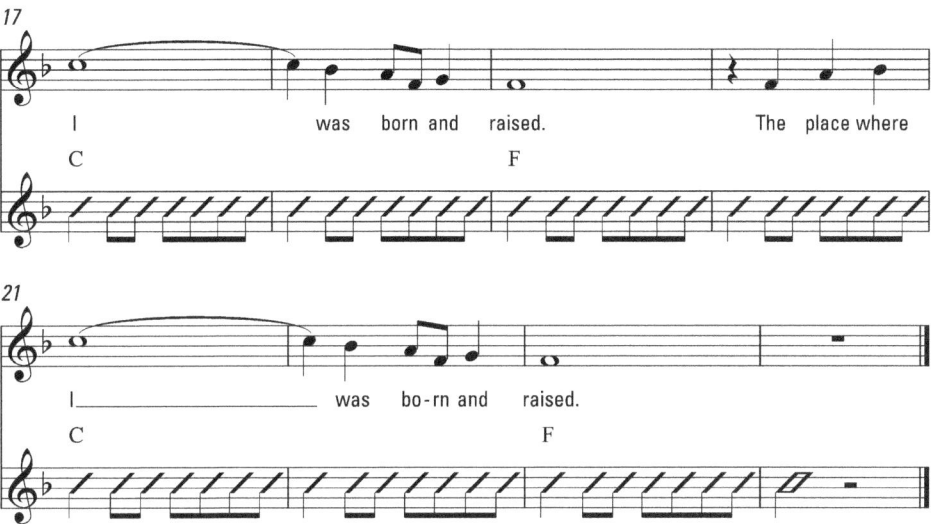

Abbildung 6.7: Die Notation für den Song »Man of Constant Sorrow«

Für die ganz Unerschrockenen: Der D7-Akkord

Sie haben schon gemerkt, dass man Barrégriffe nur mit ein wenig Übung meistert. Deshalb gleich der nächste (D7) – bei dem müssen Sie allerdings nicht nur zwei, sondern alle vier Saiten mit einem Finger aufs Griffbrett drücken. Der D7-Akkord wird im zweiten Bund gegriffen – legen Sie dazu erst mal nur Ihren Zeigefinger lose über die Saiten, sodass die Fingerspitze ein wenig über den Uku-Hals hinausragt.

Ihr Daumen befindet sich auf der Rückseite des Instrumentenhalses, damit genug Gegendruck vorhanden ist und die Ukulele sich beim Greifen nicht in der Luft überschlägt. So, und jetzt versuchen Sie's einfach. Drücken Sie zu! Alle Saiten müssen schwingen und klingen! Testen Sie das, indem Sie erstmal eine Saite nach der anderen einzeln anschlagen. Vermutlich müssen Sie Ihre Fingerstellung erst mehrmals korrigieren, bevor es sich wirklich nach was anhört. Für den Zeigefinger gilt: So viel Krafteinsatz wie nötig, aber so wenig wie möglich. Wenn Sie kräftiger pressen als sein muss, vergeudet Ihre Hand nur Kraft und ermüdet schneller.

Der ganze D7-Griff ist das noch nicht, dazu gehört noch der Mittelfinger auf der A-Saite im dritten Bund (Abbildung 6.8). Den sollten Sie aber erst hinzuziehen, wenn Ihr Zeigefinger seiner Aufgabe gewachsen ist.

Abbildung 6.8: Diagramm für den D7-Akkord

Irish Rover

Abbildung 6.9: Der Song »Irish Rover«

Wenn D7 »sitzt«, verfügen Sie über alles Rüstzeug, um den Drei-Akkorde-Trick auf die Tonart G anzuwenden: Sie brauchen dazu die Akkorde G, C und D7. Dann wird Ihnen auch der Traditional Song »Irish Rover« (Abbildung 6.9, Track 20) gut von der Hand gehen.

Barrégriffe brauchen etwas Zeit, um sie richtig hinzubekommen. Sie können es mit dem Hawaiianischen D7-Akkord (siehe Kapitel 24) versuchen. Der ist viel einfacher zu spielen.

Der h-Moll-Akkord (Hm)

Um den h-Moll-Akkord (Hm) zu greifen, gehen Sie erst einmal genauso vor wie bei D7: Sie greifen mit dem Zeigefinger ein Barré im zweiten Bund, und zwar über alle Saiten. Diesmal jedoch kommt der Ringfinger hinzu, der die g-Saite im vierten Bund aufs Griffbrett drückt (Abbildung 6.10).

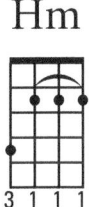

Abbildung 6.10: Diagramm
für den h-Moll-Akkord (Hm)

Schiebung!!

Die meisten Akkorde, die ich Ihnen in diesem Buch zeige, sind *offene Akkorde* – das heißt, mindestens eine der daran beteiligten Saiten wird leer (ungegriffen) gespielt. Es gibt aber auch *verschiebbare Akkorde* – bei denen wird jede Saite gegriffen, und ihr großer Vorteil ist es, dass sie sich auf dem Griffbrett nach oben und unten verschieben lassen, wobei jede Position einen neuen Akkord ergibt.

 Mit jedem verschiebbaren Akkord lernen Sie also praktisch nicht nur einen, sondern zwölf neue Akkorde – so viele, wie es Töne inklusive Halbtöne auf dem Griffbrett gibt.

So werden auch Sie zum Schieber

Die Barrégriffe, die wir bis jetzt besprochen haben, lassen sich alle »schieben«. In der Praxis geht das so:

1. **Spielen Sie einen Hm-Akkord (wie das geht, haben Sie ja gerade gelernt).**

2. **Gehen Sie jetzt mit der Hand einen Bund nach oben (also in den tieferen Bereich), ohne die Fingerstellung zu verändern.**

3. **Der Zeigefinger greift nun im zweiten Bund Barré, der Ringfinger greift die g-Saite nicht mehr im vierten, sondern im dritten Bund. Das ist der b-Moll-(Bm)-Akkord.**

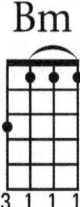

Abbildung 6.11: Diagramm
für den b-Moll-Akkord (Bm)

Das Gleiche können wir auch mit dem D7-Akkord machen: Diesmal bewegen wir die Hand auf dem Griffbrett um einen Bund nach unten (also in den höheren Bereich) und erhalten somit einen Eb7-Akkord (Es7).

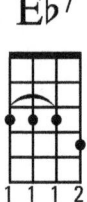

Abbildung 6.12: Diagramm
für den Es7-Akkord

 Denken Sie daran: Db7 (Des7) ist das Gleiche wie C#7 (Cis7), denn Db (Des) und C# (Cis) sind der gleiche Ton – ebenso wie Eb (Es) und D# (Dis). Sie werden im Notensystem nur unterschiedlich notiert. Man spricht in diesem Fall von der *enharmonischen Verwechslung*.

Schieberei für Profis

Lassen sich auch offene Akkorde verschieben? Ja – nur müssen Sie diesmal den vorhergehenden Bund Barré greifen und den Fingersatz entsprechend verändern. Ich zeige Ihnen das an einem Beispiel: Wir machen aus dem Am-Akkord einen Bm-Akkord.

Greifen Sie den Am-Akkord wie in Abbildung 4.17 aus Kapitel 4– aber nehmen Sie diesmal dazu nicht den Mittelfinger, sondern den Ringfinger. Und nun gehen Sie auf dem Ukulele-Hals einen Bund weiter nach unten. Das heißt: Ihr Ringfinger greift die g-Saite nicht im zweiten, sondern im dritten Bund, und auch alle anderen Saiten müssen nun einen Halbton höher erklingen. Das bringen Sie zustande, indem Sie mit dem Zeigefinger den ersten Bund Barré greifen. Das ist der Bm-Griff, wie wir ihn aus Abbildung 6.11 kennen.

Nach dem gleichen Prinzip lässt sich auch jeder andere offene Akkord verschieben:

1. **Fingersatz so ändern, dass der Zeigefinger frei bleibt.**

2. **Mit der Hand einen Bund weiterrutschen.**

3. **Zeigefinger greift Barré im darüber liegenden Bund.**

Wenn man dieses Schema beherrscht, kann man mit der Hand jetzt nach Belieben ab- und auch wieder aufwärts rutschen. Dur bleibt dabei immer Dur, Moll immer Moll, Septakkord immer Septakkord. Nur die Tonart ändert sich.

Und so geht's beim F-Akkord

Das System, so wie wir es beschrieben haben, lässt sich auf jeden offenen Akkord anwenden. Probieren wir es mal mit F-Dur aus:

1. **Zeigefinger frei bekommen, indem man die zu greifenden Saiten dem Mittel- und Ringfinger überlässt.**

2. **Um einen Bund in den höheren Bereich verschieben, sodass die g-Saite nun im dritten Bund, die E-Saite im zweiten Bund gegriffen wird.**

3. **Den ersten Bund mit dem Zeigefinger Barré greifen.**

Welcher Akkord dabei herauskommt? Genau der, der einen Halbton höher ist als F – und das ist F# (Fis) – siehe Abbildungen 6.13 und 6.14.

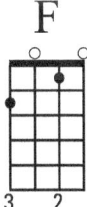

Abbildung 6.13: Den F-Dur-Griff erst um einen Bund verschieben …

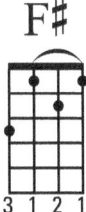

Abbildung 6.14: … dann den ersten Bund Barré greifen – und fertig ist das Fis

Kinderleicht: Die d-Moll-Verschiebung

Wenn ein offener Akkord nur eine Saite enthält, die leer gespielt wird, macht das die Verschiebung in eine andere Tonart umso leichter.

Beispiel: der d-Moll-Akkord (Dm). Da braucht unser Zeigefinger sich nicht mit einem Barrégriff abzuplagen, denn drei Saiten (g, C und E) sind bereits gegriffen. Der Zeigefinger muss sich nach Wechseln des Fingersatzes also nur noch um eine einzige Saite – die A-Saite im ersten Bund – kümmern.

Dm

Abbildung 6.15: Der d-Moll-Griff wird
erst um einen Bund verschoben ...

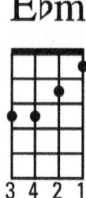

E♭m

Abbildung 6.16: ... dann wird der erste Bund Barré
gegriffen – und fertig ist das e♭-Moll (es-Moll).

Und jetzt noch G7

Natürlich lassen sich nach diesem Prinzip nicht nur Dur- und Mollakkorde, sondern auch Septakkorde auf dem Griffbrett verschieben.

Beispiel: Wir wollen aus einem G7 ein G#7 (Gis 7) zaubern. Also müssen wir wieder:

1. **Unseren Zeigefinger befreien (und den Griff dem Mittel-, Ring- und kleinen Finger überlassen).**

2. **Fingersatz ändern, einen Bund höher gehen und im ersten Bund ein Barré greifen.**

3. **Der Zeigefinger hat nur eine Saite zu greifen (g), die anderen Saiten sind bereits »vergeben«.**

4. **Was dabei herauskommt, ist ein G#7-Akkord (siehe Abbildung 6.17).**

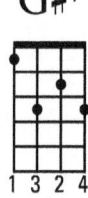

G#7

Abbildung 6.17: Diagramm
für den G#7-Akkord (Gis7)

E-Dur – ein wildes Tier, das sich zähmen lässt

Es gibt einen Akkord, dessen bloße Erwähnung jeden Ukulele-Spieler kreidebleich vor Schreck werden lässt oder ihm die Zornesröte ins Gesicht treibt: der E-Dur-Akkord. Um ihn zu greifen, muss man alle vier Finger einsetzen, und das kann zu einer kniffligen Angelegenheit werden. Allerdings eignet sich auch kein Akkord besser, um zu zeigen, wie hilfreich verschiebbare Akkorde sein können.

Sobald man das Prinzip der verschiebbaren Akkorde durchschaut hat, weiß man auch, dass es die unterschiedlichsten Möglichkeiten gibt, einen E-Akkord zu greifen. Warum sich also für die schwerste entscheiden?

Am leichtesten ist es, wenn man vom D-Akkord ausgeht und ihn dann einfach um zwei Bünde verschiebt (anstatt eines Barré im zweiten Bund genügt der Zeigefinger auf der A-Saite). Das sieht dann aus wie in den Abbildung 6.18 und Abbildung 6.19.

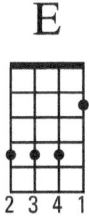

Abbildung 6.18: Diagramm für den E-Dur-Akkord

Abbildung 6.19: So greifen die Finger beim E-Dur-Akkord.

Das gefällt Ihren Fingern nicht so? Dann versuchen Sie es einmal mit dem verschiebbaren C-Akkord. In diesem Fall müssen Sie aber mit dem Zeigefinger ein richtiges Barré greifen – und zwar im vierten Bund, während der kleine Finger die A-Saite im siebten Bund drückt (Abbildung 6.20 und Abbildung 6.21). Ob das unbedingt leichter ist, müssen Sie selbst entscheiden.

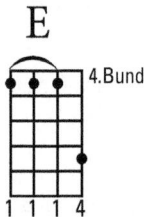

Abbildung 6.20: Der E-Dur-Akkord mit Barré im vierten Bund ...

Abbildung 6.21: ... und wie die Finger dabei aussehen

Auch nicht das Richtige für Sie? Dann hätten wir noch ein drittes Angebot (Abbildung 6.22) – diesmal in Form eines offenen Akkordes. Finger-Stretching pur.

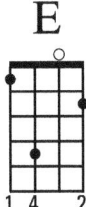

Abbildung 6.22: Diagramm
für den offenen E-Dur-Akkord

 Und schließlich noch ein letzter Tipp: Falls es sich um ein Stück in A-Dur handelt, können Sie auch ein wenig »mogeln« und den E-Akkord durch einen E7-Akkord ersetzen. Aber wirklich nur bei Songs in A-Dur – in allen anderen Fällen klingt es schauderhaft.

Finden Sie den richtigen Bund

Die einfachste Methode, um die richtige Position für einen verschiebbaren Akkord zu finden, besteht darin, ihn mit einem Akkord zu vergleichen, den man bereits kennt. Ein Beispiel: Sie wollen G#7 spielen, also greifen Sie G7 und verschieben die Hand dann auf dem Gitarrenhals um einen Bund nach unten. Und eins dürfen Sie auf keinen Fall vergessen: Zwischen H und C sowie zwischen E und F gibt es keine erhöhten oder erniedrigten Töne – es sind bereits Halbtonschritte.

Eine weitere Methode besteht darin herauszufinden, wo sich die Grundnote sowohl im Akkord als auch auf dem Griffbrett befindet (also zum Beispiel bei A-Dur die Note A). In Anhang B finden Sie Diagramme, die Ihnen die genaue Position der einzelnen Noten auf dem Ukulele-Hals anzeigt. Ein paar gängige Positionen wollen wir Ihnen aber gleich jetzt verraten:

✔ Grundnote auf der g-Saite: A-Form, Am-Form, G7-Form

✔ Grundnote auf der C-Saite: D-Form, C-Form, C7-Form, Dm-Form

✔ Grundnote auf der E-Saite: F-Form

✔ Grundnote auf der A-Saite: A-Form, A7-Form, Am-Form, C-Form

Bei dieser Art, sich Akkorde zu erarbeiten, muss man allerdings eine Menge nachdenken. Keine Sorge also, wenn es nicht auf Anhieb funktioniert.

Laden Sie die anderen Akkord-Familien einfach ein

Für jede Note der Ukulele gibt es eine Akkord-Familie. Alle Akkord-Familien sind exakt wie die C-Familie aufgebaut. Zum Beispiel ist der Abstand zwischen den I- und den V-Akkorden der C-Familie und den I- und den V-Akkorden in der G-Familie gleich. Daher fühlt es sich auch gleich an, wenn Sie zwischen I und V in jeder Akkord-Familie verschieben. Das ist sehr praktisch. Wenn Sie zum Beispiel die I-IV-V Verschiebung in C haben, die Melodie dadurch aber etwas zu tief liegt, um sie gut singen zu können, dann können Sie stattdessen die I-, IV- und V-Akkorde in der D-Familie nutzen. Das Lied klingt gleich, ist aber einfacher für Sie zu singen.

Auf geht's zu Familie G

Familie G ist für die Ukulele wie geschaffen. Alle Akkorde sind leicht zu greifen, bis auf einen vielleicht – und zwar Hm, aber der kommt im Grunde so selten vor, dass uns das nicht weiter belasten sollte.

Mithilfe der Akkorde, die wir in diesem und im vierten Kapitel besprochen haben, können Sie sich die G-Familie selbst zusammenkonstruieren (Abbildung 6.23).

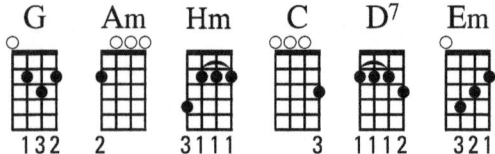

Abbildung 6.23: Die G-Akkordfamilie samt Griffdiagrammen

Zur Anwendung kommt sie zum Beispiel in den Songs »Irish Rover« (Abbildung 6.9) und »Aloha 'Oe« (Abbildung 13.3 in Kapitel 13).

Es folgt Familie F

Jede Familie hat ihr schwarzes Schaf. Bei den Akkordfamilien sind das die Akkorde, die relativ schwer zu greifen sind – und das ist bei der F-Dur-Familie eindeutig das B. Leider nimmt dieses B einen ziemlich hohen Rang innerhalb der Familie ein– nämlich den von Platz IV – und tritt somit recht häufig in Erscheinung, was dazu führt, dass die F-Familie ein wenig schwieriger im Umgang ist als zum Beispiel Familie G. Aber keine Angst, auch dafür finden wir eine Lösung!

Manchmal bekommen Uku-Spieler ein Notenblatt in der Tonart E vorgesetzt, die jedem Ukulele-Spieler ein Gräuel ist. Was machen sie also? Ganz einfach – sie gehen einen Bund höher und übertragen das Ganze in die Tonart F. Die Tonabstände bleiben gleich, die Melodie bleibt gleich, alles bleibt wie es war – nur dass der Song jetzt viel leichter zu spielen ist.

Um sich in der F-Dur-Familie bewegen zu können, bedarf es allerdings eines weiteren Akkords: C7. Aber der ist nicht schwer zu erlernen. Man greift einfach nur die A-Saite im ersten Bund, die anderen Saiten werden leer angeschlagen. Die gesamte Akkordfamilie sehen Sie in Abbildung 6.24.

Auch in diesem Buch finden Sie einige Songs in der Tonart F-Dur, zum Beispiel den »Banana Boat Song« (Abbildung 5.27 in Kapitel 5), »Man of Constant Sorrow« (Abbildung 6.7) und »Amazing Grace« (Abbildung 9.2 in Kapitel 9).

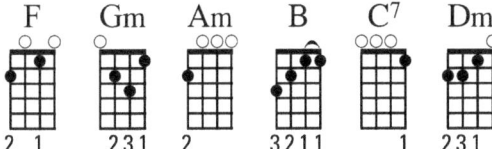

Abbildung 6.24: Die F-Akkordfamilie samt Griffdiagrammen

Die d-Moll-Familie bedient sich exakt der gleichen Akkorde wie F-Dur (da Dm die soge-nannte Mollparallele zu F ist). Ein Songbeispiel: »In the Pines« (Abbildung 9.3 in Kapitel 9).

Ach ja, zu Familie A wollten wir ja auch noch!

Um uns in der A-Familie zurechtzufinden, müssen wir zwei neue Akkorde erlernen.

✔ C#m (cis-Moll) orientiert sich am verschiebbaren Am-Muster (das wir bereits vom Hm-Griff her kennen). Das Barré wird in diesem Fall in Bund 4 gegriffen. Im Griffdia-gramm (Abbildung 6.25) erkennen wir das an der kleinen 4 rechts neben dem betref-fenden Bund.

✔ F#m (fis-Moll) ist nichts anderes als ein A-Dur, bei dem der Ringfinger zusätzlich im zweiten Bund die E-Saite drückt.

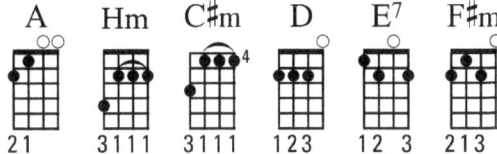

Abbildung 6.25: Die A-Dur-Familie samt Griffdiagrammen

Und *d*anach noch rasch zu Familie D

Die D-Familie bekommt nicht so oft Besuch wie die anderen Akkordfamilien. Das liegt da-ran, dass sie – sagen wir – etwas merkwürdig ist. Zu ihren unbeliebtesten Mitgliedern ge-hören der Hm-Akkord (als Ableitung des verschiebbaren Am-Akkords) und das Famili-enoberhaupt selbst – der D-Dur-Akkord, eine ebenfalls recht exzentrische Persönlichkeit. Trotzdem gibt es nicht wenige Songs in dieser Tonart – zum Beispiel »Linstead Market« (Abbildung 15.2 in Kapitel 15).

Die Akkorde der D-Dur-Familie sehen Sie in Abbildung 6.26.

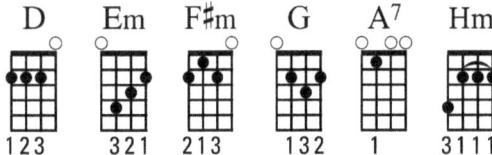

Abbildung 6.26: Die D-Dur-Familie samt Griffdiagrammen

H-Moll ist übrigens die Mollparallele zu D-Dur. Das heißt: Beide Familien enthalten die gleichen Akkorde. Ein Songbeispiel dafür finden Sie später (Kapitel 15) in Abbildung 15.5.

Jetzt wollen wir es aber wissen!

Grundsätzlich sind es drei Arten von Akkorden, die Ihnen in diesem Buch vermittelt werden: Durakkorde, Mollakkorde und Septakkorde. Jede Art hat ihren ganz spezifischen Charakter. Wenn Sie diese Akkorde in Abfolge spielen, ist das ein Wechsel. Wechsel ist jedoch nicht gleich Wechsel. Oft ist es so, dass eine andere Griffweise für die Akkorde den Wechsel vereinfacht. Sie können zum Beispiel Ihre Finger anders setzen oder sich umentscheiden, welche Note auf welcher Saite gespielt wird. Das nennen wir dann Akkord-Umkehrung.

In diesem Abschnitt lernen Sie, wie Sie durch einige wenige Akkord-Wechsel Ihr Spiel geschmeidiger machen und es durch ein bisschen Fingergymnastik vereinfachen.

D und A entspannt im Wechsel spielen ...

Im standardmäßigen D-Akkord werden der erste, zweite und dritte Finger eingesetzt. Das aber bedeutet, dass bei einem Wechsel von A zu D alle Finger bewegt werden müssen. Wenn Sie aber den zweiten, dritten und vierten Finger einsetzen, dann vollzieht sich der Akkordwechsel fast von selbst (siehe Abbildung 6.27). Sie können sogar den ersten Finger auf der Saite lassen, sodass Sie ihn jederzeit zurück zu A bewegen können.

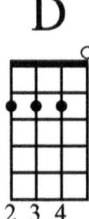

Abbildung 6.27: Alternative Griffweise für den D-Akkord

Ein Vorzug dieser Griffweise für den D-Akkord ist, dass Sie durch die einfache Aufwärtsbewegung um zwei Bünde den Akkord E greifen.

e-Moll anders greifen ...

Bei Akkorden, die sehr ähnlich gegriffen werden (das ist zum Beispiel bei G und e-Moll der Fall), kann das Umgreifen problematisch sein. Das spielt sich nicht so mir nichts, dir nichts. Wenn Sie allerdings Ihren kleinen Finger einbringen, vereinfachen sich die Dinge wesentlich.

Spielen Sie den standardmäßigen G-Akkord. Dann bewegen Sie den vierten Finger und drücken die C-Saite im vierten Bund. So erhalten Sie die Griffweise in Abbildung 6.28 und so können Sie rascher von G zu e-Moll wechseln.

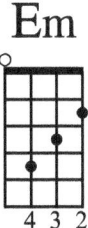

Abbildung 6.28: Alternative
Griffweise für den e-Moll-Akkord

Schieben Sie sich das H7 zurecht

Für diejenigen, die sich noch nicht lange Ukulele spielen, ist H7 ein verzwickter Akkord. Denn hier müssen Sie einmal quer über das Griffbrett greifen. Allerdings kennen Sie bereits zwei Akkordformen, die zu H7 werden, sobald Sie sie um eine Saite verschieben.

Die erste der beiden Formen ist e-Moll: Erst e-Moll7 greifen, dann die Finger alle eins nach oben setzen – und fertig ist H7 (Abbildung 6.29). Wenn Sie jetzt noch die A-Saite leer klingen lassen, haben einen unkomplizierten H7 griffbereit.

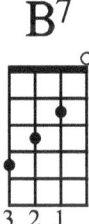

Abbildung 6.29: H7-Akkord,
der die Form von e-Moll verwendet

Die zweite der beiden Formen ist G. Sie können hier vergleichbar verfahren: Spielen Sie die standardmäßige Form des G-Akkords. Schieben Sie diese um eins nach oben und lassen dann beim Anschlagen die E-Saite leer klingen. So ergibt sich die Form in Abbildung 6.30.

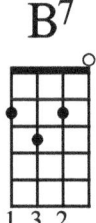

Abbildung 6.30: H7-Akkord,
der die Form von G verwendet

D7, leicht von der Hand

Wie H7 ist auch D7 ein Barré-Akkord, der oft gefordert ist. Und auch hier können Sie den Griff vereinfachen, indem Sie die Grundnote auslassen.

Gehen Sie vom Akkordwechsel von G zu D7 aus. Spielen Sie den standardmäßigen G-Akkord. Anstatt dass Sie jetzt aber den Barré-Akkord greifen, heben Sie den dritten Finger und bewegen die übrigen Finger über die Saiten um eins nach oben. Sie erhalten so die oft als hawaiianisches D7 bezeichnete Griffweise, die Sie in Abbildung 6.31 sehen.

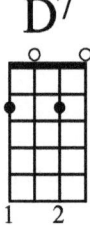

Abbildung 6.31: Alternative Griffweise für D7

Falls Sie sich mit einem Akkordwechsel abmühen müssen, versuchen Sie eine andere Griffweise oder probieren Sie eine Umkehrung aus. Bestimmt ist irgendetwas dabei, was Ihnen besser liegt. Darüber sollten Sie aber nicht das Üben der Barré-Akkorde vernachlässigen, denn so sinnvoll das eine ist, so sicher ist, dass Sie früher oder später den Barrégriff brauchen.

Teil III
Fingerpicking und Melodiespiel

... sollten Sie sich echt in Schale werfen, denn ich habe vor, Sie auf die Bühne zu schicken – um dem Publikum ein gelungenes Spiel mit Einzelnoten oder raffinierten Fingerpicking-Mustern zu präsentieren. Sie werden lernen, wie man Solos hinlegt und Melodien spielt – und das alles kinderleicht präsentiert in Form von Tabulaturen!

IN DIESEM KAPITEL

Lernen Sie, wie man Tabulaturen (Tabs) liest

Entdecken Sie den Rhythmus, den auch Sie im Blut haben

Machen wir Sie mit dem Reiz des Spielens und Nicht-Spielens vertraut

Werden Sie sogar lernen, wie man das alles unter einen Hut kriegt

Kapitel 7

Wie Sie Tabulaturen (und vielleicht sogar Noten) lesen lernen

Eines ist klar: Die Songs, die Sie spielen wollen, stammen in der Regel nicht von Ihnen selbst, sondern von anderen Komponisten. Um herauszufinden, wie diese Leute sich das präsentierte Stück vorstellen, müssen Sie mit ihnen eine gemeinsame Sprache sprechen – und das ist die Sprache der Standardnotation (Notenschrift) beziehungsweise der Tabulaturen. Gleich vorweg: Tabulaturen sind einfacher zu entziffern, aber ein wenig Notenkenntnis schadet auch nicht. Deshalb versuche ich einfach, Ihnen auf den folgenden Seiten eine Mischung aus beidem zu präsentieren.

Tapp-tapp-tapp in die Tab-Tab-Tabs ...

In diesem Buch finden Sie alle Melodien zunächst einmal in der *Standardnotation* – das heißt, in Form eines Systems aus fünf waagerechten Linien sowie bestimmten Notenzeichen, die sich auf oder zwischen diesen Linien befinden. Je weiter oben in diesem *Liniensystem* eine Note steht, umso höher klingt sie.

Die Standardnotation ist wichtig, da sie universell und für jedes Instrument gleichermaßen gültig ist, aber sie hat auch ihre Macken: Zum Beispiel ist sie wirklich nicht leicht zu entziffern und bei Instrumenten wie der Ukulele, wo sich die gleiche Note auf unterschiedlichen Saiten spielen lässt, oft auch nicht informativ genug.

Abbildung 7.1: Beispiel für eine Standardnotation

In solchen Fällen behelfen wir uns mit der *Tabulatur* (den *Tabs*). Dieses Schema wurde extra für Saiteninstrumente entwickelt, und es zeigt uns auf den ersten Blick, welche Saite wir spielen und wo wir sie greifen müssen. Ein Beispiel dafür sehen Sie in Abbildung 7.2.

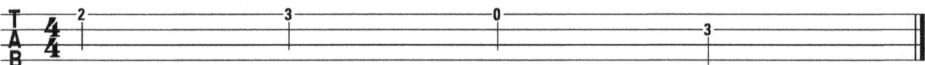

Abbildung 7.2: Beispiel für eine Tabulatur

Wie man mit der Tabulatur arbeitet

Tabulaturen sind leicht zu lesen: Jede waagerechte Linie entspricht einer Saite des Instruments, allerdings in der Reihenfolge, in der Sie sie erblicken, wenn Sie beim Spielen auf Ihr Instrument herabblicken. Das heißt: Die obere Linie entspricht der Saite, die am weitesten von Ihnen entfernt ist, die untere Linie der Saite, die Ihnen am nächsten ist. Bezogen auf Ihre Uku, bedeutet das:

✔ Die oberste Linie entspricht der A-Saite.

✔ Die zweite Linie von oben entspricht der E-Saite.

✔ Die zweite Linie von unten entspricht der C-Saite.

✔ Die unterste Linie entspricht der g-Saite.

 Manche Leute finden diese Notationsweise etwas gewöhnungsbedürftig. Im Grunde jedoch entspricht sie genau dem, was Sie wirklich *sehen*. Abbildung 7.3 zeigt Ihnen noch einmal genau, welche Linie in der Tabulatur welcher Saite entspricht.

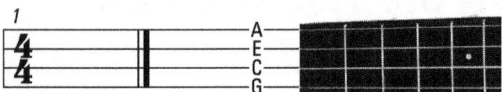

Abbildung 7.3: Die Linien in der Tabulatur samt den entsprechenden Saiten

 Achtung! Für Linkshänder gilt genau das Gegenteil – die müssen beim Spielen umdenken oder sich gegebenenfalls auf den Kopf stellen.

Die Tabulatur unter der Lupe

Sehen wir uns eine Tabulatur mal etwas genauer an (Abbildung 7.4):

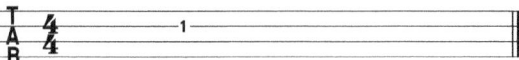

Abbildung 7.4: Die E-Saite muss im ersten Bund gegriffen werden.

Wir sehen auf der E-Saite die Zahl 1. Das bedeutet: Wir müssen diese Saite im ersten Bund greifen und dürfen dann *nur* diese *eine* Saite anschlagen. Die Note, die wir dadurch erhalten, ist ein F.

Eine 0 zeigt an, dass die Saite leer schwingt – also gespielt wird, ohne dass die Saite in irgendeinem Bund niedergedrückt wird (siehe Abbildung 7.5). Spielen Sie also wie in der Abbildung die E-Saite, ohne durch Niederdrücken eine Note zu erzeugen.

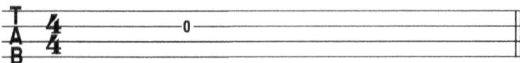

Abbildung 7.5: Die E-Saite wird leer angeschlagen.

Notenfolgen in der Tabulatur

Wenn in der Tabulatur mehrere Noten in waagerechter Folge auftauchen, werden sie *nacheinander* gespielt. Dabei empfiehlt es sich, jede Note weiterklingen zu lassen, während man bereits die nächste anschlägt.

In Abbildung 7.6 spielt man also wie folgt: Erst wird die leere E-Saite angeschlagen, dann noch einmal die E-Saite, im ersten Bund gegriffen, und dann ein drittes Mal, im dritten Bund gegriffen. Zuletzt folgt die leer angeschlagene A-Saite.

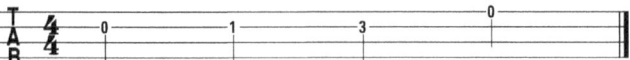

Abbildung 7.6: Eine Notenfolge in der Tabulatur

  Das dazugehörige Tonbeispiel finden Sie in Track 21, Teil 1.

Noten im Zusammenspiel

Finden wir in der Tabulatur Noten, die senkrecht übereinanderstehen, bedeutet das, dass sie gleichzeitig gespielt werden müssen.

In Abbildung 7.7 werden immer zwei Noten gleichzeitig gespielt. Die C-Saite, im zweiten Bund gegriffen, und die E-Saite, im ersten Bund gegriffen, ertönen also gleichzeitig.

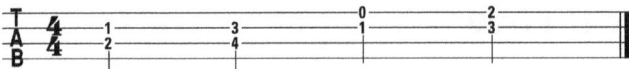

Abbildung 7.7: Notenpaare in der Tabulatur

Danach bewegen wir die Hand um zwei Bünde abwärts (zu den höheren Tönen hin) und zupfen nun gleichzeitig die C-Saite, gegriffen im vierten Bund, und die E-Saite, gegriffen im dritten Bund, an.

Dann kommt ein anderes Saitenpaar an die Reihe, nämlich die E- und die A-Saite. Die E-Saite greifen wir im ersten Bund, die A-Saite spielen wir leer. Ganz zuletzt greifen wir noch die E-Saite im dritten Bund und die A-Saite im zweiten Bund und spielen wiederum beide gemeinsam.

 Das dazugehörige Tonbeispiel finden Sie in Track 21, Teil 2.

Akkorde in der Tabulatur

Akkorde werden in den Tabs genauso notiert wie gleichzeitig zu spielende Noten.

Sehen Sie sich dazu Abbildung 7.8 an. Die g-Saite muss im zweiten Bund gegriffen werden, die E-Saite im ersten Bund, alle anderen Seiten werden leer angeschlagen. Das Ergebnis: ein F-Akkord, wie in Kapitel 4 vorgestellt.

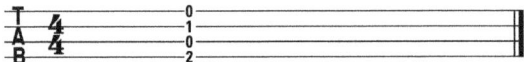

Abbildung 7.8: Ein F-Akkord in der Tabulatur

Auf- und Abwärtsschläge

Wenn Sie Anschläge ausführen sollen, werden Sie durch einen Pfeil darauf hingewiesen (Abbildung 7.9).

Abbildung 7.9: Die Notation von Anschlägen in der Tabulatur

Diese Pfeile geben auch die Schlagrichtung an. Ein nach oben zeigender Pfeil steht für einen Abwärtsschlag, ein nach unten zeigender Pfeil für einen Aufwärtsschlag. Jetzt gucken Sie mich nicht so strafend an, ich habe das System ja nicht erfunden!

Wie man Rhythmen liest

Sowohl in der Standardnotation als auch in den Tabs kann man einer Note ansehen, wie lang sie ertönen muss. Das hängt von drei Faktoren ab:

✔ **Dem Notenkopf:** Der Notenkopf ist das ovale Etwas, das entweder schwarz oder weiß ist.

✔ **Dem Notenhals:** Der Notenhals ist die Linie, die vom Notenkopf aus entweder nach oben oder unten zeigt (was übrigens keinen Einfluss darauf hat, wie man die Note spielt).

✔ **Dem Fähnchen:** Das Fähnchen ist die waagerechte Linie, die man manchmal am äußeren Ende des Notenhalses findet. Noten mit einem Fähnchen lassen sich zu Gruppen verbinden, und zwar mithilfe eines sogenannten *Balkens*. Je weniger solche Linien eine Note oder Notengruppe aufweist, umso länger erklingt ihr Ton.

In diesem Buch beziehe ich mich, um den Rhythmus eines Stücks zu bestimmen, sowohl auf die Standardnotation als auch auf die Tabulatur.

Eine Viertelnote ist besser als gar keine

 Wenn Sie sich ein Musikstück anhören, spüren Sie dessen Pulsschlag. Wenn Sie zu einem Song mitklatschen können, haben Sie seinen Beat erfasst. »Beat« bedeutet Schlag, und gemeint sind damit die einzelnen Taktschläge, die zusammen einen Takt ergeben. Dabei handelt es sich in der Regel um *Viertelnoten*. Track 22, Teil 1 bietet dafür ein Hörbeispiel.

Viertelnoten haben einen gefüllten Notenkopf und -hals.

Die Tracks aus diesem Bereich sind alle im Vierertakt gehalten – das heißt, jeder Takt zerfällt in vier gleichgroße Abschnitte – vier Viertelnoten –, die das Tempo des Songs bestimmen.

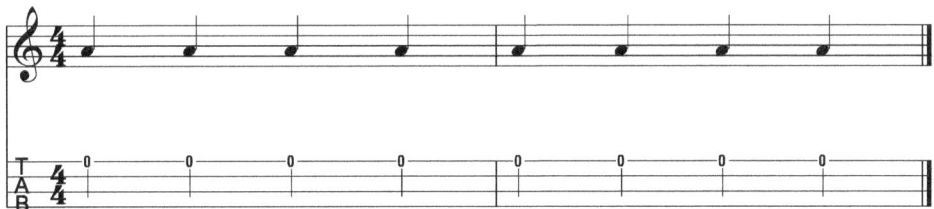

Abbildung 7.10: Viertelnoten in der Standardnotation und in der Tabulatur

Halbe und ganze Portionen ... äh, Noten

Eine *halbe Note* erklingt doppelt so lang wie eine Viertelnote (wenn das nicht höhere Mathematik ist). In der Notenschrift unterscheidet sie sich von der Viertelnote dadurch, dass der Notenkopf nicht schwarz (ausgefüllt) ist, sondern weiß (leer). Sehen Sie sich dazu die ersten beiden Takte in Abbildung 7.11 an, und versuchen Sie einmal, beim Zählen nur jede zweite Nummer zu spielen – also jeweils die erste, die dritte, die erste, die dritte und so weiter (**eins**, zwei, **drei**, vier, **eins**, zwei, **drei**, vier ...).

Eine *ganze Note ist* immer so lang wie ein ganzer Takt – also doppelt so lang wie eine halbe Note. Sie besteht nur aus einem unausgefüllten (also hohlen) Notenkopf, ohne Hals und ohne Fähnchen. Bei den Noten in den letzten beiden Takten von Abbildung 7.11 handelt es sich um ganze Noten. Ein Tonbeispiel dafür hören Sie in Track 22, Teil 2.

Abbildung 7.11: Halbe Noten (Takt 1 und 2) und ganze Noten (Takt 3 und 4) in der Standardnotation und der Tabulatur

Es geht auch kleiner: Achtel- und Sechzehntelnoten

Viertelnoten sind nur vordergründig gesehen die kleinste Einheit eines Taktes – sie lassen sich ebenfalls aufteilen, und zwar in Achtelnoten. Im ersten Takt von Abbildung 7.12 sehen Sie vier Noten – das müssen also Viertelnoten sein (wir wissen ja, eine ganze Note = ein Takt). Im zweiten Takt sehen wir acht Noten – also kann es sich hierbei nur um Achtelnoten handeln. Eine Achtelnote erklingt halb so lang wie eine Viertelnote, und sie sieht auch genauso aus, nur mit dem Unterschied, dass sie ein Fähnchen hat. Zwei oder noch mehr Achtelnoten kann man mithilfe eines Balkens zu einer Gruppe zusammenfassen.

Während man bei Viertelnoten mitzählt, indem man »eins, zwei, drei, vier«, sagt, empfiehlt es sich, bei Achtelnoten »eins und zwei und drei und vier und« zu zählen.

Sehen Sie sich nun den dritten Takt von Abbildung 7.12 an. Hier haben wir es mit *Sechzehntelnoten* zu tun. Vier dieser Sechzehntelnoten entsprechen dem Notenwert einer Viertelnote, und im Notensystem erkennt man sie daran, dass sie zwei Fähnchen haben und somit auch mit einem Doppelbalken verbunden werden. Beim Zählen sagt man am besten: »Eins-e und-e zwei-e und-e drei-e und-e vier-e und-e«. Das ist zwar ziemlich bescheuert, aber recht hilfreich, wenn es darum geht, ein Gespür für den Rhythmus zu bekommen. Hören Sie sich dazu am besten Track 22 an.

Achtelnoten müssen nicht paarweise dargestellt werden. Sie tauchen auch einzeln auf (siehe Abbildung 7.13). Sie sehen die Notenfahne an der Spitze der Note.

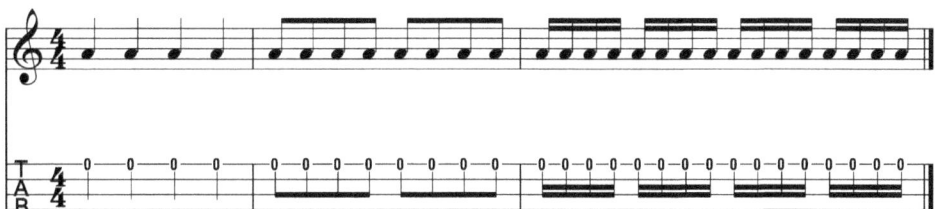

Abbildung 7.12: Im ersten Takt sehen wir Viertelnoten, im zweiten Takt Achtelnoten, im dritten Takt Sechzehntelnoten. Achtelnoten verbindet man mithilfe eines Balkens, Sechzehntelnoten mithilfe eines Doppelbalkens.

Abbildung 7.13: Eine Achtelnote im Liniensystem und in der Tabulatur

Genauso können auch einzelne Sechzehntelnoten auftauchen (siehe Abbildung 7.14).

Abbildung 7.14: Eine Sechzehntelnote im Liniensystem und in der Tabulatur

Natürlich bilden Sechzehntelnoten nicht die Untergrenze; man kann diese Notenteilung im Prinzip weiter betreiben bis zur Atomisierung. Aber in der Ukulele-Notation werden wir nur selten auf Noten stoßen, die unterhalb dieser Sechzehntelgrenze liegen.

Im täglichen Musikdschungel werden Sie öfter mal an Tabulaturen geraten, die über den Rhythmus eines Stücks keinerlei Aufschluss geben, sodass Sie darauf angewiesen sind, das betreffende Stück in einer Aufnahme anzuhören. In anderen Fällen lässt sich zumindest aus dem räumlichen Notenabstand auf den Rhythmus schließen, und manchmal erscheint zusätzlich zur Tabulatur die Standardnotation, um die Frage nach dem Rhythmus zu beantworten. Es gibt aber auch Tabulaturen mit Rhythmuslinien, die keiner weiteren Ergänzung bedürfen.

Punktierte Noten und Haltebögen

Manchmal finden wir im Liniensystem hinter einer Note einen Punkt, manchmal sehen wir auch, dass zwischen ein und derselben Note ein Bogen verläuft. Im Grunde geht es in beiden Fällen um das Gleiche – nämlich, den Wert (die Dauer) der Note zu verlängern, aber auf zwei verschiedene Weisen.

Punktierte Noten

Steht hinter einer Note ein *Punkt*, so bedeutet das: Der betreffende Ton wird um die Hälfte seines Werts verlängert. Findet sich der Punkt also zum Beispiel hinter einer halben Note, so muss der Wert einer Viertelnote hinzuaddiert werden – ergibt drei Viertel des gesamten Taktes.

In Abbildung 7.15 sehen wir zwei punktierte Viertelnoten. Wir müssen also zu jeder dieser Noten den Wert einer Achtelnote hinzufügen, sodass sie insgesamt drei Achtel des Taktes umfasst.

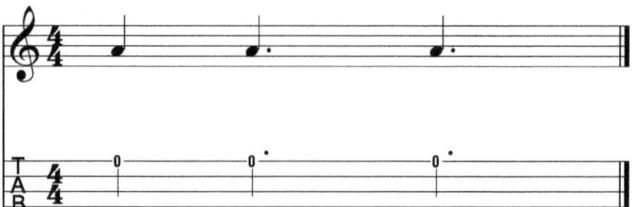

Abbildung 7.15: Ein Beispiel für punktierte Noten; oben die Standardnotierung, unten die Tabulatur

Noten mit Haltebögen

Manchmal sehen wir auch Noten, die mit einem Bogen verbunden sind (wie in Abbildung 7.16). Handelt es sich dabei um Noten der gleichen Tonhöhe, spricht man von einem *Haltebogen*. Es bedeutet, dass der Klang der ersten Note bis zur nächsten andauern muss. Also auch eine Form der Verlängerung.

In Abbildung 7.16 sehen wir ein Beispiel, bei dem anstelle von Punkten eher Bögen angebracht sind. Warum? Die erste mit einem Bogen versehene Note ist eine Viertelnote, die mit einer Achtelnote verbunden wird; die zweite jedoch eine Achtelnote, die in eine Viertelnote übergeht. Also: Zwei plus eins ist drei (das ließe sich auch mit einer punktierten Note ausdrücken), und eins plus zwei ist ebenfalls drei (aber um das zu notieren, brauchen wir den Haltebogen). Die Länge der Noten ist in beiden Fällen gleich.

Abbildung 7.16: Ein Beispiel für Noten, die mit einem Haltebogen verbunden sind, oben die Standardnotation, unten die Tabulatur

Beide Beispiele (Abbildung 7.15 und Abbildung 7.16) klingen beim Spielen gleich. (Hören Sie sich diesen Takt in Track 23 an.)

Pausen und Wiederholungen

Manche Menschen legen beim Erzählen einer Geschichte öfter mal eine Pause ein, andere erzählen sie gleich noch mal von vorn. In der Musik ist es ähnlich – und das Notensystem beziehungsweise die Tabulatur verraten uns genau, wann was wo angebracht ist.

Pausenzeichen

So wie es Notenzeichen gibt, die einem verraten, an welcher Stelle gespielt werden muss, gibt es auch Pausenzeichen, die einem verraten, an welcher Stelle *nicht* gespielt werden darf. Während solcher Pausen dürfen Noten auch nicht »nachklingen«, was man am besten erreicht, indem man den Druck auf eine bestimmte (gegriffene) Saite lockert oder einen Finger auf der betreffenden Saite ruhen lässt, ohne sie niederzudrücken (falls es eine leer gespielte Saite ist).

Ansonsten funktionieren Pausen ebenso wie Noten. Für jedes Notenzeichen gibt es ein gleichwertiges Pausenzeichen, das die gleiche Anzahl von Taktschlägen umfasst:

✔ **Die ganze Pause:** Ein kleines schwarzes Rechteck, das unten an einer Notenlinie »klebt« wie im ersten Takt von Abbildung 7.17.

✔ **Die halbe Pause:** Ebenfalls ein schwarzes Rechteck, das jedoch auf der Notenlinie »aufliegt«, wie in Takt 2.

✔ **Die Viertelpause:** Sieht ein wenig aus wie ein Vogel beim Fliegen, der allerdings mächtig Schlagseite hat (Takt 3).

✔ **Die Achtelpause:** Für manche ähnelt es einem Hackebeilchen – es ist aber einfach nur eine leicht diagonale Linie mit einem Knubbel am oberen Ende (Takt 4).

✔ **Die Sechzehntelpause:** Diesmal sind es zwei Knubbel (Takt 5), und so geht es von nun an weiter. Eine Zweiunddreißigstelpause hätte also drei, eine Vierundsechzigstelpause vier solcher Knubbel – und bitte lassen Sie mich jetzt nicht ausrechnen, wie es bei einer Eintausendvierundzwanzigstelpause aussehen würde – da stellen sich selbst Musikprofessoren die Nackenhaare auf.

Abbildung 7.17 zeigt all jene Symbole in der Standardnotation, aber keine Sorge: In der Tabulatur sehen sie kein bisschen anders aus.

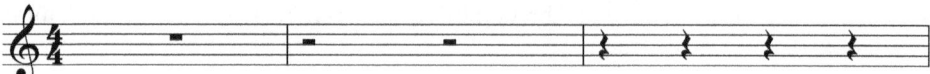

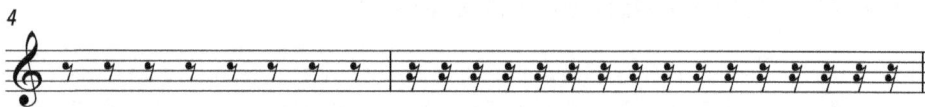

Abbildung 7.17: Die Pausenzeichen in der Standardnotation

Noch mal … und vielleicht sogar noch ein drittes Mal!

Manchmal muss ein bestimmter Abschnitt eines Songs oder Musikstücks zweimal oder öfter hintereinander gespielt werden, für solche Zwecke gibt es in der Musik das *Wiederholungszeichen.*

Wie es aussieht, sehen Sie in Abbildung 7.18: Es handelt sich um einen Doppelbalken, vor dem zwei Punkte stehen.

Abbildung 7.18: Das Wiederholungszeichen in der Standardnotation (oben) und der Tabulatur (unten). Es bedeutet: Alles noch einmal von vorn spielen.

Im Fall von Abbildung 7.18 wären es also die Takte 1 und 2, die erneut gespielt werden müssten. Nach dem zweiten Durchgang können Sie das Wiederholungszeichen dann einfach außer Acht lassen und zu Takt 3 übergehen.

Wenn bestimmte Takte mehr als einmal wiederholt werden müssen, stoßen Sie sowohl in der Standardnotation als auch in den Tabs oberhalb des Wiederholungszeichens auf den Vermerk »x3«, »x4« und so weiter.

Soll nur ein bestimmter Abschnitt wiederholt werden (und nicht alles Vorangegangene), finden Sie zu Beginn des Abschnitts ebenfalls ein Wiederholungszeichen, bei dem die beiden Punkte allerdings nicht links, sondern rechts von dem Balken stehen (Abbildung 7.19).

Bei Abbildung 7.19 müssten Sie also erst Takt 1 spielen, dann zweimal hintereinander Takt 2 und 3, um danach zu Takt 4 überzugehen.

Manchmal kommt es vor, dass ein Abschnitt, der wiederholt wird, bei jedem Mal ein wenig anders endet. In solchen Fällen steht vor dem Wiederholungszeichen eine eckige Klammer mit einer 1 (siehe Abbildung 7.20), dahinter eine mit einer 2. Das heißt: Bei der Wiederholung müssen Sie nun über die erste Klammer hinwegspringen und die Noten so spielen, wie sie in dem Takt stehen, der mit der 2 markiert ist.

Abbildung 7.19: In diesem Fall müssen nur die beiden Takte (2 und 3) wiederholt werden, die zwischen den Wiederholungszeichen stehen.

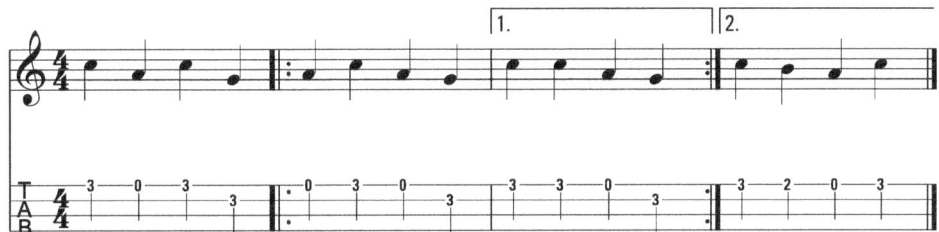

Abbildung 7.20: Eine Wiederholung, bei der das Ende eine Variation aufweist; oben Standardnotation, unten Tabulatur

Bei dem Tonbeispiel in Abbildung 7.20 müssten Sie also wie folgt vorgehen: Sie spielen zunächst die ersten drei Takte, dann gehen Sie zurück bis zu dem Zeichen, spielen daraufhin Takt 2 noch einmal, Takt 3 jedoch so, wie er mit der Ziffer 2 gekennzeichnet ist.

Manchmal werden Ihnen bei den Wiederholungen anstelle von Ziffern auch italienische Bezeichnungen begegnen. Davon sollten Sie sich wenigstens folgende vier merken:

✔ **Da Capo (oder D.C.):** Fangen Sie ganz von vorne an.

✔ **Dal Segno (oder D.S.):** Gehen Sie zurück bis zum Zeichen (siehe Abbildung 7.21).

✔ **D.C. al Coda:** Kurzform für Da Capo al Coda. Fangen Sie noch einmal von vorne an und spielen Sie weiter, bis Sie auf die Anweisung »Al Coda« oder das Coda-Symbol stoßen. Dann springen Sie von dort zum (hinteren) Coda-Symbol und spielen ab da weiter (siehe Abbildung 7.22).

✔ **D.S. al Fine:** Kurzform für Dal Segno al Fine. Gehen Sie zurück bis zum Segno-Symbol und fahren Sie fort bis zu dem Balken, der mit *Fine* markiert ist, dort hören Sie auf. (Das Wort »Fine« bitte nicht englisch, sondern italienisch aussprechen, selbst wenn Sie Ihre Sache fein gemacht haben.)

Abbildung 7.21: Das Segno-Symbol

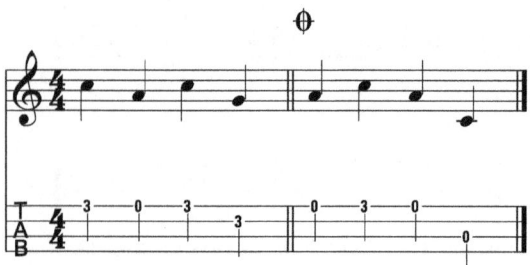

Abbildung 7.22: Das Coda-Symbol

Und nun zur praktischen Anwendung

Sie haben in diesem Kapitel eine Menge über Zeichen, Symbole und andere Raffinessen der Notenschrift und Tabulatur gelernt – nun folgen praktische Anwendungsbeispiele. Und noch immer ist es der Daumen, der die einzelnen Saiten anzupft. Wie Sie Ihrer Picking-Technik durch den Einsatz weiterer Finger den letzten Schliff geben können, lernen Sie in Kapitel 8.

Wir beginnen mit einer einfachen Melodie

 In Abbildung 7.23 finden Sie ein sehr einfaches Beispiel für den Einstieg: Das alte englische Kinderlied »London Bridge Is Falling Down« (Track 24). Wir haben es dabei nur mit zwei unterschiedlichen Notenwerten zu tun, nämlich mit halben Noten und Viertelnoten, die sich außerdem alle in den ersten drei Bünden greifen lassen.

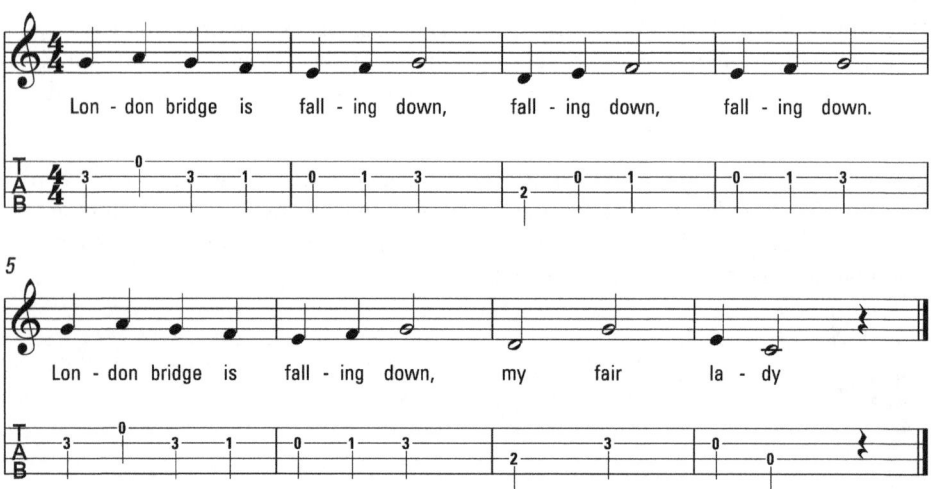

Abbildung 7.23: »London Bridge Is Falling Down« in der Standardnotation und als Tabulatur

Die Greifhand (also die linke) benutzt dazu folgende Finger:

✔ Den Zeigefinger für den ersten Bund

✔ Den Mittelfinger für den zweiten Bund

✔ Den Ringfinger für den dritten Bund

Und nun gehen wir höher (also tiefer)

Es ist ein wenig verwirrend bei den Saiteninstrumenten: Wenn man höhere Noten spielen will, muss man mit der Hand auf dem Instrumentenhals tiefer gehen (der Ukulele also sozusagen den Buckel runterrutschen). Wenn ich Ihnen jetzt also einen Song vorstelle, bei denen Sie in höhere Bereiche vordringen können, so sind das für Ihre Greifhand die tiefer gelegenen Bereiche Ihres Instruments.

Ein paar Augenblicke noch, und Sie dürfen sich bis in den zehnten Bund vorwagen. Damit aber nicht alles drunter (= drüber) und drüber (= drunter) geht, sollten Sie sich zuvor mit den Bundmarkierungen vertraut machen. Bundmarkierungen finden sich bei den meisten Ukus im fünften, siebten und traditionellerweise eigentlich auch im neunten Bund, wobei letztere Markierung oft in den nächsten, also den zehnten Bund verschoben wurde, um das Instrument den Markierungen auf der Gitarre anzugleichen.

In Abbildung 7.24 sehen wir die Melodiefolge des Songs »I'll Fly Away« (Track 25, die dazugehörigen Akkorde finden Sie in Kapitel 4). Der tiefste Bund, in dem Sie spielen müssen, ist hierbei der siebte, deshalb sollten Sie für alle Griffe in Bund 7 Ihren Zeigefinger verwenden. Für Bund 8 wählen Sie den Mittelfinger, für Bund 10 den kleinen Finger.

Der kleine Finger hat meist am wenigsten Erfahrung mit den Saiten, darum stellt er sich beim Greifen oft recht dusselig an. Aber hier lohnt es sich wirklich zu üben – da er einem beim Spielen sehr gute Dienste leisten kann.

Positionswechsel

Bis jetzt war es immer so, dass wir einem bestimmten Finger einen bestimmten Bund auf der Ukulele zugeordnet hatten. Bei manchen Songs jedoch ist es notwendig, dass wir unsere Handposition auf dem Griffbrett verschieben, da es mehr als nur vier Bünde abzudecken gilt.

Spielen Sie einmal Track 26 (»Take Me Out to the Ballgame«) und sehen Sie sich dazu Abbildung 7.25 an. Um diesen Song zu spielen, muss Ihre Hand den kleinsten Positionswechsel vollziehen, den es gibt: um einen Bund. Wenn Sie den fünften Bund erreichen wollen, müssen Sie die gesamte Hand auf dem Gitarrenhals um einen Bund nach unten bewegen, sodass nun Ihr Zeigefinger für den zweiten Bund, Ihr Mittelfinger für den dritten Bund zuständig ist und so weiter.

Wenn möglich, verschieben Sie Ihre Hand immer dann, wenn gerade eine Saite leer gespielt wird – dadurch gewinnen Sie Zeit, und der Übergang hört sich fließender an. Im folgenden Song heißt das: Bewegen Sie die Hand zu Beginn des 14. Taktes um einen Bund (Ton) höher und kehren Sie am Ende von Takt 15 wieder zurück.

I'll Fly Away

Abbildung 7.24: Der Song »I'll Fly Away« in der Standardnotation und als Tabulatur

Take Me Out To The Ballgame

Abbildung 7.25: Der Song »Take Me Out to the Ballgame« in der Standardnotation und als Tabulatur

IN DIESEM KAPITEL

Bringe ich Ihnen nicht nur die Technik des Finger-picking bei ...

... sondern auch mehrere Picking-Muster, die Sie gleich an verschiedenen Songs ausprobieren können

Kapitel 8
Wir lernen Fingerpicking!

D ie meisten Leute denken, die Ukulele sei ausschließlich als Schlaginstrument gedacht. Das stimmt aber nicht – schon solange es Ukus gibt, haben Spieler sich auch immer wieder am Zupfen von Einzelnoten versucht. Ja, sogar schon vorher – die Machete zum Beispiel, der Vorläufer der Ukulele, schien vorwiegend mit der Fingerpicking-Technik (also Zupf-Technik) gespielt worden zu sein (falls Sie mehr über die Geschichte der Ukulele erfahren wollen, lesen Sie Kapitel 1).

Seitdem bedienen sich ambitionierte Spieler der Fingerpicking-Technik, um sich auf der Ukulele neue Melodien und Tonfolgen zu erschließen. Als Begleitinstrument kann die Ukulele für einen zarten und schillernden Sound sorgen, wie wir ihn vor allem aus der hawaiianischen Musik kennen (ein Meister dieser Stilrichtung war Israel Kamakawiwo'ole, aber auch moderne Spieler wie Stephin Merritt von Magnetic Fields wenden ihn an).

Das heißt: Die Ukulele ist zwar ein hervorragendes Begleitinstrument, beherrscht man aber die Kunst des Fingerpickings, lässt sie sich auch bestens als Soloinstrument einsetzen. Man kann diese Technik mit der Schlagmethode mischen, aber auch »in Reinform« anwenden, um Melodie und Begleitung gleichzeitig zu spielen.

In diesem Kapitel bringen wir Ihnen die Grundlagen des Fingerpicking auf der Ukulele bei.

Was jeder »Picker« können sollte

Das Prinzip ist Ihnen sicher inzwischen klar geworden: Anstatt wie bei der Anschlagtechnik die Saiten nahezu gleichzeitig ertönen zu lassen, geht es beim Fingerpicking darum, jede Saite einzeln zum Klingen zu bringen. Um die ersten Übungen in diesem Kapitel zu machen, müssen Sie jedem Finger der Zupfhand (der rechten also, sofern Sie Rechtshänder sind) eine ganz bestimmte Saite zuordnen (Abbildung 8.1):

✔ Daumen – g-Saite

✔ Zeigefinger – C-Saite

✔ Mittelfinger – E-Saite

✔ Ringfinger – A-Saite

Abbildung 8.1: Die »Arbeitsteilung« der Finger Ihrer Zupfhand

Krümmen Sie Ihre Finger dazu leicht ein, sodass sich jeder Finger dicht unterhalb »seiner« Saite befindet und Sie zum Zupfen die Fingerspitzen einsetzen können.

Ihre Hand sollte dabei so entspannt wie möglich sein.

 Ihr kleiner Finger, das haben Sie inzwischen gemerkt, ist im Moment noch »arbeitslos«. Dem können Sie aber abhelfen: Sie können ihn entweder (so machen es die Puristen) vom Instrumentenkorpus heben und abspreizen, damit Ihnen der Wechsel zwischen Schlagen und Zupfen leichter gelingt und es zu keiner Dämpfung des Resonanzbodens kommt; Sie können ihn aber auch (und so machen es viele »alte Hasen«) als Stütze auf der Instrumentendecke verwenden, die Ihrer Zupfhand Halt gibt und den Fingern zusätzliche Stabilität verleiht.

Ein Nachteil dieser Position ist jedoch, dass der kleine Finger dazu neigt, sie ganz automatisch einzunehmen. Da ich meinen kleinen Finger beim Spielen häufig in diese Lage bringe, passiert es oft, dass er sie auch beim Nicht-Spielen einnimmt, und wenn man dann einen Riesenschluck von seinem Bier nimmt und dabei, ach wie anmutig, den kleinen Finger abspreizt, kann das schon mal zu seltsamem Getuschel führen.

Um eine Saite anzuzupfen, bewegen Sie sie mit der betreffenden Fingerspitze Ihrer leicht gekrümmten Hand nach oben (also auf Sie zu) und lassen sie dann los. Dazu bedarf es keines großen Kraftaufwandes. Wenn Sie die Saite zu kräftig anschlagen, kann es passieren, dass sie mit den Bundstäbchen in Berührung kommt – und diese Vibration führt zu dem gefürchteten »Schnarren«.

Welchen Finger Sie jeweils einsetzen müssen, verraten Ihnen die Buchstaben in der Tabulatur (die Tabulatur wird ausführlich in Kapitel 7 erklärt). Dabei werden Sie auf folgende Abkürzungen stoßen (die allesamt für Ihre Zupfhand gelten):

✔ T = Daumen

✔ I = Zeigefinger

✔ M = Mittelfinger

✔ A = Ringfinger

 Warum nicht einfach D, Z, M und R werden Sie sich fragen. Das hat seine Gründe. Nicht jede Tabulatur, nach der Sie spielen, stammt aus deutschen Landen. Deshalb ist es besser, sich die internationalen Abkürzungen einzuprägen. Das T kommt vom englischen »thumb« (Daumen), wie Sie sich vielleicht schon gedacht haben, das I von »index finger« (Zeigefinger), und das »M« von »middle finger« (Mittelfinger). Woher aber kommt nun das A für den »ring finger« (Ringfinger)?

Die Lösung ist einfach: Eigentlich sind es nämlich die lateinischen Bezeichnungen für unsere Finger, die hier verwendet werden (*indice, medius, annular*). Das T für den Daumen ist eine Ausnahme, aber Sie werden auch hier öfter mal auf ein P stoßen – für das lateinische *pulgar* (Daumen).

Falls Sie doch einmal auf eine »eingedeutschte« Tabulatur stoßen, bei denen D, Z, M und R als Abkürzungen verwendet werden, müssen Sie nicht erst umlernen, sondern können sich die Bedeutungen sprichwörtlich von den fünf Fingern abzählen.

Diese Abkürzungen finden sich jeweils unterhalb der betreffenden Note. Falls einmal zwei Saiten gleichzeitig gespielt werden müssen, stehen sie im Liniensystem wie auch in der Tabulatur senkrecht untereinander.

Sehen Sie sich dazu Abbildung 8.2 an: Als Erstes zupfen Sie die g-Saite mit Ihrem Daumen (T), dann die C-Saite mit dem Zeigefinger (I), dann wiederum die g-Saite mit dem Daumen (T) und zuletzt gleichzeitig die C-Saite mit dem Zeigefinger und die E-Saite mit dem Mittelfinger (I, M).

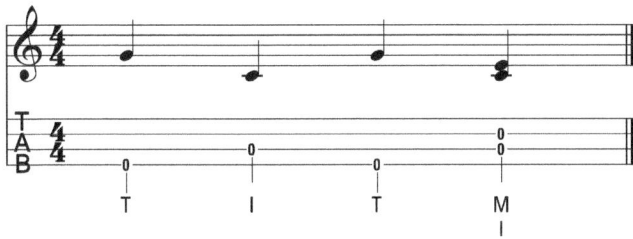

Abbildung 8.2: Tabulatur mit Zupfmuster

Sehen wir uns nun einige Zupfmuster an!

Auch wenn die Ukulele nur vier Saiten hat, bietet sie Ihnen dennoch eine große Vielfalt an Fingerpicking-Varianten. In diesem Abschnitt wollen wir uns vier verschiedene Picking-Muster (Patterns) ansehen, die wir extra für Sie »herausgepickt« haben (okay, das Wortspiel erhebt keinen Anspruch auf Genialität).

Auf geht's mit dem Aufwärts-Pattern

 Das einfachste Pattern von allen besteht darin, einfach eine Saite nach der anderen (von tief nach hoch, also von oben nach unten) zu zupfen (Abbildung 8.3 und Track 27, Teil 1).

Abbildung 8.3: Das ganz normale Aufwärts-Pattern

Bei unserem Beispiel benutzen wir nur den C-Dur-Akkord, damit Sie sich ausschließlich auf das Pattern konzentrieren können. Die Saiten werden nacheinander angezupft (erst die g-Saite mit dem Daumen, dann die C-Saite mit Zeigefinger und so weiter). Achten Sie darauf, dass die Klänge »verschmelzen«, also ineinander übergehen und nicht abgehackt klingen, sodass Sie, wenn Sie mit den Saiten durch sind, einen kompletten C-Dur-Akkord gespielt haben.

Am Anfang sollten Sie so langsam spielen wie nur möglich. Das Wichtige ist zunächst, dass Sie das Tempo, mit dem Sie begonnen haben, auch beibehalten. Sobald Ihnen das gut gelingt, können Sie versuchen, eine Idee schneller zu spielen.

 Wenn Sie zu spielen beginnen, sollten alle Ihre Finger auf den Saiten liegen; so gewinnen Sie eine Menge Zeit, um die Finger in die richtige Position zu bringen.

 Wenn Sie den Bogen raushaben, können Sie sich an den nächsten Schritt wagen: den Akkordwechsel während des Spiels. In Abbildung 8.4 wird zwischen C, F und G7 hin und her gewechselt (falls Sie nicht mehr wissen, wie man diese Akkorde greift, es steht in Kapitel 4). Hören Sie sich als Beispiel dafür den zweiten Teil in Track 27 an.

Auch diesmal heißt es: Gaaanz langsam spielen. Die Übergänge zwischen den Akkorden müssen sich erst sauber und fließend anhören, bevor Sie Ihr Tempo steigern.

Beenden können Sie Ihr Spiel mit einem abschließenden Daumenanschlag über alle Saiten.

Gleichzeitig zupfen und Akkorde wechseln – das fühlt sich zunächst ein wenig so an, als würden Sie sich mit einer Hand den Bauch reiben und sich mit der anderen auf den Kopf klopfen. Die Koordination muss sich erst einstellen. Aber mit ein wenig Übung werden Sie damit bald keine Probleme mehr haben.

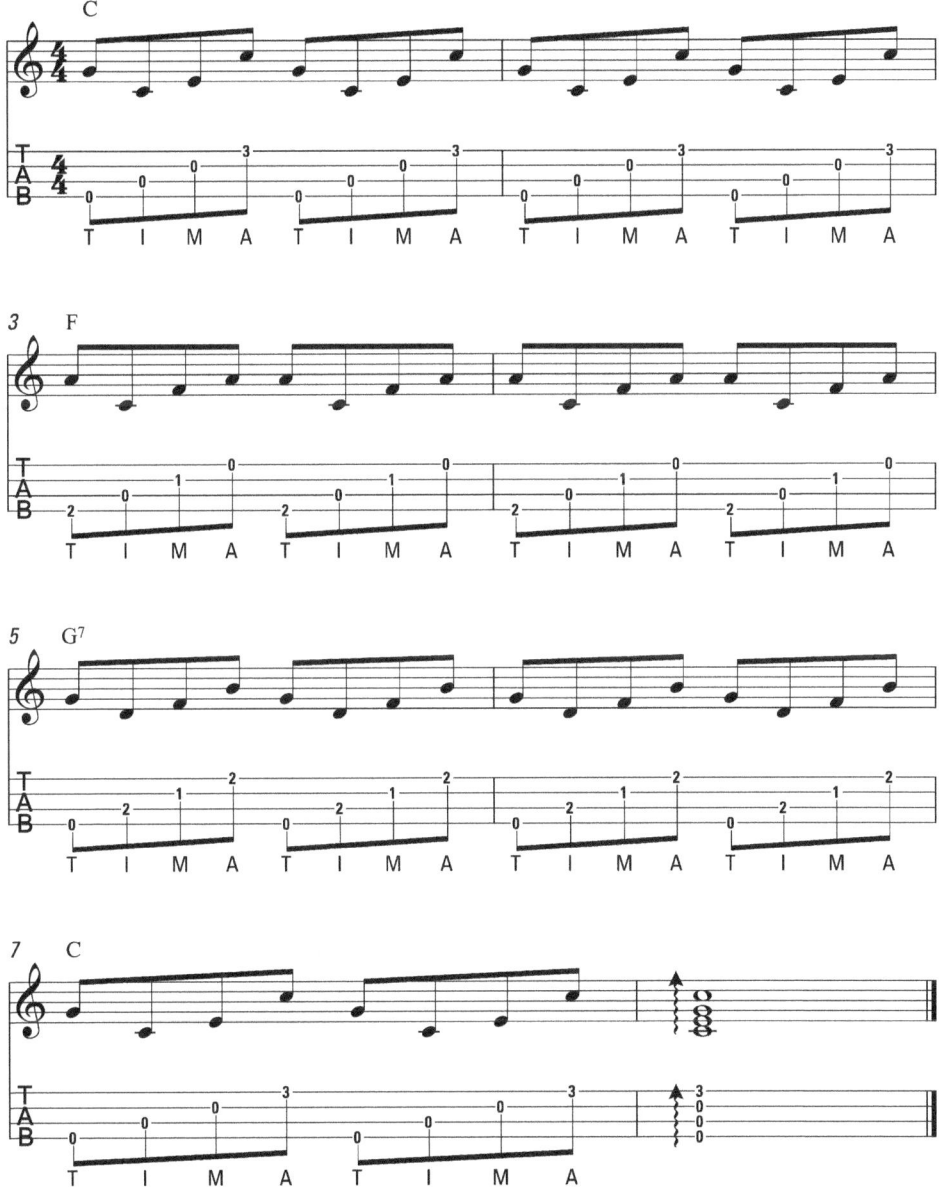

Abbildung 8.4: Das Aufwärts-Pattern mit Akkordwechsel

Auch wenn es sich hier um ein recht einfaches Muster handelt, so kann man es mithilfe der richtigen Akkorde dennoch abwechslungsreich gestalten. Da die Saiten bei der Ukulele ja rückläufig gestimmt sind (siehe Kapitel 2), hört es sich an, als würden die Noten elegant durch den Raum springen.

In Abbildung 8.5 sehen Sie die Diagramme zu einigen nicht ganz so gebräuchlichen Akkorden, die Sie bei diesem Picking-Muster einsetzen können. Jeder davon ist die Variation eines der Hauptakkorde (C, F oder G7).

C   C$^{(sus4)}$ C^6 F   F$^{(add9)}$ G^7 G$^{7(sus2)}$ G$^{7(sus4)}$

Abbildung 8.5: Akkorde, die Sie für das Beispiel in Abbildung 8.6 verwenden können

Ein Anwendungsbeispiel für all jene Akkorde finden Sie in Abbildung 8.6. Die Akkordfolge ist die gleiche wie in Abbildung 8.4 (zwei Takte C, zwei Takte F, zwei Takte G7 und dann wieder C), doch mithilfe dieser viel interessanter klingenden, neuen Akkorde klingt es nun weitaus strukturierter. Als Beispiel hören Sie sich bitte den dritten Teil von Track 27 an.

Achten Sie darauf, die Akkordformen innerhalb des Musters stets beizubehalten, sodass die Noten ineinander übergehen können.

Unsere Akkordfolge arbeitet übrigens mit einem genialen kleinen Kunstkniff. Jede Akkordvariante bringt vor dem Wechsel eine Note ins Spiel, die Teil des nächsten Akkordes ist. Ein Beispiel: Am Ende des vierten Taktes wird dem F-Akkord eine leer gespielte g-Saite hinzugefügt, um zum G-Akkord überzuleiten. Diese Technik ist eine sehr brauchbare Methode zur Gestaltung von Akkordübergängen, und sie lässt sich sowohl auf die Schlag- als auch auf die Zupftechnik anwenden.

Auf und ab, aber niemals kreuz und quer

Das Muster aus Abbildung 8.7 (Auf-und-ab-Pattern) verleiht dem bereits besprochenen Pattern noch mehr Komplexität, da es auch Notenfolgen in die entgegengesetzte Richtung enthält, also in der Tabulatur abwärts. Sie zupfen also genau wie vorher nacheinander die Saiten g, C, E und A an, dann aber geht es wieder abwärts mit der E- und danach der C-Saite (Abbildung 8.7 und Track 28, Teil 1).

Diese Technik ist schon kniffliger, weil Ihnen nicht so viel Zeit zur Vorbereitung Ihrer Finger bleibt. Kurz nachdem er zum ersten Mal eine Saite gezupft hat, muss Ihr Mittelfinger schon bereit für die nächste Aktion sein, und um das alles korrekt auszuführen, bedarf es ein wenig Übung.

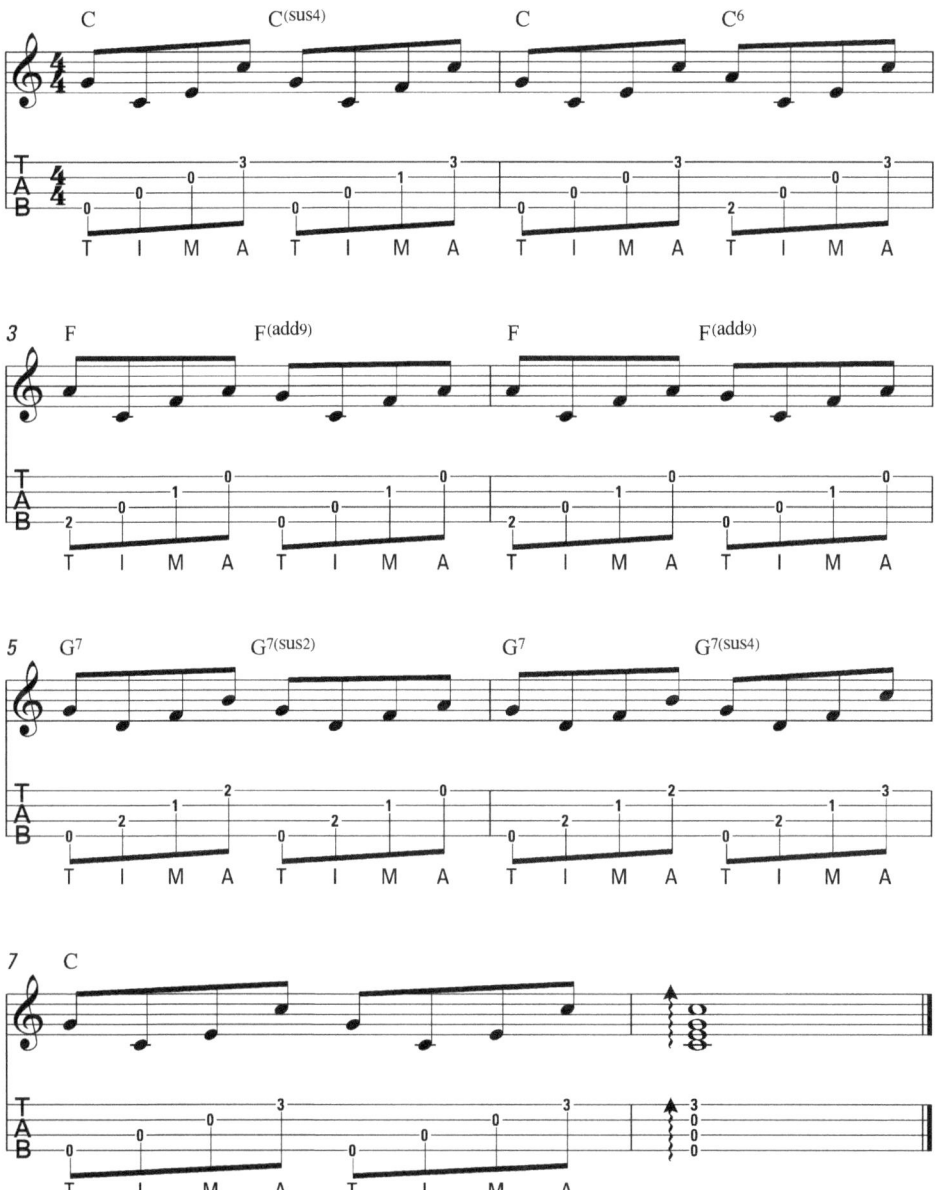

Abbildung 8.6: Das Aufwärtsmuster mit einigen nicht so gewöhnlichen Akkorden

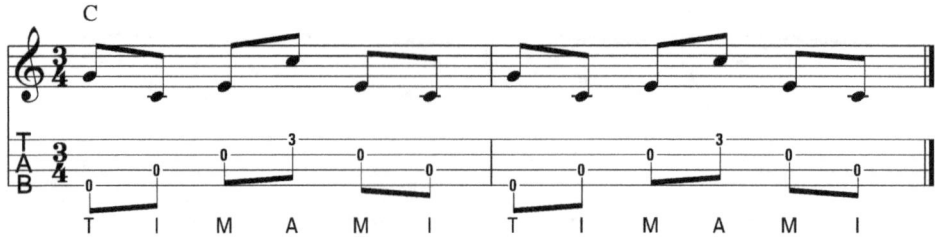

Abbildung 8.7: Das Auf-und-ab-Pattern

Das Auf-und-ab-Pattern besteht aus drei Taktschlägen; man zählt also »eins und zwei und drei und« (und das ist der 3/4-Takt, wie wir ihn in Kapitel 5 besprochen haben).

 Wenn Sie das Auf-und-ab-Pattern zu Ihrer Zufriedenheit beherrschen, können Sie sich an der Akkordfolge aus Abbildung 8.8 versuchen. Wie sie klingt, hören Sie im zweiten Teil von Track 28.

Abbildung 8.8: Das Auf-und-ab-Pattern mit mehreren Akkorden

Die Noten bekommen Gesellschaft

Bei den bisherigen Beispielen mussten Sie immer nur eine einzige Note zur gleichen Zeit spielen; jetzt bekommen einige Noten »Gesellschaft« und werden gleichzeitig mit einer anderen Note gezupft. Das ist eine meiner Lieblingsspieltechniken, weil sie sehr wirkungsvoll ist und für einen äußerst wohlklingenden Spieleffekt sorgt.

 Wenn Sie das Beispiel aus Abbildung 8.9 spielen, zupft Ihr Daumen die g-Saite an, Ihr Ringfinger gleichzeitig die im dritten Bund gegriffene A-Saite. Das Picking-Muster entspricht dem Abwärtsteil des vorangegangenen Patterns mit der Reihenfolge A, E und C. Wie es klingt, hören Sie im ersten Teil in Track 9.

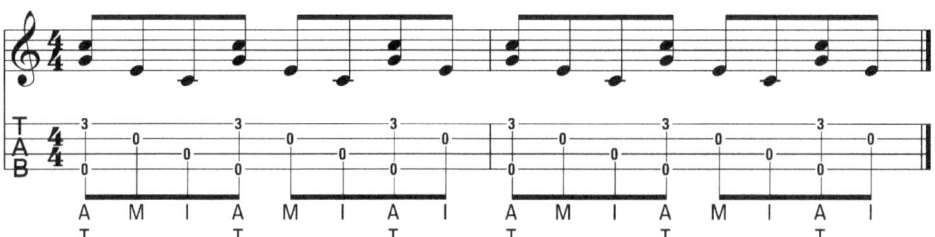

Abbildung 8.9: In diesem Beispiel werden zu Beginn einer jeden Notengruppe die g- und die A-Saite gleichzeitig gespielt.

Ein interessanter Aspekt dieses Patterns ist die Anordnung der Noten: erst eine Dreiergruppe, dann noch eine Dreiergruppe und schließlich eine Zweiergruppe. Das sorgt dafür, dass in jedem Takt eine der Offbeat-Noten (also der Noten, die beim Zählen auf das Wörtchen »und« fallen) besonders betont wird. Das nennt man das »drei gegen vier«-Schema, und es verleiht dem Pattern eine interessante und überraschende Färbung.

Um sich an diese Technik zu gewöhnen, werden Sie ein wenig üben müssen, aber glauben Sie mir, es zahlt sich aus.

 Um das Beispiel aus Abbildung 8.11 nachzuspielen, müssen Sie den gewohnten Griff für den F-Akkord leicht abwandeln. Eigentlich bleibt alles beim Alten, nur mit dem Unterschied, dass Sie zusätzlich mit dem kleinen Finger die A-Seite im dritten Bund greifen (siehe Abbildung 8.10). Um sich für diese Form des F-Akkords zu rüsten, empfiehlt es sich, mit dem kleinen Finger erst einmal die C-Saite zu drücken, das erleichtert Ihnen den Akkordwechsel. Wie sich das Ganze schließlich anhört, verrät Ihnen Teil 2 von Track 29.

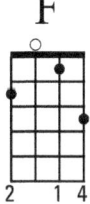

Abbildung 8.10: Die F-Akkordumkehrung

Jeder Akkord besteht aus einer bestimmten Reihe von Noten; wenn man an diesem Notenmuster etwas verändert, spricht man von einer *Umkehrung* des Akkords. Das Diagramm in Abbildung 8.10 zeigt eine solche Akkordumkehrung. Es handelt sich zwar nach wie vor um F-Dur, doch die kleine Variation, die wir eingebaut haben, sorgt für ein leicht anderes Feeling.

Mithilfe dieses Patterns können Sie auf der A-Saite kleine Melodien »komponieren«. In Abbildung 8.12 sehen Sie die gewohnten Akkorde C, G7 und F, die auf den Saiten g, C und A gegriffen werden, aber sehen Sie einmal genau hin: Bei der obersten Saite wechselt von Mal zu Mal der Bund, sodass eine Melodie entsteht. Ein Beispiel dafür finden Sie im dritten Teil von Track 29 auf der CD.

 So wie es Ihnen möglich ist, gleichzeitig mit dem Daumen und einem Finger zu zupfen, so funktioniert das Ganze natürlich auch mit zwei Fingern. Bei dem Pattern in Abbildung 8.13 (Track 20, Teil 1) sind es Zeige- und Mittelfinger, die zur gleichen Zeit eingesetzt werden. Beachten Sie auch, dass sich bei diesem Beispiel alle Finger um eine Saite nach unten verschieben: Der Daumen ist jetzt für die C-Saite zuständig, der Zeigefinger für die E-Saite und der Mittelfinger für die A-Saite.

 Sie können nun zusätzliche Akkorde hinzufügen (in diesem Fall Gm und Dm); dann erhalten Sie das Tonbeispiel aus Abbildung 8.14 (Track 30, Teil 2).

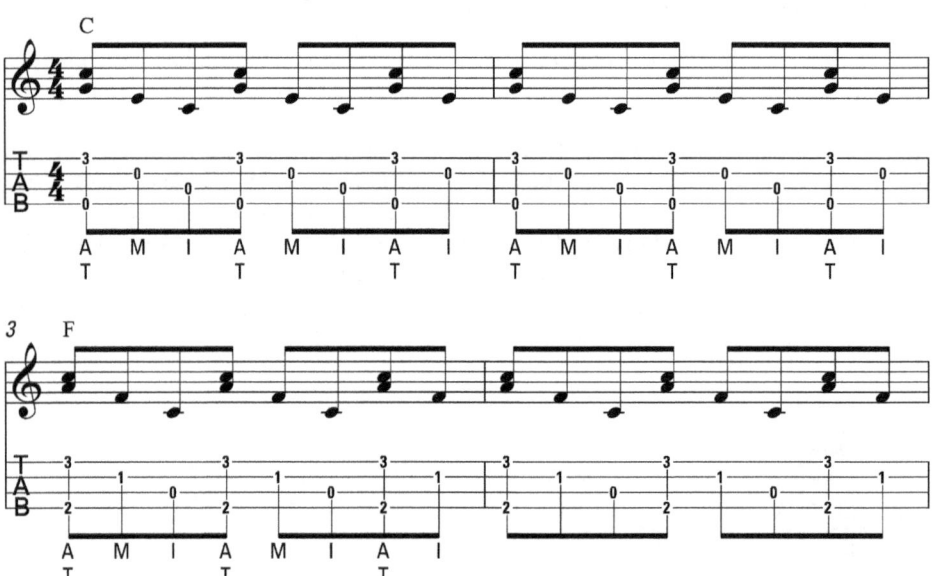

Abbildung 8.11: Picking-Pattern mit gleichzeitig gespielten Noten und Akkorden

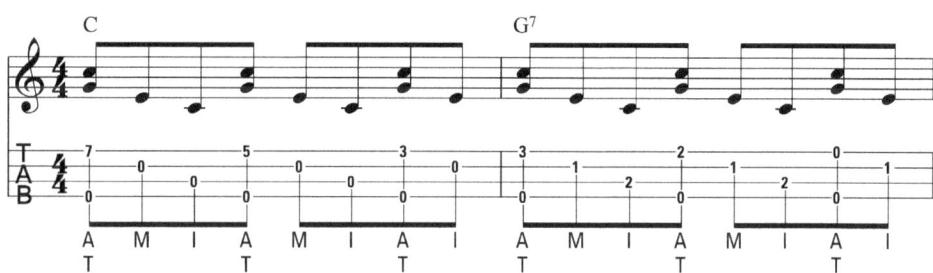

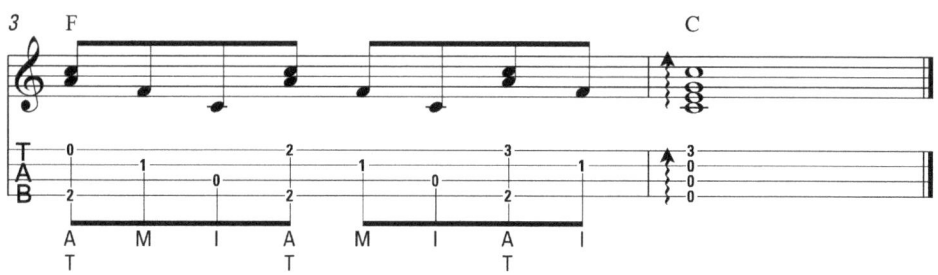

Abbildung 8.12: Picking-Pattern mit gleichzeitig gespielten Noten und Melodie

Abbildung 8.13: Ein Fingerpicking-Pattern, bei dem Zeige- und Mittelfinger die Saiten gleichzeitig zupfen

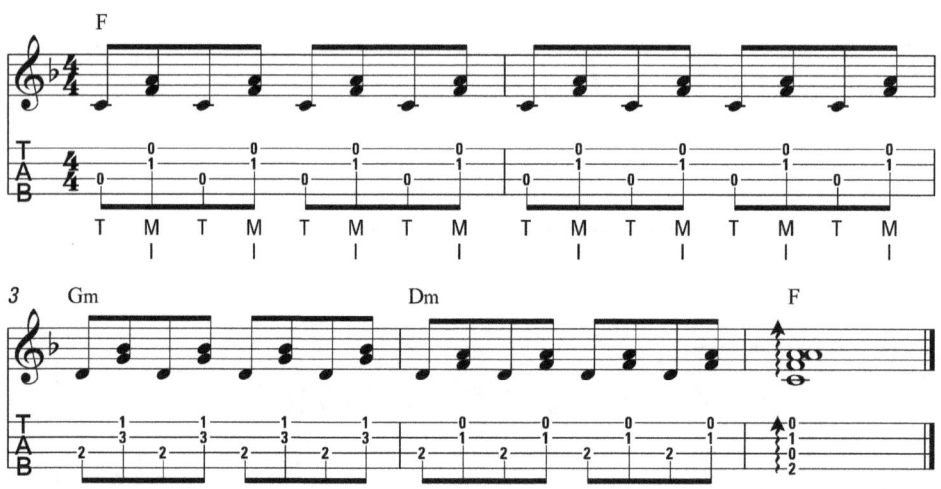

Abbildung 8.14: Fingerpicking-Pattern aus Abbildung 8.13, diesmal mit mehreren Akkorden

Jetzt wird der Daumen in die Mangel genommen

Ich hoffe, Sie haben Ihren Daumen gut aufgewärmt, denn bei der folgenden Technik hat er ganz schön zu tun.

 Wie Sie in den nächsten beiden Abbildungen sehen können, ist Ihr Daumen dabei für zwei verschiedene Saiten (g und C) im Wechsel zuständig. Dabei kann man sowohl mit der g-Saite (Abbildung 8.15; Track 31, Teil 1) als auch mit der C-Saite (Abbildung 8.16; Track 31, Teil 2) beginnen.

Dieses Muster ist so schlicht, dass man sich nicht wundern würde, käme es auf dem nächsten James-Blunt-Album vor. Doch um es sauber spielen zu können, muss Ihr Daumen eine gewisse Präzision entwickeln. Falls es Ihnen gefällt, können Sie es ja aufpeppen, indem Sie Noten zwischen den Daumenanschlägen einfügen.

Da Ihr Daumen an die g- und C-Saite »vergeben« ist, bleiben den anderen Fingern nur noch die E- und die A-Saite. Dabei verwenden Sie den Zeigefinger für die E-Saite und den Mittelfinger für die A-Saite.

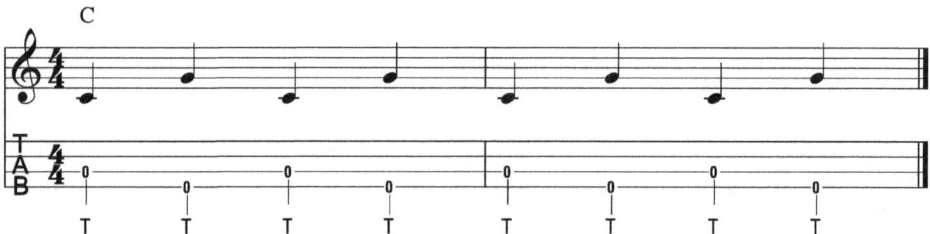

Abbildung 8.15: Der Daumen wechselt bei jedem Taktschlag die Saite.

Abbildung 8.16 gründet auf einem C-Akkord. Ihr Daumen wechselt zwischen g- und C-Saite hin und her, dazwischen zupfen Zeige- und Mittelfinger gleichzeitig die E- und A-Saiten.

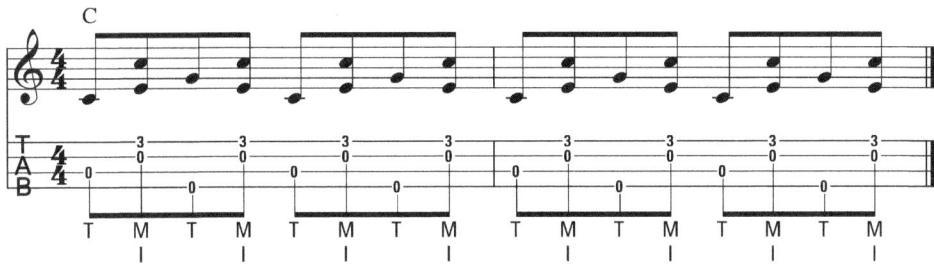

Abbildung 8.16: Picking-Pattern, bei dem sich der Daumen mit Zeige- und Mittelfinger abwechselt

Und damit es nicht so langweilig klingt, nehmen wir zum C-Akkord jetzt auch noch F und G7 hinzu (siehe Abbildung 8.17).

Abbildung 8.17: Das Picking-Pattern aus Abbildung 8.16 mit mehreren Akkorden

Wenn es noch spannender klingen soll, können Sie nicht nur den Daumen, sondern auch die beiden anderen Finger zwischen verschiedenen Saiten hin und her pendeln lassen (Abbildung 8.18).

Abbildung 8.18: Variation 1 zu unserem Picking-Pattern mit Saitenwechsel

Die Notenfolge in diesem Beispiel bewegt sich von unten nach oben, das heißt, die Töne werden innerhalb einer Vierergruppe immer höher.

 Das geht natürlich auch wieder mit mehreren Akkorden. Wir nehmen F und G7 dazu – und es entsteht das Tonbeispiel aus Abbildung 8.19 (Track 32, Teil 1).

Abbildung 8.19: Das Pattern aus Abbildung 8.18 mit verschiedenen Akkorden

Und nun lässt sich eigentlich nach Herzenslust variieren. In Abbildung 8.20 (Track 32, Teil 2) zupft der Daumen »seine« Saiten in umgekehrter Reihenfolge an:

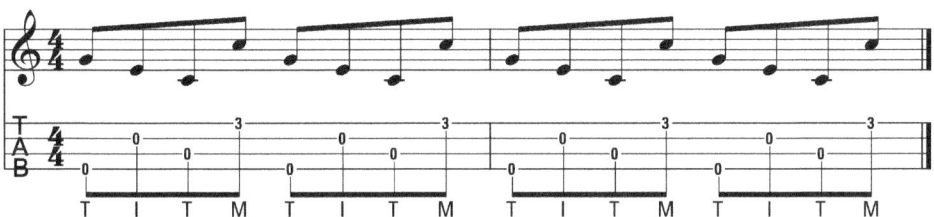

Abbildung 8.20: Variation 2 zu unserem Picking-Pattern mit Saitenwechsel

 Im nächsten Schritt ändern nun auch die anderen beiden Finger ihre Reihenfolge (Abbildung 8.21; Track 32, Teil 3):

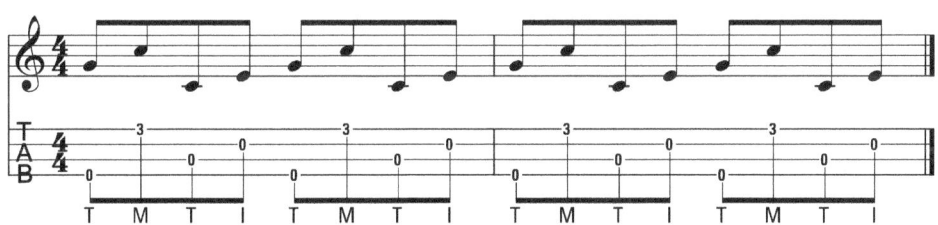

Abbildung 8.21: Variation 3 zu unserem Picking-Pattern mit Saitenwechsel

 Und schließlich gehen wir noch einen Schritt weiter und zupfen auf der zweiten Zählzeit drei Noten gleichzeitig (mit Daumen, Zeigefinger und Mittelfinger) an (Abbildung 8.22; Track 32, Teil 4):

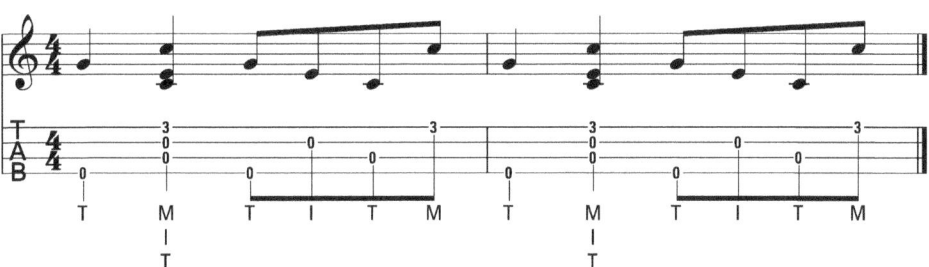

Abbildung 8.22: Variation 4 zu unserem Picking-Pattern mit Saitenwechsel

IN DIESEM KAPITEL

Lernen Sie nicht nur, beim Anschlag Melodien und Akkorde zu kombinieren ...

... sondern auch, wie das Ganze beim Finger-picking funktioniert

Kapitel 9
Beim Solospiel Melodien und Akkorde kombinieren

Wenn es ein Song geschafft hat, Musikkenner auf die Ukulele aufmerksam zu machen, dann war es Jake Shimabukuros Version der Beatles-Nummer »While My Guitar Gently Weeps« (http://ukuleledisco.com/jake). Seine hervorragende Performance deckt die gesamte Bandbreite an Schlag- und Picking-Techniken ab und inspirierte eine Menge Leute dazu, Songs für das Solospiel auf der Ukulele zu bearbeiten.

In diesem Kapitel zeigen wir Ihnen die Techniken, die Jake angewandt hat, um Akkorde und Melodie zu kombinieren. Dann können Sie bald schon ähnliche Arrangements bearbeiten und sogar selbst kreieren.

Anschlagen und zugleich Akkorde spielen

Wenn man Akkorde und Melodie verbindet, ist es wichtig, dass die Hauptbetonung auf der Melodie liegt. Sonst spielt man irgendwann nur noch ein Notenchaos, das keinen Sinn ergibt (und sofern man nicht gerade Mitglied bei »Sonic Youth« ist, ist das nicht allzu gefragt).

Daumenanschlag mit Melodie

Die einfachste Methode, um die Melodie in den Vordergrund treten zu lassen (und derer sich auch Jake Shimabukuro im Arrangement der zweiten Strophe von »While My Guitar Gently Weeps« bedient), besteht darin, den Akkord zu greifen, die Melodienote als höchste Note hinzuzufügen und dann einen Abwärtsschlag zu machen. Die letzte Note, die man spielt, wird vom Gehirn automatisch als die Melodienote interpretiert.

Beispiel gefällig? Nehmen wir noch einmal die simple Melodie von »London Bridge Is Falling Down« aus Kapitel 7 (Track 33). Die erste Melodienote greifen wir im dritten Bund der E-Saite, und der erste Akkord ist C-Dur. Wir spielen also den C-Akkord auf der g- und der C-Saite sowie die Melodienote im dritten Bund der E-Saite (siehe Abbildung 9.1).

London Bridge Is Falling Down

Abbildung 9.1: Akkorde und Melodienoten zu »London Bridge Is Falling Down«

Achten Sie beim Abschlag darauf, dass Sie die A-Saite nicht mit anschlagen – auf ihr sollte Ihr Daumen zum Stillstand kommen! Auf diese Weise verhindern Sie nicht nur, dass die A-Saite mitklingt, sondern bringen Ihren Finger auch in die richtige Position für die nächste Note (die leere A-Saite). Am besten, Sie halten diese Saite mit dem Zeigefinger fest, damit sie nicht klingen kann, und zupfen sie dann unmittelbar nach dem Abschlag an.

Im dritten Takt, beim G7-Akkord, ist es das Gleiche. Greifen Sie mit der linken Hand den Akkord und machen Sie einen Abschlag in Richtung der Melodienote, die sich in diesem Fall auf der C-Saite befindet.

Sie spielen also die g- und die C-Saite mit dem Daumen, der dann auf der E-Saite zu liegen kommt, um die nächste Melodienote zu spielen.

Der Akkordanschlag sollte, während Sie die Melodienote zupfen, noch immer nachklingen – er bildet den perfekten Hintergrund-Sound.

 Besonders gut lässt sich dieses Prinzip bei dem Song »Amazing Grace« einsetzen (Abbildung 9.2, Track 34). Die Grundtechnik ist genau die gleiche, allerdings müssen Sie drei weitere Elemente beachten:

Amazing Grace

Abbildung 9.2: Melodie und Akkorde von »Amazing Grace«

✔ Das erste Element ist der Auftakt. Er besteht aus der Note C, die Sie ganz vorne, gleich hinter der Taktvorgabe sehen können. Der Song selbst besteht aus drei Schlägen pro Takt (3/4-Takt), aber dieser eine Taktschlag leitet zum eigentlichen Beginn des Stückes hin. Die Auftaktnote wird einzeln gezupft.

Danach werden zu Beginn eines jeden Takes verschiedene Saiten angeschlagen, gefolgt von der Melodienote, die aber nur den halben Notenwert umfasst.

✔ Der zweite neue Aspekt: Im zweiten Takt wird ein voller Akkord gespielt (es werden also alle Saiten angeschlagen), wobei die Melodienote die auf der A-Saite ist. Diesmal muss Ihr Daumen also nicht gestoppt werden.

✔ Auf den dritten und letzten neuen Aspekt stoßen Sie in Takt 14 – nämlich auf eine Akkorderweiterung. Normalerweise geht der C7-Griff so: Sie spielen die ersten drei Saiten leer und fügen dann die leere A-Saite für die Melodienote hinzu. In diesem Fall ginge Ihnen aber das B verloren, und das wäre schade, da es dem Song vor seiner Auflösung eine interessante Spannung verleiht. Aus diesem Grund fügen wir diese Note wieder hinzu, indem wir in unserem Beispiel die g-Saite im dritten Bund greifen.

Aufwärtsschläge hinzufügen

Bei den Beispielen aus Abbildung 9.1 und Abbildung 9.2 haben wir ausschließlich mit Abwärtsschlägen gearbeitet. Man kann aber ebenso gut Aufwärtsschläge einsetzen, die es möglich machen, weitere Noten auf dem Griffbrett in unser Stück einzubauen. Wie das funktioniert, sehen Sie in Abbildung 9.3 an dem Song »In the Pines« (einem alten Traditional, das durch Leadbelly bekannt wurde und später von der Band Nirvana unter dem Titel »Where Did You Sleep Last Night« neu aufgenommen wurde, Track 35).

Die Regeln für den Gebrauch von Aufwärtsschlägen sind genau die gleichen: Greifen Sie den Akkord und schlagen Sie als Letztes die Melodienote an. Einen Unterschied werden Sie aber sofort bemerken: Es ist schwer, bei einem Aufwärtsschlag den Daumen entsprechend präzise einzusetzen, deshalb empfiehlt es sich in diesem Fall, den Zeigefinger zu benutzen.

Achten Sie darauf, dass Ihr Zeigefinger ganz entspannt ist, während Sie den Aufwärtsschlag durchführen. Es sollte ziemlich genauso klingen, als hätten Sie den Daumen verwendet. Je mehr Sie Ihren Finger versteifen, umso härter und »unfreundlicher« klingt es.

In the Pines

Abbildung 9.3: Melodie und Akkorde zu dem Song »In the Pines«

Anschläge zwischen den Melodienoten

Diese Technik ist gewissermaßen das Gegenteil von der Methode, die ich Ihnen in dem Abschnitt »Daumenanschlag mit Melodie« vorgestellt habe. In diesem Fall sind es die Leerstellen zwischen den Melodienoten, in denen ganze Akkorde gespielt werden, anstatt sie gemeinsam mit den Noten anzuschlagen.

Jede dieser beiden Techniken hat ihre Stärken. Die Aufschlagtechnik eignet sich vor allem für sehr melodische Songs wie »Amazing Grace« und »While My Guitar Gently Weeps«, während der Stil mit den Anschlägen zwischen den Noten hauptsächlich bei rhythmischen Songs wie »When the Saints Go Marching In « (Abbildung 9.4, Track 36) gut funktioniert (da es ja die Anschläge sind, von denen der Rhythmus getragen wird).

When the Saints Go Marching In

Abbildung 9.4: Melodie und Akkorde zu dem Song »When the Saints Go Marching In«

Dieser Stil ist um einiges offensiver; verwenden Sie daher für das Picking lieber Ihre Finger als den Daumen. Die gezupften Noten erzeugen Sie mit Aufwärtsbewegungen (also in Richtung Ihres Gesichtes), aber leicht vom Korpus der Ukulele abgewinkelt, sodass Ihr Finger sofort auf der Nachbarsaite landet (Beispiel: Sie zupfen die C-Saite an, der Finger berührt daraufhin die g-Saite). In unserem Beispiel verwende ich ausschließlich den Zeigefinger, doch wenn Sie einmal mit der Running-Man-Technik vertraut sind (was das ist, steht in Kapitel 10), sollten Sie auf jeden Fall auf diesen Stil zurückgreifen.

Für die Akkordanschläge benutzen Sie wie gewohnt den Zeigefinger.

Melodiespiel mit Fingeranschlägen

Am Ende der zweiten Strophe seines Arrangements von »While My Guitar Gently Weeps« geht Jake Shimabukuro von reinen Daumenanschlägen zu Anschlägen mit allen Fingern über. Die Anordnung der Töne bleibt dabei die gleiche – man schlägt den Akkord an und lässt die Melodienote als Letztes erklingen (siehe den Abschnitt »Daumenanschlag mit Melodie«), bedient sich dabei jedoch des gewohnten regelmäßigen Anschlags, wie wir ihn von unseren üblichen Akkorden her gewohnt sind.

 Der Vorteil dieses Stils besteht darin, dass er eine Menge Energie und Klangvolumen transportiert. Der Nachteil ist, dass die Melodie nicht so deutlich hervortritt. Die Technik eignet sich gut für Songs mit einfacher Akkordstruktur und einer frechen Melodie, wodurch sie anwendbar wird für die meisten amerikanischen Traditionals wie zum Beispiel »I'll Fly Away« (Abbildung 9.5, Track 37).

Die Akkorde, die wir dabei verwenden, sind C und F, die Melodie ist die gleiche wie in Kapitel 7, wurde jedoch neu arrangiert, sodass die Melodienoten so oft wie möglich nur auf der A-Saite gespielt werden. Dadurch können Sie die anderen drei Saiten während eines Großteils des Stücks einfach leer anschlagen.

Der einzige Takt, bei dem dies nicht der Fall ist, ist Takt 4. Dort verlagert sich die Melodieführung auf die dritte Saite, das heißt, Sie müssen jetzt dafür sorgen, dass die A-Saite nicht mitklingt, was Sie erreichen, indem Sie mit dem Zeigefinger (der Greifhand) die Saite berühren. Dabei muss der Druck des Zeigefingers zwar stark genug sein, damit die Saite auch tatsächlich nicht klingt, aber auch nicht so stark, dass sie gegriffen wird.

I'll Fly Away

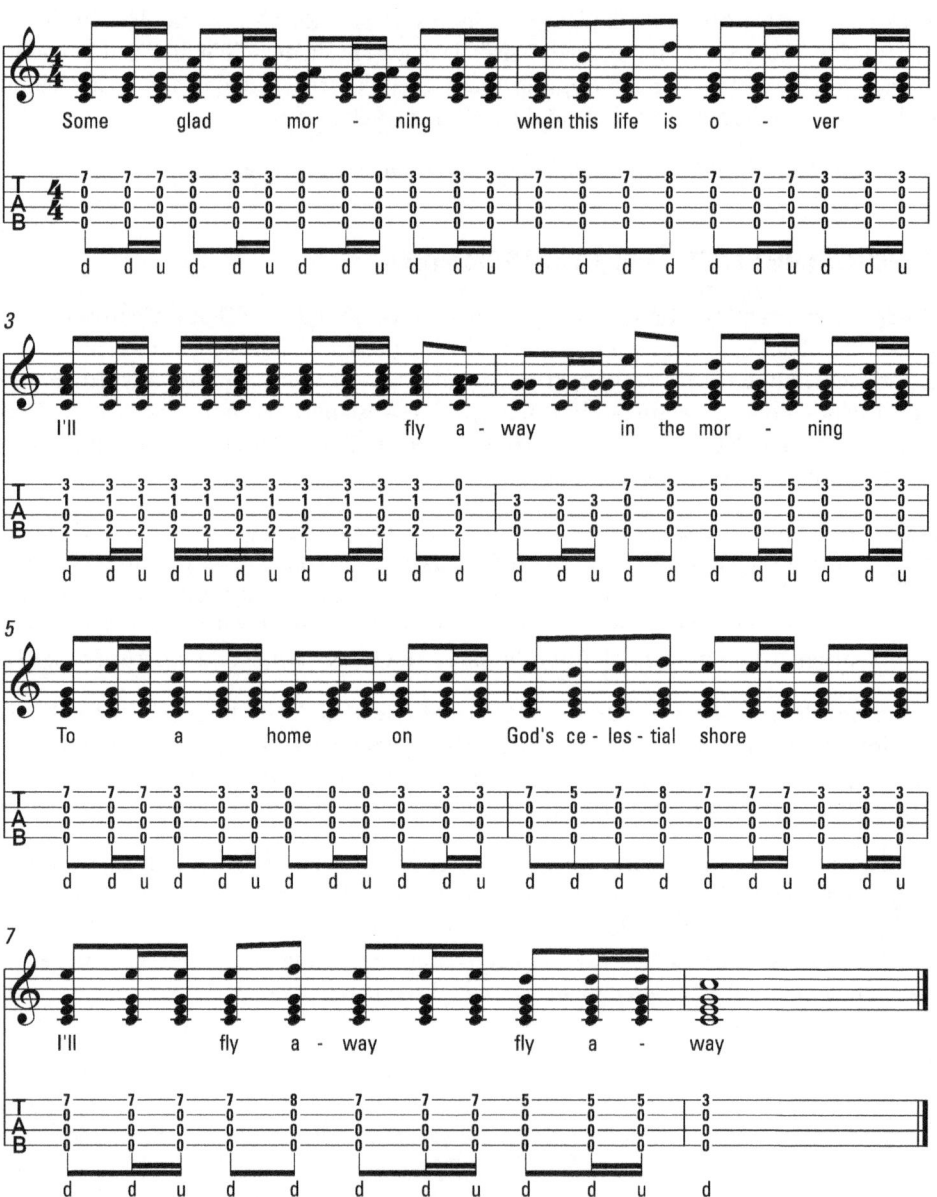

Abbildung 9.5: Melodie und Akkorde zu »I'll Fly Away«

Melodien und Akkorde zupfen

Fingerpicking-Techniken (wie ich Sie in Kapitel 8 beschrieben habe) lassen sich auch auf das Melodie- und Akkordspiel anwenden. Die spezielle Fingerpicking-Technik, die wir in diesem Abschnitt besprechen, benutzt Jake Shimabukuro in seiner Bearbeitung des Songs »While My Guitar Gently Weeps«. Bei dieser Methode klingt der Sound zarter und nuancierter als bei der Anschlagtechnik. Somit eignet sie sich vor allem für stillere und nachdenklichere Musikpassagen.

Der »gefakte« Anschlag

Ja, man kann Anschläge auch faken – und zwar genau mit dieser Methode! Sie ähnelt in vielerlei Hinsicht dem Daumenanschlag, nur mit dem Unterschied, dass wir die Fingerpicking-Technik einsetzen, um etwas nach Anschlag klingen zu lassen, was streng genommen gar keiner ist.

Um einen solchen »Schummel-Anschlag« auszuführen, teilen wir zunächst einmal jedem Finger eine Saite zu: Der Daumen bekommt die g-, der Zeigefinger die C-, der Mittelfinger die E- und der Ringfinger die A-Saite. Dann zupfen wir sie alle nacheinander in dieser Reihenfolge an. Das machen wir am Anfang ganz langsam, steigern jedoch unser Tempo im Laufe der Zeit immer mehr, bis sich das Ganze nach einem Abwärtsschlag anhört.

Sie fragen sich jetzt vermutlich: Warum soll ich dann nicht gleich einen ganz normalen Abwärtsschlag durchführen? Antwort: Weil der »gefakete« Anschlag zwei große Vorteile hat:

✔ Ihre Finger befinden sich stets in der richtigen Position für das Melodie-Picking.

✔ Sie haben die Dynamik (sprich: Lautstärke) fortwährend unter Kontrolle.

Fingerpicking zum Kombinieren von Melodie und Akkorden

Viele der Fingerpicking-Patterns aus Kapitel 8 lassen sich auf sehr wirkungsvolle Weise dazu einsetzen, Melodie und Akkorde zu kombinieren. Bei dem Beispiel aus Abbildung 8.6 (Track 38) wechselt der Daumen wieder zwischen zwei Saiten hin und her, wie wir es aus Kapitel 8 kennen – und zwar zwischen der g- und der C-Saite, während Ihr Zeige- und Mittelfinger auf der E- beziehungsweise A-Saite die Melodienoten zupft.

Freight Train

Abbildung 9.6: Melodie und Akkorde für den Song »Freight Train«

IN DIESEM KAPITEL

Lernen Sie einige sehr wirkungsvolle Techniken für die Greifhand kennen

Üben Sie sich erstmals im Fingerpicking-Solospiel

Erfinden Sie vielleicht sogar Ihr erstes eigenes Solo

Kapitel 10
Coole Solotechniken für passionierte Picker

I n den letzten Jahren ist die Ukulele schon fast zu einer kleinen Berühmtheit geworden. Immer häufiger wird sie als Leadinstrument für Solos eingesetzt, und das verdanken wir dem Emporkommen großer Ukulele-Bands wie zum Beispiel dem Ukulele Orchestra of Great Britain oder dem Wellington International Ukulele Orchestra. Solos auf der Ukulele ... klingt das nicht verlockend? Bestimmt wollen Sie es selbst mal ausprobieren. In diesem Kapitel lernen Sie einige großartige Techniken kennen (sowohl für die Greif- als auch für die Schlaghand), mit denen Ihr Spiel zu einem kleinen Kunstwerk werden kann; außerdem zeige ich Ihnen, wie einfach es ist, mit den Noten eines Akkordes oder einer bestimmten Tonleiter eigene Solos zu kreieren.

Die Ukulele ist ihrer Natur nach eigentlich nicht als Leadinstrument gedacht, da sie im Vergleich zu anderen Instrumenten relativ leise ist und ihre Töne eine geringe *Ausklingzeit* haben (so nennt man den Zeitraum vom Anschlag bis zum völligen Verstummen einer Note). Falls Sie die Uku also als Leadinstrument einsetzen wollen, empfiehlt es sich, auf eine größere Tenor-Ukulele zurückzugreifen. Der Tenor-Sound erlaubt Ihnen etwas mehr Lautstärke, die Saiten klingen länger nach, und Sie haben bei Ihren Solos mehr Spielraum zum Improvisieren.

Auch die Greifhand kann den Sound bestimmen

Bisher war es immer Ihre Schlaghand, die für den Sound verantwortlich war – Sie haben entweder ganze Akkorde angeschlagen oder einzelne Noten gezupft (Kapitel 4, 5 und 8). Aber auch die Greifhand kann eine Menge zum Sound beitragen und dabei die Schlaghand sogar entlasten. Es gibt einige Techniken, mit denen man für reibungslose Übergänge sorgen und dem Spiel völlig neue und interessantere Strukturen verleihen kann.

Diese Techniken der Greifhand nennt man *Artikulationen*, und der Begriff ist sehr treffend gewählt – schließlich ist es Sinn und Zweck eines jeden Solos, dem Klang der menschlichen Stimme so nahe wie möglich zu kommen. Und dass wir auf Stimmen sehr emotional reagieren, das steckt seit Jahrhunderten in uns. Wenn wir singen, vibrieren unsere Stimmbänder, wir spielen mit den Lauten, lassen Töne ineinander überfließen und so weiter. Wenn uns das auf unserem Instrument ebenso gelingt, haben wir es schon zu einer gewissen Meisterschaft gebracht.

Das Hammering

Das Hammering ist eine Methode, um blitzschnell von einer tieferen zu einer höheren Note zu wechseln. Und es ist gar nicht mal so schwer:

1. **Zupfen Sie die Saite wie gewohnt an (im Fall von Abbildung 10.1 handelt es sich um die C-Saite).**

2. **Lassen Sie die Saite weiterklingen, während Sie nun mit dem Ringfinger der Greifhand aus einer Entfernung von etwa einem halben Zentimeter von oben auf die Saite klopfen (»hämmern«) – in unserem Fall wäre dies im dritten Bund.**

    Die Kraft, die Sie dabei auf die Saite ausüben, kommt in diesem Fall nicht aus dem Handgelenk, sondern aus dem Fingerknöchel. Der Finger liegt danach so auf der Saite, als hätte er sie ganz normal gegriffen.

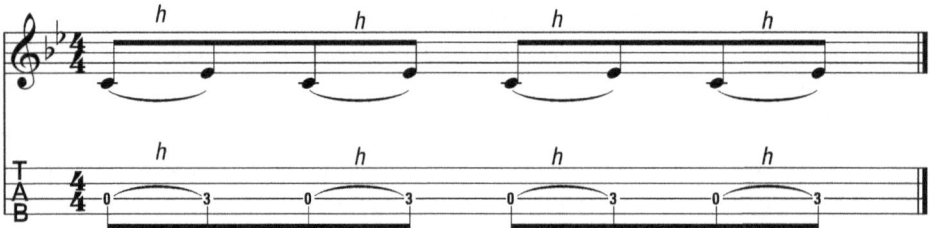

Abbildung 10.1: Hammering bei leer angeschlagenen Saiten

Der Begriff »Hammering« ist sehr passend, weil Ihr Finger dabei tatsächlich wie eine Art Hammer wirkt, indem er rasch und fest von oben auf die Saite einwirkt. In der Tabulatur werden Hammering-Stellen mit einem Bogen zwischen zwei Noten gekennzeichnet, über dem ein »h« steht.

 Wichtig beim Hammering ist: Die Saite muss wirklich laut genug klingen, damit man den Unterschied zum Ausgangston hören kann. Bei einem sauberen und festen Anschlag ist das kein Problem.

Auch gegriffene Saiten lassen sich »hammern«. Die Technik ist dabei genau die gleiche, nur dass die betreffende Saite zuvor eben nicht leer gespielt, sondern gegriffen wird. Die beiden Hammering-Arten sehen Sie in Abbildung 10.2 (Track 39, Teil 1).

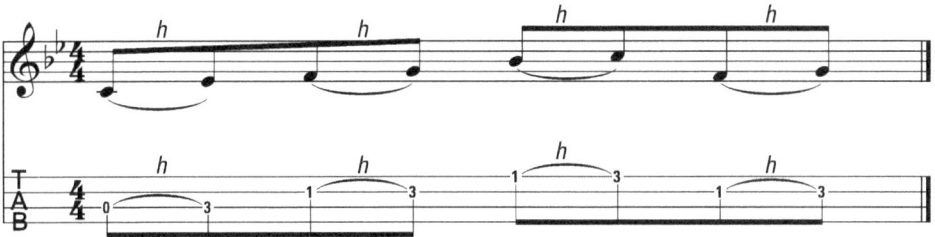

Abbildung 10.2: Hammering bei leer angeschlagenen und bei gegriffenen Saiten

Sehr wirkungsvoll lässt sich die Hammering-Technik bei ganzen Akkorden einsetzen: Man schlägt die betreffenden Saiten erst leer an, dann hammert man alle Noten gleichzeitig. Sehen Sie sich dazu Abbildung 10.3 an (Track 39, Teil 2): Erst werden die Saiten leer gespielt, dann hammern Ihre Finger den F-Dur-Akkord. Der Rest des Taktes wird dann ganz normal gespielt.

Abbildung 10.3: Die Hammering-Technik bei einem ganzen Akkord

Natürlich kann man es auch so machen, dass man bestimmte Saiten von vornherein greift, andere wiederum nicht, um sie danach zu hammern – in Teilakkord-Hammering also. Beispiel: Man greift beim F-Akkord nur die E-Saite, macht einen Anschlag und hammert dann im zweiten Bund auf die g-Saite. In Abbildung 10.4 (Track 39, Teil 3) sehen Sie eine auf den Noten F und A basierende Akkordfolge mit Hammering (wie Sie häufig von Zach Condon von der Band Beirut eingesetzt wird).

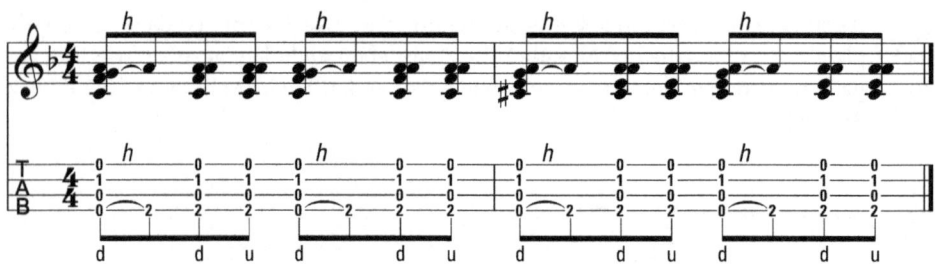

Abbildung 10.4: Teilakkord-Hammering

Das Pulling (Pull-off)

Das Pulling (oder Pull-off) ist genau das Gegenteil vom Hammering. Diesmal verwandeln wir nicht eine tiefere in eine höhere Note, sondern umgekehrt, und zwar, indem wir den Finger von der bereits angeschlagenen Saite abziehen. In Abbildung 10.5 (Track 40, Teil 1) sehen Sie genau, wie das geht:

1. **Greifen Sie die A-Saite wie gewohnt mit dem Ringfinger im dritten Bund.**

2. **Machen Sie Ihren Zeigefinger bereit, indem Sie mit ihm die A-Saite im ersten Bund greifen. Der Ringfinger bleibt dabei, wo er ist.**

3. **Zupfen Sie die A-Saite an.**

4. **Während die Note ertönt, ziehen Sie die Saite mit dem Ringfinger leicht abwärts und lassen sie dann los. Der Zeigefinger greift dabei nach wie vor im ersten Bund.**

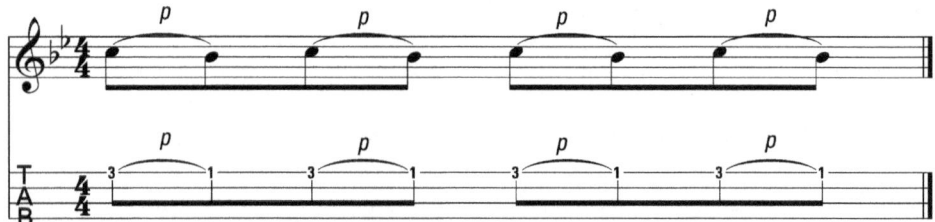

Abbildung 10.5: Das Pulling (Pull-off) in der Tabulatur

In den Tabs erkennen Sie das Pull-off an einem Bogen, über dem ein »p« steht.

Sie werden die bittere Erfahrung machen, dass im Notenurwald dieses »h« (Hammering) oder »p« (Pulling) nicht immer vermerkt ist. Aber auch da gibt es eine Merkregel: Ist die zweite der beiden mit einem Bogen verbundenen Noten höher als die erste, handelt es sich um Hammering, ist sie tiefer, handelt es sich um Pulling. Falls es die gleiche Note ist, haben Sie es mit einem ganz normalen Haltebogen zu tun (siehe Kapitel 7).

Beim Pull-off sollten Sie darauf achten, dass Sie den Finger nicht nach oben, sondern seitlich wegziehen, fast so, als wollten Sie die Saite anzupfen. Dadurch erklingt der Zielton lauter, und die Wirkung ist größer.

 Man kann die Hammering- und Pulling-Technik auch wunderbar miteinander kombinieren. Ein Beispiel dafür sehen Sie in Abbildung 10.6 (Track 40, Teil 2).

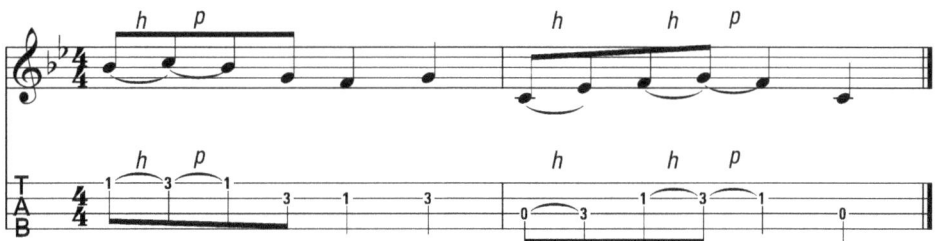

Abbildung 10.6: Kombination aus Hammering und Pulling

Das Sliding

»Sliding« bedeutet »gleiten«, und das verrät uns eigentlich schon das Wichtigste über diese Technik. Diesmal geht es senkrecht den Ukulele-Hals entlang, indem wir den Greiffinger entweder nach unten oder nach oben gleiten lassen. Das Gute an dieser Technik ist, dass man nahtlos eine Note in die andere übergehen lassen kann, auch wenn sie nicht in direkter Nachbarschaft liegt. In den folgenden vier Abschnitten werde ich Ihnen eine ganze Reihe von Sliding-Techniken erklären.

Aufwärts-Sliding (Sliding up)

Das Aufwärts-Sliding (siehe Abbildung 10.7) funktioniert wie folgt:

1. **Sie greifen wie gewohnt die Ausgangsnote (in unserem Fall die C-Saite im fünften Bund) und zupfen sie an.**

2. **Bei den meisten Leuten klappt das anfangs am besten mit dem Mittelfinger, deshalb empfehlen wir Ihnen, auch so zu beginnen.**

3. **Der Druck Ihres Fingers auf die Saiten darf dabei nicht nachlassen, der Finger muss auch auf dem Zielbund die gewohnte Griffposition einnehmen. Die Bewegung sollte dabei aus dem Ellbogen kommen (so als würde Ihre Hand sich auf dem Griffbrett hin und her bewegen, ohne zu »sliden«) und Ihre Handstellung unverändert bleiben.**

4. **Haben Sie den Zielbund erreicht, lassen Sie die Note »nachklingen«. In unserem Beispiel wäre das die E-Saite in Bund 7.**

Abbildung 10.7: Aufwärts-Sliding in der Tabulatur

In der Tabulatur verrät Ihnen eine schräge Linie zwischen den betreffenden Noten, dass geslidet werden soll.

Achten Sie darauf, dass Ihre Gleitbewegungen flink und glatt verlaufen! Es darf keine »Einbrüche« im Sound geben, alles muss wie aus einem Guss klingen. Die einzelnen Zwischennoten darf man nicht heraushören, sonst wäre das ein *Glissando*, und das ist wieder etwas völlig anderes.

Abwärts-Sliding (Sliding down)

Sliden kann man von einer tieferen zu einer höheren Note, aber es geht natürlich auch umgekehrt. Das nennt man dann Abwärts-Sliding, und in Abbildung 10.8 sehen Sie ein Beispiel dafür: Die Talfahrt geht vom siebten in den fünften Bund. Auch hier benutzen wir in der Tabulatur eine schräge Linie, die aber jetzt von links oben nach rechts unten verläuft.

Abbildung 10.8: Abwärts-Sliding in der Tabulatur

Natürlich kann man auch beide Sliding-Formen (aufwärts und abwärts) miteinander kombinieren, dann geht es in einem Zug mal rauf, mal runter wie in Abbildung 10.9 (Track 41, Teil 1).

Abbildung 10.9: Kombination aus Aufwärts- und Abwärts-Sliding (Sliding up und Sliding down)

Das Sliding in

Beim Sliding in gleitet man einfach in eine Note hinein, um ihr einen besonderen Nachdruck zu verleihen. Der Unterschied zu den anderen Sliding-Arten besteht darin, dass nicht festgelegt ist, bei welcher Ausgangsnote man beginnt. Das Sliding kommt gewissermaßen aus dem Nichts. Hier das Rezept:

1. **Setzen Sie mit dem Slide-Finger zwei Bünde unterhalb der Zielnote an.**

   In Abbildung 10.10 ist das der fünfte Bund. Aber diese zwei Bünde Abstand sind nur ein Vorschlag, der sich zunächst am besten dazu eignet, diese Technik zu perfektionieren. Wenn Sie den Bogen erst einmal raushaben, können Sie auch größere oder kleinere Bundabstände wählen.

2. **Machen Sie ein »Sliding up« hin zur Zielnote.**

3. **Zupfen Sie die Note an, und zwar im Bruchteil einer Sekunde nach Beginn des Slidings.**

4. **Wenn Sie die Zielnote erreicht haben, lassen Sie sie einfach ausklingen.**

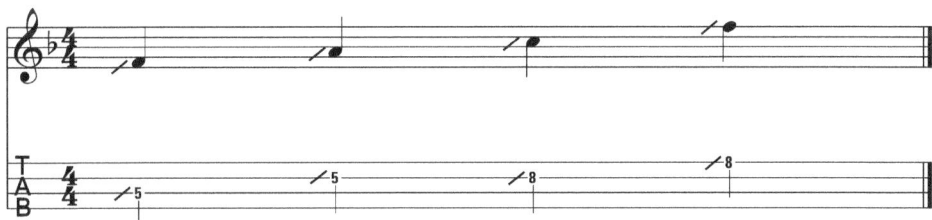

Abbildung 10.10: Ein paar Beispiele dafür, wie man in eine Note »hineingleitet«

Zupfen Sie die Note erst an, nachdem Sie mit Sliden begonnen haben, denn nur so klingt es, als käme die Note aus dem Nichts.

Und natürlich funktioniert auch diese Technik in beiden Richtungen, also sowohl von tiefer nach höher als auch von höher nach tiefer.

Das Sliding out

So wie man in eine Note hineingleiten kann, kann man natürlich auch wieder aus ihr herausgleiten. In Abbildung 10.11 (Track 41, Teil 2) sehen Sie das am Beispiel der E-Saite im achten Bund. Und hier steht, wie es geht:

1. **Greifen und spielen Sie die Note ganz wie gewohnt.**

2. **Gleiten Sie dann mit dem Finger abwärts (also auf dem Ukulele-Hals nach oben) und lockern Sie beim Sliden allmählich den Druck.**

3. **Zuletzt greifen Sie die Saite gar nicht mehr, sondern lassen sie einfach los, sodass sie nicht mehr zu hören ist (der Bundabstand sei Ihnen überlassen, aber die Regel sind zwei bis vier Bünde).**

4. **Hören Sie auf zu sliden.**

Abbildung 10.11: Eine Tonfolge mit Sliding in und Sliding out

Das Sliding out geht auch von tief nach hoch, Sie müssen nur die Richtung ändern.

 Verringern Sie den Druck Ihres Fingers auf die Saite ganz allmählich, während Sie »aus der Note sliden«. Das führt dazu, dass der Ton so langsam verebbt, dass man das Ende des Slidings nicht hören kann.

 Wie bei jeder Solotechnik ist es auch beim Sliding wichtig, dass man es entsprechend sparsam einsetzt. Das Hineingleiten in eine Note ist eine hervorragende Methode zum Auftakt einer Tonfolge, der man durch das Hinausgleiten erneut einen ganz besonderen Touch verleiht.

Das Bending

Wie spielt man ein sogenanntes Bending? Man greift eine Saite und verschiebt den Finger nicht längs über den Ukulele-Hals, sondern auf die nächstgelegene Saite zu. Dadurch erhöht sich die Spannung, die man auf die Saite ausübt, und sie ertönt höher. Das lässt sich in etwa vergleichen mit dem Drehen an einem der Stimmwirbel, bei dem man die Saite hinaufstimmt und somit ebenfalls ihre Tonhöhe steigert (siehe Kapitel 2 über das richtige Stimmen).

Hier wieder die Gebrauchsanweisung:

1. **Greifen Sie die Note mit dem Ringfinger, platzieren Sie aber gleichzeitig auch Zeige- und Mittelfinger auf derselben Saite.**

   Diese Finger dienen nur zur Unterstützung.

2. **Zupfen Sie die Saite an.**

3. **Bei der A- und der E-Saite sollte die Bewegung jeweils nach oben, also auf Sie zu erfolgen (siehe Abbildung 10.12).**

4. **Bei der g- und C-Saite geht die Bewegung hingegen abwärts, also in Richtung Fußboden.**

5. **Dehnen Sie die Saite, bis die gewünschte Tonhöhe erreicht ist, und lockern Sie den Griff nicht!**

Abbildung 10.12: Die Handstellung beim Bending

  Vorsicht! Bei Stahlsaiteninstrumenten ist das Bending eine gefahrlose Sache, bei der Ukulele jedoch besteht ein gewisses Risiko, da Nylonsaiten es nicht so mögen, wenn man sie dehnt. Wenden Sie diese Technik also nur mit Fingerspitzengefühl an.

In der Tabulatur erkennt man den Hinweis auf Bending an einer gebogenen Linie, über der eine Zahl steht (Abbildung 10.13). Diese Zahl kennzeichnet den Tonabstand, der zwischen Ausgangs- und Endnote bestehen soll. Finden wir also den Bruch »1/2«, so bedeutet das: Es muss um einen Halbton erhöht werden (was dem nächsthöheren Bund entspräche). Stoßen wir auf die Anmerkung »full«, so entspricht dies einem Ganzton (also zwei Bünden). In Abbildung 10.13 finden sich sowohl ein Halb- als auch ein Ganztonschritt.

In der Standardnotation wird das Bending durch einen eher eckigen Bogen zwischen Ausgangs- und Zielnote gekennzeichnet.

  Platzieren Sie auch den Daumen auf der oberen Seite des Griffbretts, um den Fingern noch mehr Stabilität zu verleihen.

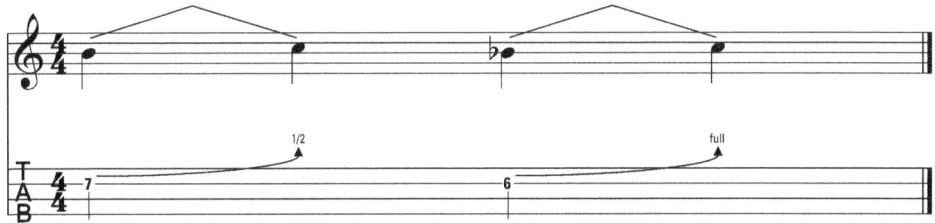

Abbildung 10.13: Halb- und Ganztonschritte in der Standardnotation und der Tabulatur

Wenn Sie sich im Bending üben wollen, spielen Sie die Zielnote erst einmal ganz normal auf dem Griffbrett, um sich ihren Ton einzuprägen. Erst dann sollten Sie versuchen, die gleiche Note mithilfe von Bending zum Klingen zu bringen. In Abbildung 10.14 (Track 42) zum Beispiel spielen Sie eine Note erst im achten Bund, dann gehen Sie in den siebten Bund und versuchen beim Bending, diesen Halbtonschritt so hinzukriegen, dass die Zielnote genauso klingt wie die im achten Bund.

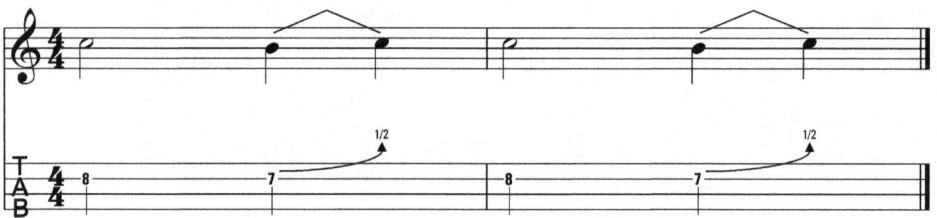

Abbildung 10.14: Eine Bending-Übung, näher erläutert in der Tabulatur

Wie man ein Vibrato erzeugt

Ein *Vibrato* ist eine Art Triller zum Schluss einer Note, der sehr an die menschliche Stimme erinnert, also eine Art rasches Hin-und-her-Vibrieren zwischen zwei Tönen, die sich in ihrer Tonhöhe nur geringfügig unterscheiden. In der Tabulatur erkennt man es an einer geringelten Linie (Abbildung 10.15). Experimentieren Sie ruhig mit dem Vibrato! Sobald Sie das Gefühl haben, an dieser oder jener Stelle könnte es super klingen, machen Sie einfach Gebrauch davon! Manchmal wird das Vibrato in der Notation (oder Tabulatur) gar nicht erst angezeigt, da es ohnehin zum täglichen Standardrepertoire eines jeden Musikers gehört, der es auf seine ganz individuelle Weise einsetzt.

Abbildung 10.15: Vibrato in der Tabulatur

Es gibt zwei Möglichkeiten, ein Vibrato zu erzeugen:

✔ **Bending:** Die Saite leicht dehnen und dann wieder loslassen – und das in kurzen Abständen, sodass die Vibration die ganze Zeit über hörbar ist.

✔ **Sliding:** Die Note greifen und den Finger auf dem Griffbrett fortwährend auf und ab bewegen. Die Wirkung ist raffinierter und klingt auf der Ukulele besser als die Bending-Methode.

Das Vibrato empfiehlt sich am ehesten bei den längeren Noten zum Schluss einer Tonfolge. Es verleiht der betreffenden Note nicht nur mehr Ausdruck, sondern erhält ihren Klang auch länger aufrecht (bevor sie verklingt).

Ein Stück – alle Techniken!

 Alle Techniken zusammen in einem Stück – das wird auch Ihnen gelingen, wenn Sie sich ausreichend mit ihnen vertraut gemacht haben. Dann können Sie Hammering, Pulling, Sliding, Bending und Vibrato gemeinsam in einem einzigen Stück anwenden und zum Beispiel ein Solo spielen wie in Abbildung 10.16 (Track 43). In diesem Beispiel werden alle Noten mit dem Daumen gezupft.

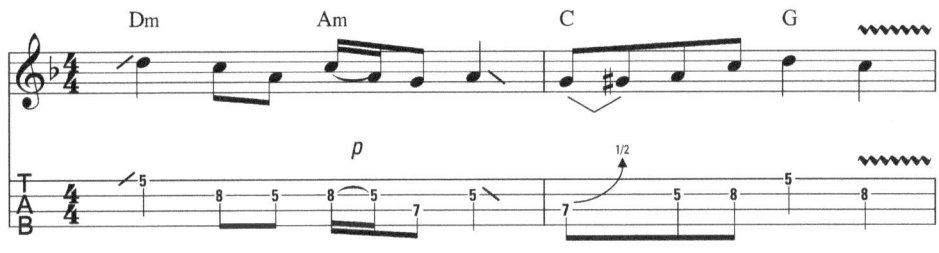

Abbildung 10.16: Ein Solo mit einer Kombination verschiedener Solotechniken

 Noten im gleichen Bund, zwischen denen sich ein Bogen befindet, sind miteinander verbunden – das heißt, man addiert ihre Länge einfach.

Auf dem Weg zum großen Solo

Falls Sie alles gut verstanden und geübt haben, verfügen Sie jetzt über ein reichhaltiges Repertoire an Solotechniken. Nicht jede eignet sich für jede Spielsituation – um herauszufinden, welche Technik die beste ist, experimentieren Sie einfach ein wenig herum! Sie werden zum Beispiel feststellen, dass der Daumenanschlag für einen viel weicheren Sound sorgt und Ihnen auch mehr Kontrolle über die betreffende Note verleiht (siehe Abbildung 10.16 im vorangegangenen Abschnitt »Ein Stück – alle Techniken!«)

Teamwork: Alle Finger zusammen!

Töne können auch in einer Kombination von Daumen und Fingern gezupft werden. Meistens zupfen Sie mit dem Daumen die C-Saite, mit dem Zeigefinger die E-Saite und mit dem Mittelfinger die A-Saite an.

 Diese Technik erweist sich als besonders hilfreich, wenn es um eine rasche Abfolge von Noten auf verschiedenen Saiten geht, wie zum Beispiel in der Banjo-ähnlichen Phrase in Abbildung 10.17 (Track 44).

Abbildung 10.17: Bei diesem Tonbeispiel kommen sowohl Daumen als auch Finger zum Einsatz, um einen Banjo-ähnlichen Sound zu erzeugen.

Wenn die Finger sich beim Zupfen abwechseln: »The Running Man«

»The Running Man« nennt man eine Picking-Technik, bei der sich die Finger in Reihenfolge immer wieder abwechseln: Also erst der Zeigefinger, dann der Mittelfinger, dann wieder der Zeigefinger, dann wieder der Mittelfinger und so weiter. »Running Man« heißt das Ganze nicht etwa, weil die meisten Ukulele-Schüler sofort davonlaufen, wenn sie diese Technik erlernen sollen, sondern weil die beiden sich abwechselnden Finger dabei aussehen wie die Beine einer rennenden Person. (Über das übliche Wechselpicking finden Sie eine Menge Informationen in Kapitel 8.)

 Diese Technik eignet sich besonders gut für Stücke, bei denen ein schneller Notenwechsel auf ein- und derselben Saite notwendig ist. Sie müssen dabei allerdings ein wenig vorausschauend spielen, damit Ihre Finger sich beim nächsten Saitenwechsel nicht ineinander verhaken.

Na schön ... hier noch einige Tipps für Plektrum-Junkies

Ich hab's ja bereits in einem früheren Kapitel erwähnt: Ukulele und Plektrum, das ist für mich wie der Teufel und das Weihwasser. Und es stimmt auch: Ein Plektrum erzeugt beim Anschlag einen so beinharten und scharfen Ton, dass es auf der Uku geradezu schauderhaft klingt. Aber es gibt eine Ausnahme: Wenn man in einem Ukulele-Ensemble spielt und sein Solospiel besser zur Geltung bringen will, kann ein Plektrum (ausnahmsweise!!!) auch von Nutzen sein.

Wählen Sie beim Kauf ein dünnes Plektrum, das Sie beim Spielen möglichst locker zwischen Daumen sowie Zeige- und Mittelfingerspitze halten sollten.

Mithilfe Ihres Plektrums können Sie eine Technik erlernen, die Ihnen auf der Ukulele sehr nützlich werden kann: das *Tremolo-Picking*. Es funktioniert ein bisschen wie der »Running Man«, nur dass der rennende Mann in diesem Fall einbeinig ist: Sie zupfen nämlich in rascher Abfolge hintereinander immer wieder die gleiche Note an. Auf diese Weise kann ein Ton, der sonst längst verklungen wäre, nach Belieben lange aufrechterhalten werden. Hören Sie sich mal einige Arrangements des Ukulele Orchestra of Great Britain an – darin kommt diese Tremolo-Technik recht häufig vor.

 In den Tabs erkennen Sie ein Tremolo an den diagonalen Linien über der Note (siehe Abbildung 10.18). Ein Hörbeispiel finden Sie in Track 45 der CD.

Abbildung 10.18: Das Tremolo-Picking in der Tabulatur

Das »Strum Blocking«

Eine Technik sollten Sie auf jeden Fall noch kennenlernen, und zwar das sogenannte *Strum Blocking*. Welchen Trick haben wir diesmal auf Lager? Nun, es geht darum, mit einer Schlagbewegung (»strum«) nur eine einzige Note zu spielen, indem alle restlichen Saiten zum Verstummen gebracht werden. Um also zum Beispiel eine Note im dritten Bund der C-Saite zu spielen, muss man dafür sorgen, dass die g-, die E- und die A-Saite vorübergehend »den Mund halten«. Aber da genügt es nicht, dass man zu den Saiten sagt »Seid mal bitte kurz leise«, sondern da bedarf es einer handfesten Technik. Die besteht darin, dass man den Daumen der linken Hand auf die g-Saite legt und mit den anderen beiden Fingern, die gerade nicht greifen müssen, die E- und A-Saite dämpft.

 Das Strum Blocking ist unter allen Picking-Techniken die schwierigste. Man muss dabei auf seine Finger aufpassen wie auf einen Sack voller Flöhe, damit man genau weiß, welcher Finger zu greifen hat und welche zu dämpfen haben. Also gut üben – und nie verzagen!

Beherrscht man die Technik erst einmal, lässt sich damit eine Menge anfangen! Der Wechsel zwischen Akkord- und Solospiel geht dann viel reibungsloser vonstatten, und alles, was man spielt, hört sich kraftvoller und rhythmischer an. Sehen Sie sich einmal an Abbildung 10.19 an (Track 46) – bei dieser Sequenz greife ich immer auf das Strum Blocking zurück. In der Tabulatur wird diese Methode, um vorübergehend unerwünschte Noten stumm bleiben zu lassen, meistens nicht extra gekennzeichnet, da jeder sie nach eigenem Gutdünken einsetzen kann und sollte.

Abbildung 10.19: Eine Tonfolge mit Strum Blocking

Gründen Sie Ihre eigene Solo-Werkstatt!

Als ich einmal bei einem Jazzkonzert war, sagte ein Freund danach zu mir: »Der improvisiert gar nicht, der spielt genauso, wie es laut Plan weitergehen muss.« Na ja, damit hatte er Recht – streng gesehen aber auch wieder nicht. Viele denken oft fälschlich, Improvisieren bedeute, einfach draufloszuspielen, aber das stimmt nicht ganz. Improvisieren bedeutet genau genommen, Solos zu erfinden, und zwar nicht erst in mühseliger Kleinarbeit vor einem Konzert, sondern unmittelbar und vor Ort. Das ist der eigentliche Unterschied: Improvisiert wird immer aus dem Stegreif, ein Solo kann man sowohl unvorbereitet als auch vorbereitet spielen. Aber wie auch immer: Ein guter Musiker bringt dabei stets sein gesamtes Wissen über Akkorde, Tonleitern und Licks zur Anwendung, spielt damit herum und gelangt so zu neuen Ideen.

In diesem Abschnitt zeigen wir Ihnen, wie Sie mit Akkorden und Tonleitern experimentieren können, um auf eigene Ideen für Solos zu kommen.

Akkordformen zum Erfinden von Solos

Die einfachste Methode, selbst ein Solo zu kreieren, besteht darin, dass man einfach die Noten des Akkordes spielt, der gerade an der Reihe ist. So wie man bei der Anschlagtechnik die Akkordform variiert, pickt man sich hier sozusagen einzelne Noten heraus, um ein Solo zu erschaffen.

Je besser Sie über sogenannte *Akkordumkehrungen* (also das Spiel der einzelnen Akkordnoten in unterschiedlicher Reihenfolge) Bescheid wissen, umso besser werden die Ergebnisse sein, die Sie mit dieser Technik erzielen. In Abbildung 10.20 (Track 47) sehen Sie ein Beispiel dafür, wie diese Methode an der Akkordfolge C-F-G-F-C praktiziert werden kann. Zunächst werden die Akkorde »offen« gespielt, danach unter Anwendung von Akkordumkehrungen.

Abbildung 10.20: Ein Solo mit verschiedenen Akkordformen

Mit allen Akkordformen spielen

So wie man einen Akkord in seiner Gesamtheit spielen kann, kann man natürlich auch die einzelnen Noten, aus denen er aufgebaut ist, für ein Solospiel nutzen. In Abbildung 10.21 sehen Sie wieder die C-F-G-F-C-Folge, doch diesmal werden die Töne in ihrer Abfolge variiert und mit verschiedenen Solotechniken aufgepeppt, sodass ein recht abwechslungsreiches Solo entsteht (Track 48).

 Wenn man alle Noten des C-Akkords, des F-Akkords und des G-Akkords miteinander kombiniert, erhält man die C-Dur-Tonleiter.

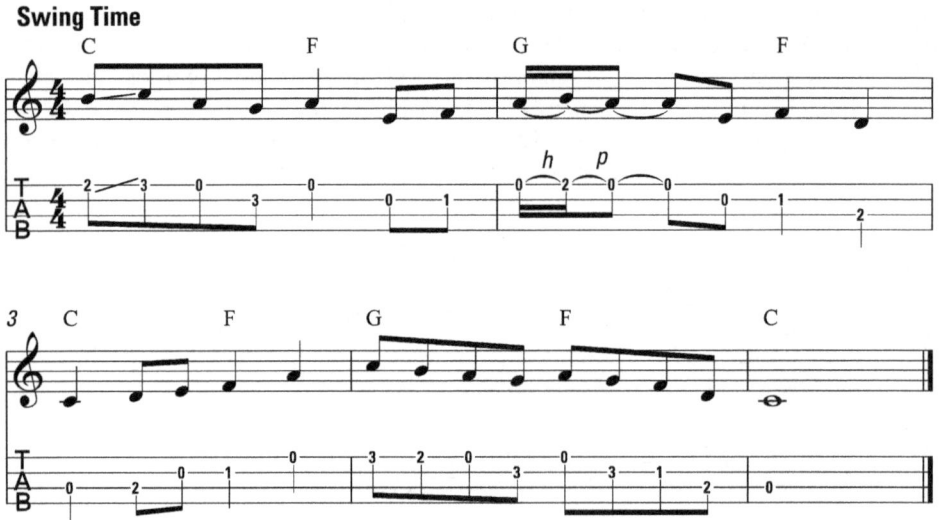

Abbildung 10.21: In diesem Beispiel werden sämtliche beteiligten Akkorde in ihre Einzelnoten aufgespalten und in ihrer Abfolge variiert.

Das Solospiel mit Tonleitern

Die meisten Solos setzen sich aus Tonleitern (Skalen) zusammen. Man wählt einfach bestimmte Noten aus einer Skala aus und baut daraus *Licks* (das sind kurze musikalische Tonfolgen oder Verzierungen) oder längere Solos. Die *pentatonische Skala* ist die einfachste und gebräuchlichste unter allen Tonleitern; sie besteht nur aus fünf Noten (daher der Name; griechisch *pente* = fünf), und es gibt sie sowohl in einer Dur- als auch einer Mollvariante.

Tonleitern stellt man in Form von *Griffbrettdiagrammen* dar, die einem Akkorddiagramm sehr ähnlich sind. Aus ihnen geht genau hervor, wo die jeweiligen Noten auf dem Instrumentenhals zu greifen sind. Der einzige Unterschied besteht darin, dass Sie nicht alle Noten gleichzeitig spielen, sondern jeweils eine nach der anderen. Die Diagramme verraten auch, welche verschiedenen Möglichkeiten es gibt, eine bestimmte, zu einer Tonleiter gehörige Note zu spielen.

Das Ganze erstmal in Dur ...

Durtonleitern klingen heiter, lebendig, aufgeweckt – ebenso wie die Durakkorde, die wir ja schon kennen. In Country- und Pop-Solos sind sie sehr beliebt.

In Abbildung 10.22 zum Beispiel sehen Sie die pentatonische C-Dur-Tonleiter als Griffbrettdiagramm, in Abbildung 10.23 als Tabulatur. Das dazugehörige Tonbeispiel hören Sie in Track 49, Teil 1.

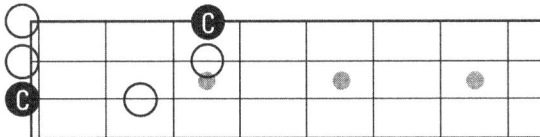

Abbildung 10.22: Griffbrettdiagramm für die pentatonische
C-Dur-Tonleiter

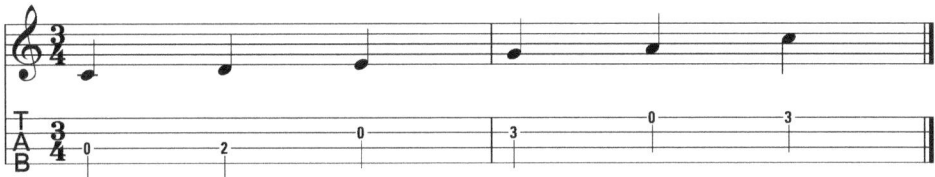

Abbildung 10.23: Tabulatur für die pentatonische C-Dur-Tonleiter

Genau wie Akkorde lassen sich diese Muster natürlich auch verschieben, sodass man sie in unterschiedlichen Tonarten spielen kann. Verschiebt man zum Beispiel das C-Dur-Schema um zwei Bünde, gelangt man zur pentatonischen D-Dur-Tonleiter (Abbildung 10.24).

Abbildung 10.24: Griffbrettdiagramm für die pentatonische
D-Dur-Tonleiter

Es geht aber auch in Moll ...

Die pentatonische Molltonleiter klingt düster, traurig, bluesig ... man hört sie oft in der Rock- und Bluesmusik. Das Griffbrettdiagramm dazu finden Sie in Abbildung 10.25, die Tabs in Abbildung 10.16. Als Tonbeispiel sollten Sie sich Track 49, Teil 2 anhören.

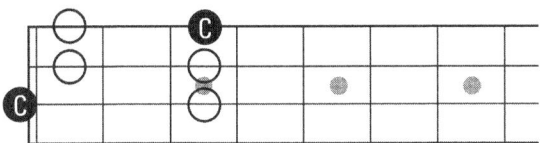

Abbildung 10.25: Griffbrettdiagramm für die pentatonische
c-Moll-Tonleiter

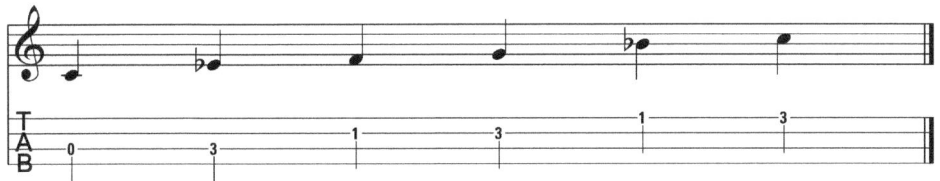

Abbildung 10.26: Tabulatur für die pentatonische c-Moll-Tonleiter

Auch dieses Schema lässt sich natürlich wieder verschieben, um zu einer anderen Tonart zu gelangen. Wenn wir zwei Bünde höher gehen (also auf dem Hals der Ukulele weiter Richtung Schallloch), kommen wir bei der pentatonischen d-Moll-Tonleiter an (siehe Abbildung 10.27).

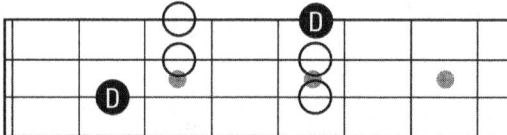

Abbildung 10.27: Griffbrettdiagramm für die pentatonische d-Moll-Tonleiter

Die pentatonischen Dur- und Molltonleitern lassen sich in allen möglichen Stilrichtungen einsetzen; in diesem Buch will ich jedoch vor allem auf ihre Anwendung in der Rockmusik (Kapitel 11) und Bluesmusik (Kapitel 12) eingehen – natürlich wieder mit jeder Menge Tipps für »selbstgebaute« Solos.

Teil IV
Verschiedene Musikstile und Genres

... zeigen wir Ihnen, wie vielseitig so eine Ukulele ist, und geben Ihnen jede Menge Tipps, wie Sie Ihr Instrument in den verschiedensten Stilarten einsetzen können – darunter auch drei Genres, die traditionell mit der Ukulele immer wieder in Verbindung gebracht werden: der hawaiianische Stil, der Jazz und die jamaikanisch-hawaiianische Mischform. Aber auch auf andere Stilrichtungen wollen wir eingehen, die erst seit dem Entstehen von Uku-Orchestern und Uku-Ensembles für unser Instrument populär geworden sind – nämlich Rock, Blues und klassische Musik.

Kapitel 11

Rocken mit der Ukulele? Na klar doch!

Der Rock ist vielleicht nicht das Erste, woran Sie denken, wenn Sie Ukulele spielen wollen – aber täuschen Sie sich nicht! Es gab eine Menge Stars, die auf der Uku gerockt haben – darunter so bekannte Namen wie The Who, Queen, Eddie Vedder (von Pearl Jam), Billy Corgan (von den Smashing Pumpkins) und George Harrison. Aber auch anders herum funktioniert es: Bands wie das Ukulele Orchestra of Great Britain oder das Wellington International Ukulele Orchestra haben zahlreiche Rocksongs für die Ukulele bearbeitet.

In diesem Kapitel zeige ich Ihnen eine Reihe von Rocktechniken, die Sie auf der Ukulele gut umsetzen können – zum Beispiel Punksongs in drei Akkorden, Anschlag-Patterns für Rocksongs sowie einige Riffs und Solotechniken.

Die richtigen Rockakkorde

Rock- und Punksongs sind häufig aus Akkorden aufgebaut, gehen aber etwas anders damit um als andere Stilrichtungen. Die Akkordfolgen sind kürzer als in Blues- und Folksongs, der Akkord wird häufig mitten im Takt gewechselt und meist handelt es sich um kurze Abfolgen, die dafür aber ständig wiederholt werden.

Aller guten Dinge sind drei …

Es mag sich verblüffend anhören, aber die Philosophie der Punkkultur hat mit der Philosophie der Uku-Kultur viel gemeinsam: Vor allem stützen sich beide auf die bescheidene und benutzerfreundliche Vorstellung, dass eigentlich jeder Musik machen und auch öffentlich auftreten kann, sofern er nur drei Akkorde beherrscht.

In vielen Punk-Fanzines heißt es: Passt auf, Leute, wir bringen euch drei Akkorde bei, dann könnt ihr eine Band gründen. Und genauso machen es auch Ukulele-Gruppen: Neulinge lernen drei Akkorde, und schon sind sie reif für den ersten Song. Oft sind es genau die drei Akkorde, die wir von unserem »Drei-Akkorde-Trick« aus Kapitel 6 kennen, manchmal ist es auch die typische, aus drei Akkorden bestehende Punk-Akkordfolge.

In der Tonart A lautet diese Akkordfolge A-C-D. Wenn Sie die Griffe beherrschen, können Sie das Beispiel aus Abbildung 11.1 (Track 50) mühelos nachspielen.

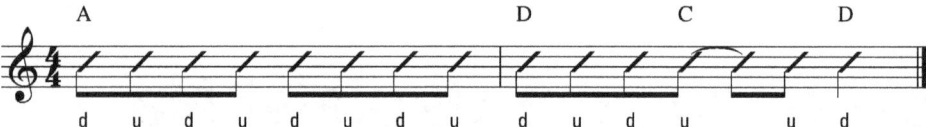

Abbildung 11.1: Die typischen drei Punkakkorde

Der Wechsel zwischen D und C wird Ihnen leichter fallen, wenn Sie den Akkord nicht wie gewohnt mit dem Ringfinger, sondern dem kleinen Finger greifen.

... aber noch besser sind vier

Deshalb fügen wir unserem A-C-D-Schema jetzt noch einen vierten Akkord hinzu.

In Abbildung 11.2 (Track 51) sehen Sie eine Akkordfolge im Stil der Band Nirvana. Wir haben wieder die Tonart A, diesmal jedoch kommt als vierter Akkord F-Dur hinzu, womit wir nun die Folge A-D-C-F erhalten.

Abbildung 11.2: Eine aus vier Akkorden bestehende Folge im Nirvana-Stil

Kraftvolle Powerchords

Nichts verkörpert die »Weniger ist mehr«-Philosophie der Rock- und Punkmusik besser als der sogenannte *Powerchord*. In der Ukulele-Musik tauchen solche Powerchords eher selten auf, in Rocksongs dafür umso häufiger. Der 5-Akkord besteht nur aus zwei unterschiedlichen Noten im Abstand von fünf Tönen, was ihm einen seltsam doppeldeutigen Klang verleiht, der weder Dur noch Moll ist.

Sie haben zwei Möglichkeiten, um auf der Ukulele mit 5-Akkorden zu arbeiten:

✔ Wählen Sie die verschiebbare Form des C-Akkords und ergänzen Sie ihn im dritten Bund um die E-Saite, sodass Sie den C5-Akkord erhalten, wie er in Abbildung 11.3 zu sehen ist.

Diese Fingerstellung kann als Ausgangsform dienen für E5 und F5 (siehe ebenfalls Abbildung 11.3). Falls Sie nicht mehr so genau wissen, wie die Sache mit den verschiebbaren Akkorden funktioniert – es steht in Kapitel 6. Achten Sie aber bei den Diagrammen aber immer darauf, welche Ziffer oben steht – sie bezeichnet den betreffenden Bund, zu dem Ihre Finger sich beim Verschieben des Akkords hinbewegen müssen.

✔ Spielen Sie die verschiebbare Form des G-Akkords. lassen Sie die A-Saite klingen und dämpfen Sie sie wieder mit der Unterseite Ihrer Greiffinger. So bekommen Sie die verschiebbare Form des G5-Akkords. Diese Griffform lässt sich auch zum A5-Akkord verschieben.

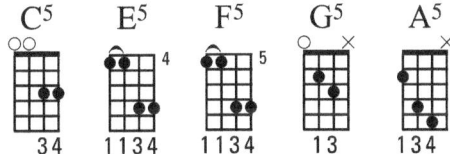

Abbildung 11.3: Powerchord-Diagramme

Sie können diese Akkorde gemeinsam verwenden, um eine Akkordfolge im Stil der Punkband Green Day zu spielen, wie es in Abbildung 11.4 (Track 52) dargestellt ist.

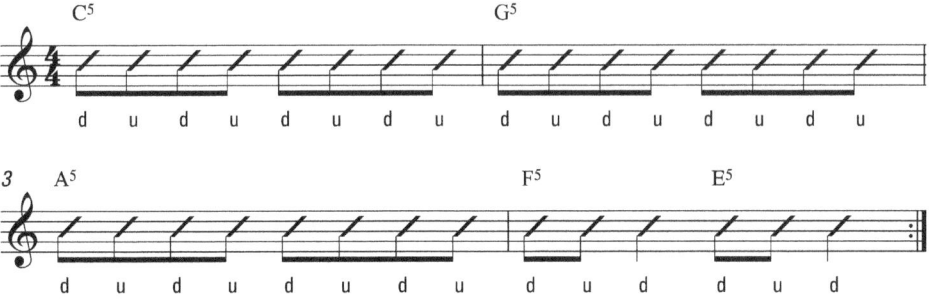

Abbildung 11.4: Akkordfolge mit Powerchords

Garantie für Hochspannung: sus!

Eine Besonderheit, der wir ebenfalls häufig in der Rockmusik begegnen, sind die sogenannten *sus-Akkorde*. »Sus« ist die Abkürzung für das englische Wort »suspended« und bedeutet so viel wie »in der Schwebe« oder »unbestimmt«. Sus-Akkorden fehlt die Note, die aus ihnen eindeutig einen Dur- beziehungsweise Mollakkord machen würde, sodass ihr Klang kein eindeutiger ist und der Zuhörer geradezu danach fiebert, mit dem nächsten Ton von der Hochspannung, die sich da aufbaut, erlöst zu werden.

Die wichtigsten sus-Akkorde sehen Sie in Abbildung 11.5:

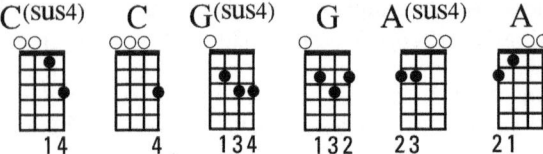

Abbildung 11.5: Sus-Akkorddiagramme

Die geläufigste Bewegung auf dem Griffbrett ist die, die von einem sus-Akkord zum dazugehörigen Durakkord führt. In Abbildung 11.6 sehen Sie eine Reihe solcher Übergänge, die eine Akkordfolge im Stil der Rolling Stones oder von The Who ergeben. Wenn Sie sich Track 53 anhören, können Sie erkennen, wie der sus-Akkord für eine Spannung sorgt, die dann vom darauffolgenden Durakkord wieder aufgelöst wird.

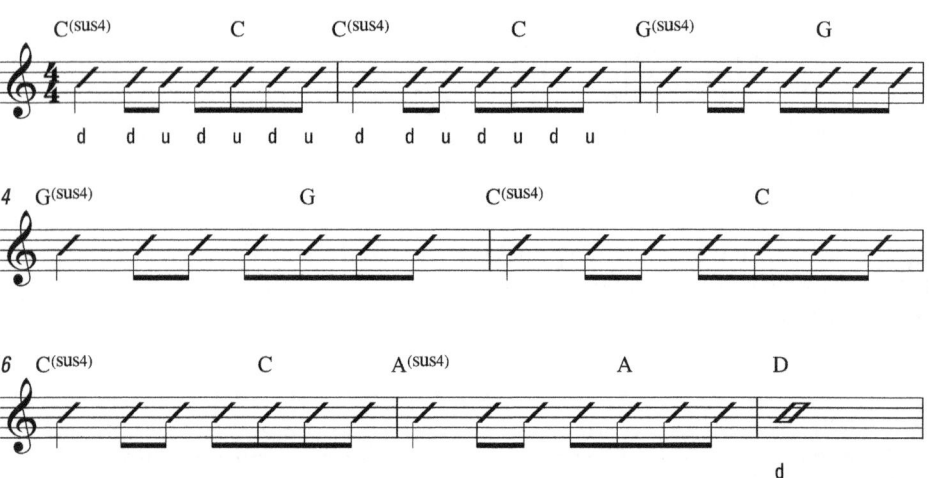

Abbildung 11.6: Rockmusik-Beispiel mit sus-Akkorden

Die richtige Anschlagtechnik für Rock- und Punkrhythmen

Einen allzu originellen Umgang mit Rhythmen kann man der Rock- und Punkmusik eigentlich nicht nachsagen. Die meisten Rhythmen, die wir in diesen Stilrichtungen zu hören bekommen, sind eher schlicht. Trotzdem geschieht es zuweilen, dass irgendein Musiker es wagt und etwas mehr Funk in seinen Anschlag legt. Es folgen zwei Musterbeispiele für solche »Revoluzzer«.

Das »Bo Diddling«

Kennen Sie Bo Diddley? Was die von ihm verwendeten Akkorde anbelangt, so hat er wahrscheinlich einige der simpelsten Songs schlechthin geschrieben. Manche seiner Stücke bestehen sogar über weite Strecken nur aus einem einzigen Akkord. Aber das hat er durch seine Anschlagstechnik und seine Rhythmen mehr als wettgemacht – sie enthalten nämlich zahlreiche *Synkopen* (unerwartete Betonungen von Taktschlägen), die dafür sorgen, dass sein Spiel stets interessant und spannend bleibt.

 Bo Diddleys Anschlagtechnik ist ziemlich eintönig: runter, rauf, runter, rauf und so weiter. Trotzdem klingen seine Rhythmen ungewöhnlich und faszinierend. Das liegt daran, dass er viele Akkordanschläge nicht ausklingen, sondern sofort wieder verstummen lässt und zum nächsten Akkord übergeht (in der Notation sind solche gedämpften Anschläge mit einem x markiert). Abbildung 11.7 (Track 54) zeigt ein typisches Beispiel für das berühmte »Bo Diddling«.

Abbildung 11.7: Anschlagmuster im Bo-Diddley-Stil

Das »Iggy Popping«

 Abbildung 11.8 (Track 55) zeigt ein zweitaktiges Anschlagmuster, das wir von Iggy Pops »Lust for Life« kennen.

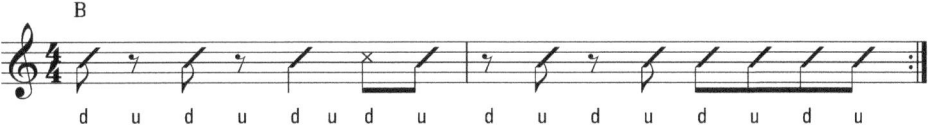

Abbildung 11.8: Schlagmuster im Stil von Iggy Pop

Wie im vorangegangenen Abschnitt müssen Sie die Saiten loslassen, sobald Sie sie angeschlagen haben. Diesmal aber schlagen Sie nicht alle Schlagzeiten. Folgen Sie einfach den Angaben zu den Schlagzeiten in der Tabulatur. So bekommen Sie eine Vorstellung davon, wo Sie anschlagen müssen und wo Sie ruhig bleiben.

 Dieses Schlagmuster lässt sich auf vielfältige Weise anwenden. Besonders empfiehlt es sich für Rockabilly-Musik, für den Punk sowie für etwas flottere Blues-songs.

Wie Sie Ihre Ukulele zum Sprechen bringen

Ein Solo improvisieren – das kann so manchen Ukulele-Anfänger ganz schön entmutigen. Es ist ein wenig so, als sollte man aus 1.000 Meter Höhe aus einem Flugzeug springen. Ohne Fallschirm geht das nicht – deshalb hier ein paar Uku-Fallschirme, mit deren Hilfe Sie auch bei einem Sprung aus schwindelerregender Höhe sanft und weich landen werden.

Spielen Sie, wie Sie singen (was Sie hoffentlich ein wenig können)!

Ein Solo sollte sich so sehr wie möglich nach Gesang anhören. Da wir Menschen sind und keine Ukuleles, reagieren wir instinktiv auf den Klang der menschlichen Stimme. Die Tonfolgen sollten dabei möglichst kurz sein – das heißt, etwa so lang wie eine Liedzeile oder ein Vers. Zur Überprüfung: Halten Sie den Atem an, wenn Sie mit einer Tonfolge beginnen. Sobald Ihnen die Puste ausgeht, heißt das: Jetzt ist genug!

Die Uku fragt, die Uku antwortet

Eine hervorragende Solotechnik ist es, erst eine Tonfolge zu spielen, die sich nach einer Frage anhört, und gleich darauf eine Tonfolge, die wie eine Antwort klingt. Wenn wir eine Frage stellen, geht unsere Stimme am Ende automatisch hoch. Das kann man auch mit Tönen machen, dann empfinden die Zuhörer es als Frage. Dadurch entsteht eine gewisse Dynamik, denn nun wartet das Publikum natürlich auf eine Antwort – und auch die kann die Ukulele geben, indem man nun eine Tonfolge spielt, bei der die Töne sich abwärts bewegen und das Gefühl einer aussagekräftigen, gültigen Aussage vermitteln.

Ein Frage-und-Antwort-Motiv sehen Sie in Abbildung 11.9 (hören Sie sich dazu bitte Track 56 an).

1. Beim Frageteil gehen die Töne nach oben und enden mit einem Aufwärts-Slide.

2. Beim Antwortteil gehen die Töne nach unten und enden mit einem Abwärts-Slide.

Abbildung 11.9: Ein Frage-und-Antwort-Motiv

Ein gutes Beispiel für diese Technik ist der Beginn von Freddie Kings »Hideaway« (das auf dem klassischen »John Mayall & The Bluesbreakers«-Album von Eric Clapton gecovert wurde).

Spannung steigt, Spannung sinkt – alles auf dem Griffbrett

Ein gutes Solo baut sich langsam auf und steigert sich am Ende in einem Crescendo. Diesen Effekt kann man erzielen, indem man auf dem Griffbrett erst einmal die tiefen Noten spielt, und zwar ziemlich langsam. Dann bewegt man sich allmählich immer höher und steigert das Tempo.

Wie man Gitarrenakkorde und -tabs auf die Ukulele überträgt

Auch wenn die Uku immer beliebter wird und inzwischen (zum Beispiel im Internet) jede Menge Spielmaterial zur Verfügung steht, fällt es trotzdem leichter, Notenblätter und Tabulaturen für die Gitarre ausfindig zu machen. Das ist aber kein Problem, sofern man weiß, wie man Spielanweisungen für die Gitarre auf die Ukulele überträgt.

Ganz einfach ist es bei den Akkorden: Man braucht eigentlich nur zu wissen, wie man sie auf der Ukulele greift. Ist also bei einem Song für Gitarre ein C-Akkord angegeben, spielt man den C-Akkord eben auf der Ukulele.

Der einzige Stolperstein sind die sogenannten Slash-Akkorde. »Slash« ist das englische Wort für Schrägstrich, und genau das zeichnet diese Akkorde aus: Sie heißen zum Beispiel C/G, D/F# oder C/H. Die Note vor dem Schrägstrich steht für die Akkordart (das heißt also, C/G gehört zu den C-Akkorden), die dahinterstehende Note bezeichnet die Bassnote. Das Problem ist nur: Auf der Ukulele gibt es keine Bassnoten. Was also tun? Da gibt es zwei Möglichkeiten:

✔ Wenn die betreffende Bassnote im Akkord bereits enthalten ist, braucht man eigentlich gar nichts zu tun. Ein Beispiel: Die Note G ist ja Bestandteil des C-Akkords, also spielt man anstelle von C/G einfach ein ganz normales C.

✔ Ist die Bassnote in dem Akkord nicht enthalten (H zum Beispiel kommt im C-Akkord nicht vor), muss man sie – sofern man allein spielt – einfach hinzufügen. Spielt man in einer Band, kann dies auch der Bassist erledigen.

Weitaus kniffliger ist es bei den Tabs, die sich nicht so leicht von der Gitarre auf die Ukulele übertragen lassen. Da muss man mit dem Griffbrett schon sehr vertraut sein. Trotzdem – es gibt ein paar Techniken, die häufig funktionieren.

Die obersten drei Saiten auf der Ukulele entsprechen den obersten drei Gitarrensaiten (G, H, E), wenn man sie im fünften Bund greift. Wenn Sie also auf eine Gitarrentabulatur stoßen, bei denen diese drei Saiten im fünften Bund oder höher gespielt werden, brauchen Sie nur fünf abzuziehen, und Sie wissen sofort, wo Sie die gleichen Noten auf der Ukulele finden. Ein Beispiel: Wenn in der Gitarrentabulatur die oberste Saite im neunten Bund gegriffen wird, greifen Sie die oberste Saite der Ukulele (also die A-Saite) im vierten Bund.

Wenn sich das Solo seinem Ende nähert, können Sie für Spannung sorgen, indem Sie eine kurze (aus drei oder vier Noten bestehende) Tonfolge spielen, die Sie mehrmals wiederholen. Je mehr Wiederholungen, umso mehr wächst die Spannung, und umso mehr fällt den Hörern bei der Auflösung am Ende des Solos »ein Stein vom Herzen«.

 Übertreiben Sie nicht! Stellen Sie sich diese Technik vor wie ein Gummiband. Je mehr Sie es spannen, umso heftiger wird es zurückschnellen. Wenn Sie es aber zu sehr spannen, wird es reißen. So verhält es sich auch mit Ihrem Solo: Wenn Sie den »spannenden Teil« zu oft hintereinander spielen, wird der Hörer bald eine gehörige Wut im Bauch haben.

 In Abbildung 11.10 (Track 57) handelt es sich um eine aus vier Noten bestehende Tonfolge, die zwecks Spannungsaufbau mehrfach wiederholt wird und mit einigen Bendings endet, um diese Spannung aufzulösen und das Solo zu beenden.

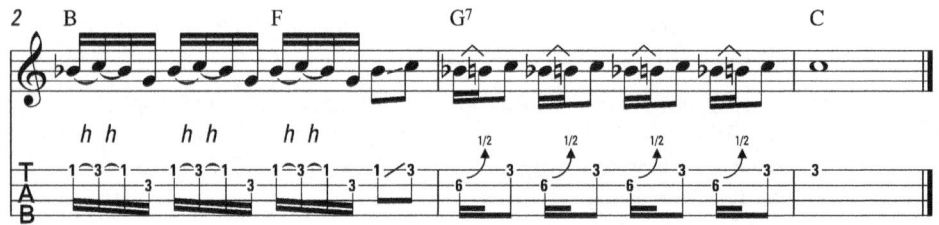

Abbildung 11.10: Spannungsaufbau mithilfe einer Tonfolge, die den Höhepunkt eines Solos bildet

Kapitel 12
Wer ab und zu den Blues hat, lebt glücklicher!

Blues und Ukulele? Ist das nicht wie Paprikachips mit Schlagsahne? Auf keinen Fall. Ebenso wie der Rock, über den wir schon im letzten Kapitel gesprochen haben, hat auch der Blues seit Jahrzehnten eine recht innige Beziehung zur Ukulele (und alte Liebe rostet ja bekanntlich nicht). Schon zu Beginn des 20. Jahrhunderts setzte man die Ukulele für den frühen Mischstil aus Jazz und Blues ein, und der erste richtige Blues-Uku-Spieler war Lewis »Rabbit« Muse. Auch in letzter Zeit haben viele langjährige Bluesmusiker wie Taj Mahal oder Peter Madcat Ruth bei ihrer Musik zur Ukulele gegriffen, und es gibt sogar Bluesgrößen wie Manitoba Hal, die sie als Hauptinstrument für ihren Stil benutzen.

Bei allem Respekt für den Blues – das Schwierigste daran ist vermutlich, beim Spielen den passenden Gesichtsausdruck aufzusetzen. B. B. King zum Beispiel guckt immer aus der Wäsche wie ein geschlagener Hund, und bei Gary Moore hat man den Eindruck, er würde gerade ohne Betäubung operiert. Man legt den Kopf in den Nacken und beginnt zu wehklagen, und um das richtig hinzukriegen, muss man schon eine Zeit lang vor dem Spiegel üben.

Aber sobald Sie das Jammerface beherrschen, können wir zur zweiten wichtigen Lektion in Sachen Blues übergehen: dem eigentlichen Spiel. Ich werde Ihnen einige der wichtigsten und typischsten Merkmale des Blues zeigen und Ihnen verraten, wie Sie diesen Sound auch auf Ihrer Ukulele erzeugen können. Dazu gehören der zwölftaktige Blues in all seinen Varianten, der Blues-Shuffle und das Blues-Solospiel.

Blues-Akkordfolgen

Das A und O des Blues ist die zwölftaktige Akkordfolge (die Sie schon aus Kapitel 5 kennen). Diese Akkordfolge ist vielseitig anwendbar, und einige Möglichkeiten dafür will ich Ihnen in diesem Kapitel vorstellen: zum Beispiel, wie man die Akkordfolge umstellen oder weitere Akkorde hinzufügen kann und wie man die Akkordfolge in ihrer Dauer (Länge) variiert.

Der ganz normale Zwölftakt-Blues

 Erinnern Sie sich noch an die Akkordfamilien? Falls nicht, können Sie alles in Kapitel 6 nachlesen. Dann werden Sie sich auch wieder an das I-IV-V-Schema erinnern, und genau dieses Prinzip liegt dem zwölftaktigen Blues zugrunde. In der Tonart C lauten die Akkorde demzufolge C, F und G7, und Sie sollten sie nach dem Muster spielen, das Sie in Abbildung 12.1 (Track 58) sehen.

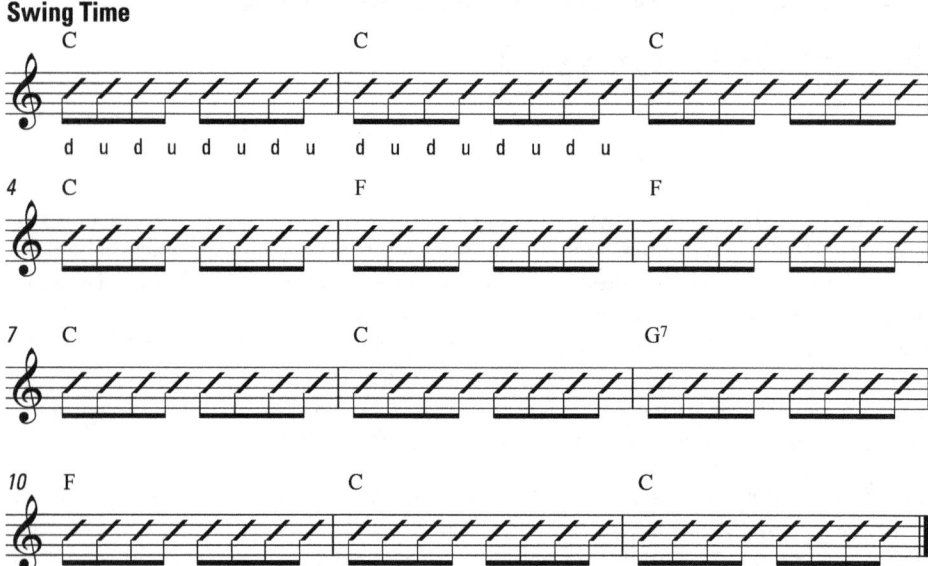

Abbildung 12.1: Die einfache Form des zwölftaktigen Blues in C-Dur

 Das Schlagmuster für sämtliche Beispiele ist kinderleicht (einfach immer nur ab, auf, ab, auf). Trotzdem sollten Sie darauf achten, dass Ihre Musik »swingt«. Was darunter genau zu verstehen ist, steht in Kapitel 5.

Man kann den Zwölftakt-Blues auch variieren ...

 ... und zwar, indem man die Akkorde einfach in einer anderen als der Standardreihenfolge spielt und den Akkord vom Typus IV in seiner Form als Septakkord spielt (in unserem Fall ist das F7). Ein Beispiel dafür finden Sie in Abbildung 12.2 (Track 59).

Es gibt aber noch andere Möglichkeiten, den zwölftaktigen Blues zu variieren – zum Beispiel, indem man weitere Akkorde hinzufügt. Am häufigsten verschiebt man zu diesem Zweck den Akkord vom Typ V um einen Bund auf dem Griffbrett nach unten (sodass er also um einen Halbton höher erklingt) und greift die leer gebliebene(n) Saite(n) in dem auf dem Instrumentenhals darüber liegenden (also tiefer klingenden) Bund. In der Tonart C fügt man also einen A♭7-Akkord hinzu, um zu einer Akkordfolge zu gelangen wie in Abbildung 12.4 (Track 60).

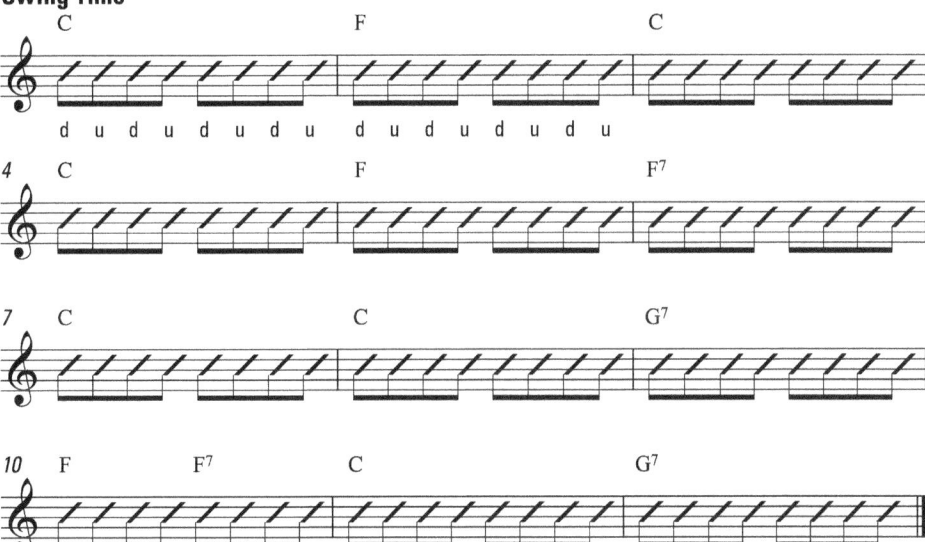

Abbildung 12.2: Variation des zwölftaktigen Blues mithilfe einer anderen Akkordreihenfolge

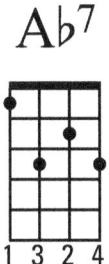

Abbildung 12.3: Diagramm für den A♭7-Akkord

Swing Time

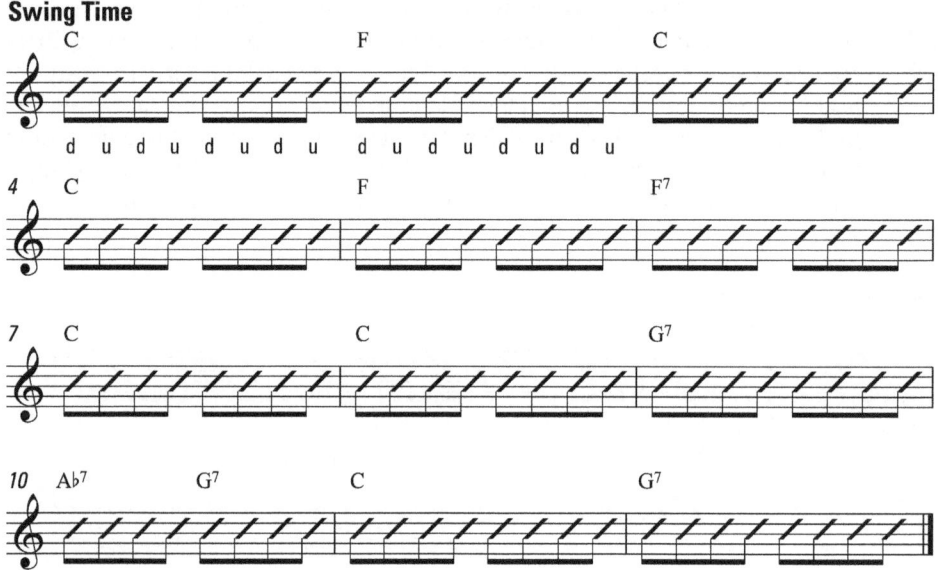

Abbildung 12.4: Zwölftaktiger Blues mit zusätzlichem Akkord

Manchmal will man einfach mehr ...

Dass man mit der Akkordfolge herumspielen kann, wissen Sie jetzt – aber das Gleiche funktioniert auch mit der Anzahl von Takten. Es müssen nicht immer genau zwölf Takte sein – es geht zum Beispiel auch mit 16 Takten. Die Grundstruktur und die Akkorde bleiben dabei die gleichen. Ein Beispiel für diese Takterweiterung ist der Song »Careless Love« (Abbildung 12.5, Track 61), der von Blueslegenden wie Lonnie Johnson, Leadbelly und Odetta intoniert wurde.

... und manchmal ist weniger auch mehr!

Aus zwölf Akkorden mach 16, oder umgekehrt: Aus zwölf Akkorden mach acht. Es geht also auch eine Spur bescheidener. Auch dafür wieder ein Beispiel: die bekannte Nummer »St. James Infirmary Blues« (Abbildungen 12.6 und 12.7, Track 62), die es in zahlreichen Versionen gibt, unter anderem von Brownie McGhee, Cisco Houston, The Doors und The White Stripes.

Der Song enthält sowohl Mollakkorde als auch die gleichen Akkordwechsel wie in Abbildung 12.4 (diesmal allerdings in der Tonart D).

Careless Love

Love   oh love, oh   care - less   love_____

A   E⁷   A

d   d u d u d

Love   oh love, oh   care - less   love_____   Oh   it's

A   E⁷

love   oh   love   oh   care - less   love.   Don't you

A   A⁷   D

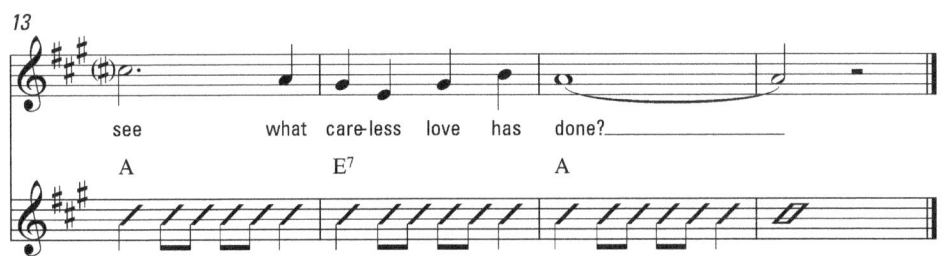

see   what care-less   love   has   done?_____

A   E⁷   A

Abbildung 12.5: Die Akkorde für den Song »Careless Love«

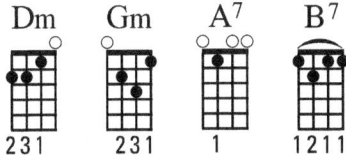

Abbildung 12.6: Akkorddiagramme
für den »St. James Infirmary Blues«

Abbildung 12.7: Die Akkorde für den »St. James Infirmary Blues«

Für Abwechslung sorgt der Shuffle

Beim Blues schleppt ein und derselbe Akkord sich oft über mehrere Takte hinweg; das kann leicht in Langeweile ausarten. Aber auch hierfür gibt es eine Lösung, auf die Musiker nach alter Tradition gerne zurückgreifen: den *Blues-Shuffle* (bereits in Kapitel 5 erwähnt).

 Shuffle? Was bedeutet das? Ganz einfach: Man wechselt einfach zwischen dem Grundakkord und dem entsprechenden 6er-Akkord hin und her. Um es mal am C-Dur-Akkord zu verdeutlichen: zwei Taktschläge C, dann zwei Taktschläge C6, dann wieder C, dann wieder C6, immer zwei Zählzeiten lang (siehe Abbildung 12.8; Track 63, Teil 1).

 Das Gleiche lässt sich auch mit dem F-Dur-Akkord ausführen – hinzu käme in diesem Fall ein G7-Akkord, um einen zwölftaktigen Blues zu erhalten wie in Abbildung 12.9 (Track 63, Teil 2).

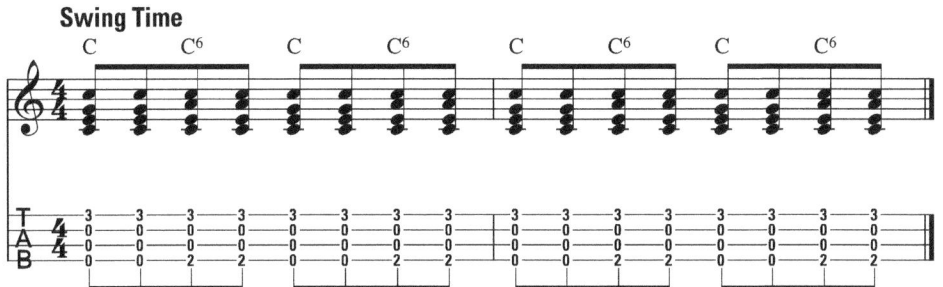

Abbildung 12.8: Blues-Shuffle am Beispiel des C-Akkords

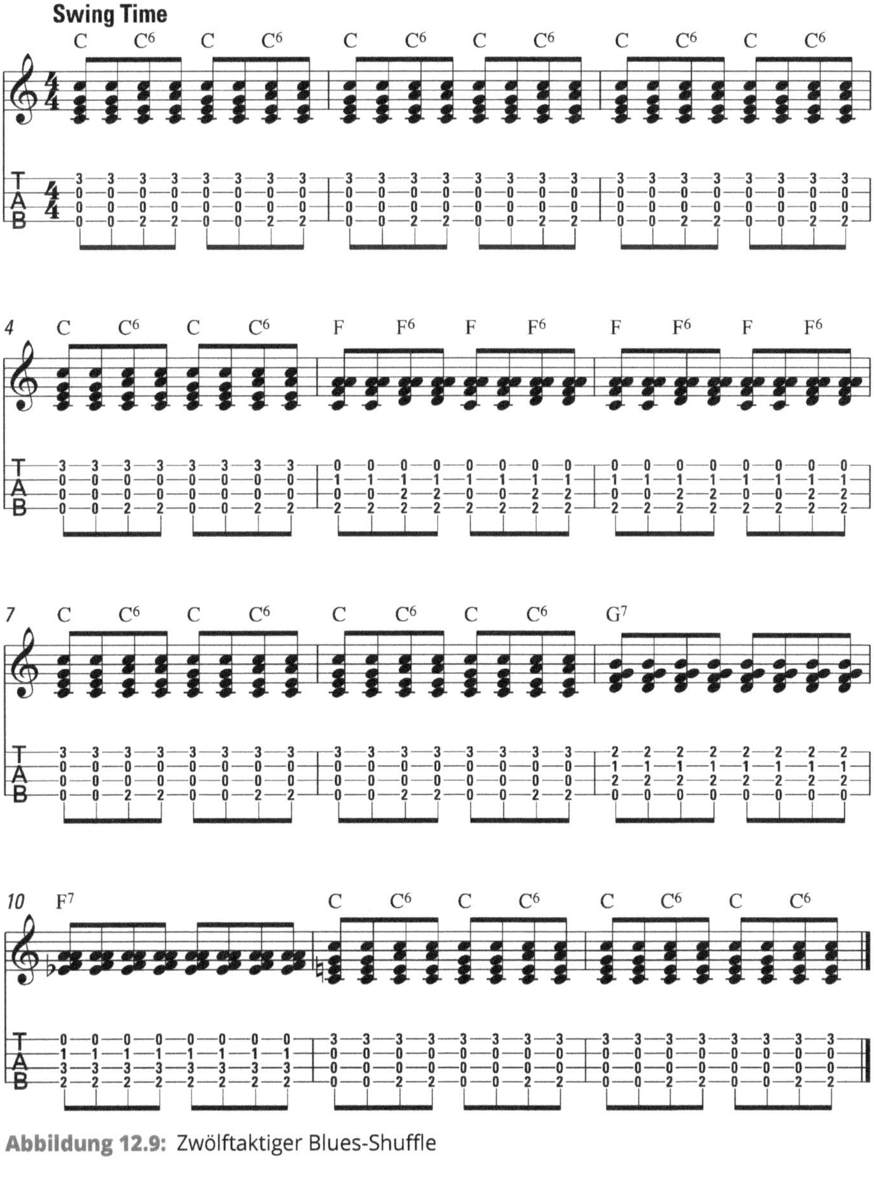

Abbildung 12.9: Zwölftaktiger Blues-Shuffle

Noch packender klingt es, wenn Sie auch noch den Septakkord des Grundakkords mit einbringen – in unserem Fall also C7 (Abbildung 12.10; Track 63, Teil 3).

Abbildung 12.10: Zwölftaktiger Shuffle mit sieben Akkorden

 Auch in der Tonart A klingt die Sache auf der Ukulele ziemlich rund (Abbildung 12.11; Track 63, Teil 4).

Sich beim Blues »ausheulen« und danach happy sein – das klappt!

Die Bluesmusik entstand als Folge sozialer und rassischer Unruhen in den USA. Und die Philosophie des Blues lässt sich auf folgenden Nenner bringen: Egal, was sie uns auch wegnehmen – unsere Stimme und unsere Musik können sie uns nicht stehlen.

Mithilfe des Blues bringt man seine Gefühle zum Ausdruck, wenn man »down« ist – aber sein eigentlicher Sinn besteht darin, wieder »up« zu kommen. Man erzählt anderen in musikalischer Form von seinen Sorgen, und der andere fühlt mit und versteht, und schon bald fühlt man sich wohler, da geteiltes Leid ja bekanntlich halbes Leid ist. Den »Blues haben« ist *eine* Sache, den »Blues singen« eine *andere* – nämlich eine hervorragende Methode, um sich mitzuteilen und nicht an seinen Problemen zu zerbrechen.

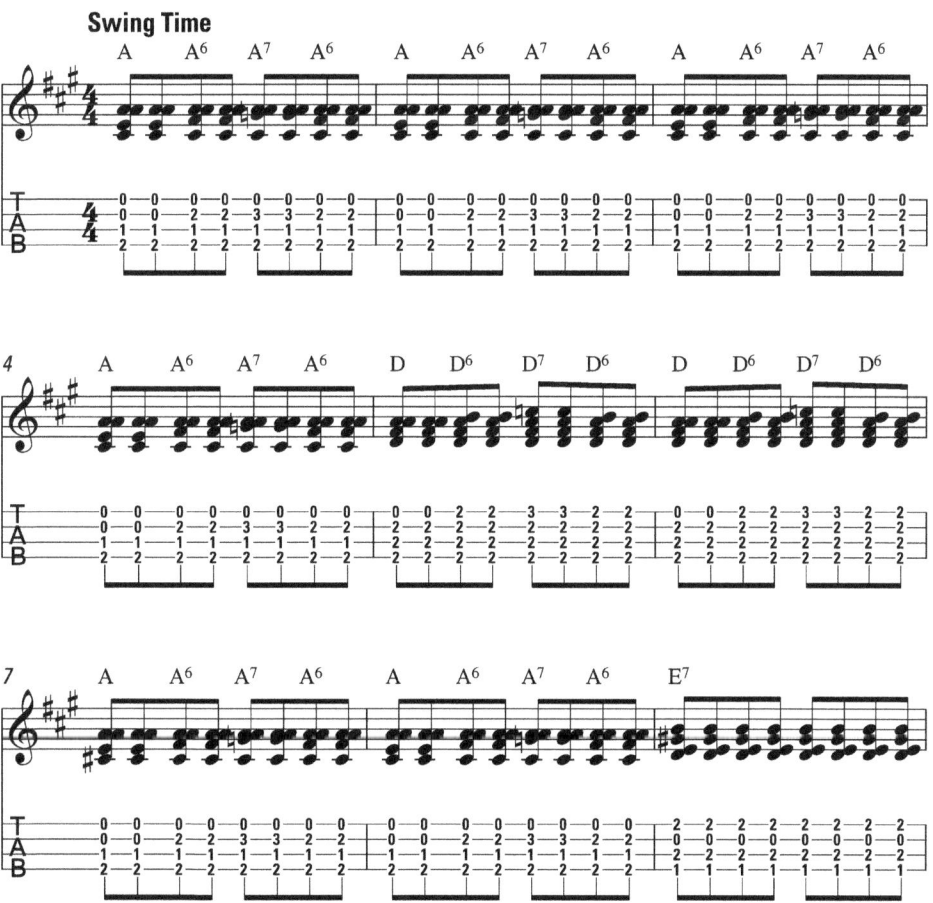

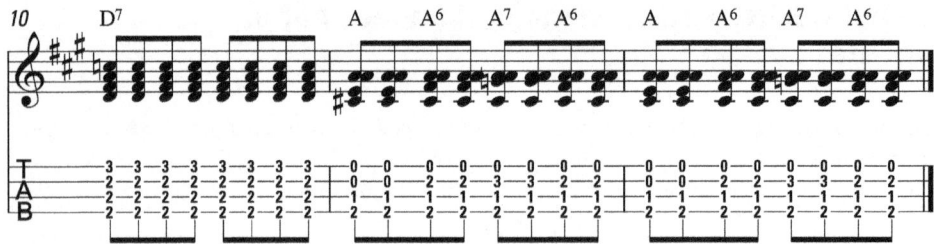

Abbildung 12.11: Zwölftaktiger Shuffle in der Tonart A

Turnarounds ... der Blues dreht sich im Kreis

Kommen wir nun zu einem elementaren Bestandteil der Bluesmusik – dem sogenannten *Turnaround*. Das ist jene Passage, die man am Ende einer Akkordfolge spielt, um danach wieder von vorn zu beginnen. Ich kenne fast nichts, was ich lieber auf der Ukulele spiele als solche Turnarounds. Die Grundform ist einfach, aber die verschiedenen Varianten gehen ins Unendliche.

 Erst mal zur Grundform: Sie besteht ganz schlicht und ergreifend aus vier *chromatisch absteigenden* Noten; man geht also jeweils um einen Bund tiefer. Ein Beispiel dafür (in der Tonart A) sehen Sie in Abbildung 12.12 (Track 64, Teil 1). Achten Sie darauf, dass im ersten Takt die Einzelnoten mit dem Daumen gezupft, im zweiten Takt jedoch die vollen Akkorde gespielt werden.

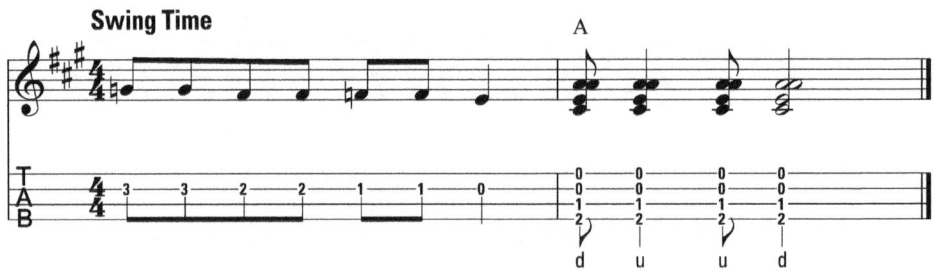

Abbildung 12.12: Noten und Tabulatur für die Grundform des Blues-Turnarounds

 In Abbildung 12.13 (Track 64, Teil 2) sehen Sie einen Turnaround, in dem die absteigende Notenfolge mit der ständig unverändert leer gespielten A-Seite kontrastiert und das mit einem Akkord vom Typus V endet (in diesem Fall E7). Bei dieser Version sollten Sie die E-Saite mit dem Daumen und die A-Saite mit dem Zeigefinger spielen.

Abbildung 12.13: Ein Blues-Turnaround mit leer gespielter A-Saite

 In Abbildung 12.14 (Track 64, Teil 3) kommen noch Doublestops dazu (falls Sie nicht mehr wissen, was das ist – in Kapitel 11 finden Sie einen ganzen Abschnitt darüber).

Abbildung 12.14: Blues-Turnaround mit Doublestops

 Es geht sogar noch bunter: In Abbildung 12.15 (Track 64, Teil 4) werden in den Turnaround zusätzlich zu den Doublestops auch *Triolen* (drei Noten pro Taktschlag) eingebaut. Anstatt die A-Saite immer nur leer zu spielen, entsteht hier außerdem eine kleine Melodiefolge.

Abbildung 12.15: Ein ganz ausgeklügelter Turnaround

 Man beachte: Der E7-Akkord wird bereits **vor** dem nächsten Takt gespielt (ein Trick, mit dem man beim zwölftaktigen Bluesschema häufig arbeitet).

Die »Leadstimme« beim Blues

Der zwölftaktige Blues, den ich Ihnen bisher vorgestellt habe, ist so etwas wie der klassische Blues schlechthin; beim folgenden Stück aber liegt der Schwerpunkt auf den »Lead Parts«, also auf der Melodieführung und den instrumentalen Teilen. Der »Memphis Blues« (Abbildung 12.16, Track 65), ein Evergreen von W. C. Handy aus dem Jahr 1912, vermischt den Blues mit Elementen des frühen Jazz und des Ragtime-Stils.

Memphis Blues

2

Abbildung 12.16: Noten und Tabs für den »Memphis Blues«

Der kniffligste Teil dieser Melodie findet sich im siebten und achten Takt, wo man vom offenen Akkord in den fünften Bund und wieder zurück wechseln muss.

 Der Übergang gelingt am besten, wenn man die offenen A-Saiten-Noten beim Wechsel ausklingen lässt, während man die Position wechselt.

Wenn Sie beim siebten Takt angekommen sind, sollten Sie die C-Saite im fünften Bund unbedingt mit dem Zeigefinger spielen. Dann befindet sich Ihre Hand auch für die anderen Noten dieses Taktes in der richtigen Stellung.

Beim Übergang zum achten Takt sollten Sie das Sliding auf der A-Saite vom sechsten in den fünften Bund mit dem Mittelfinger spielen, sodass Sie bequem mit dem Zeigefinger die E-Saite im vierten Bund spielen können.

Solos mit der Bluestonleiter

Das Bluessolo ist eine ganz spezielle Form, deswegen hat man auch eine eigene Tonleiter nach ihm benannt. Aber so kompliziert ist die nicht – glücklicherweise unterscheidet sie sich von der pentatonischen Molltonleiter (siehe Kapitel 10) nur in einer einzigen Note.

Die Ausgangsposition der Bluestonleiter

Um aus der pentatonischen c-Moll-Tonleiter eine C-Bluestonleiter zu machen, müssen wir ihr nur eine Note hinzufügen – und die liegt auf der E-Saite, gegriffen im zweiten Bund. Somit erhalten wir das Griffbrettdiagramm aus Abbildung 12.17 und die Tonleiter, wie sie in Abbildung 12.18 dargestellt ist.

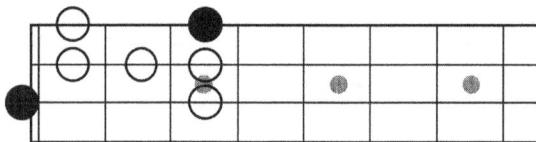

Abbildung 12.17: Griffbrettdiagramm für die Bluestonleiter in C

Abbildung 12.18: Noten und Tabulatur für die Bluestonleiter in C

 Wenn Sie in einer anderen Tonart spielen wollen, brauchen Sie dieses Muster nur zu verschieben. Ein Beispiel: Zwei Bünde nach unten (also tonmäßig höher), und aus C wird D (siehe Abbildung 12.19).

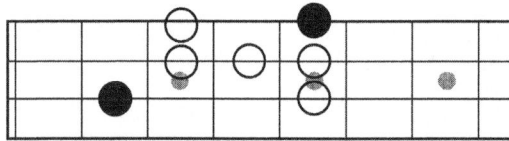

Abbildung 12.19: Griffbrettdiagramm für die Bluestonleiter in D

Bluestonleiter, zweite Position!

Um zur zweiten Position der Bluestonleiter zu gelangen, müssen wir uns auf dem Instrumentenhals in höher klingende Regionen vorwagen. Man spielt einfach die zweite Position der pentatonischen Molltonleiter, wie in Kapitel 10 beschrieben, und fügt eine Note hinzu – bei der Bluestonleiter in C ist dies die C-Saite im sechsten Bund. Somit entsteht folgendes Griffbrettdiagramm:

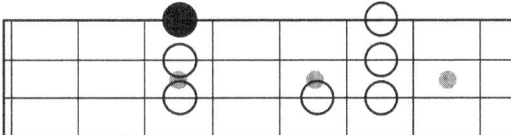

Abbildung 12.20: Griffbrettdiagramm für die C-Bluestonleiter in der zweiten Position

 Um die Tonart zu wechseln, kann man diese Skala einfach auf- oder abwärts verschieben. Bewegt man die Finger zum Beispiel auf dem Ukulele-Hals um drei Bünde nach oben (wo es also tiefer wird), erhält man die Bluestonleiter in A (Abbildung 12.21).

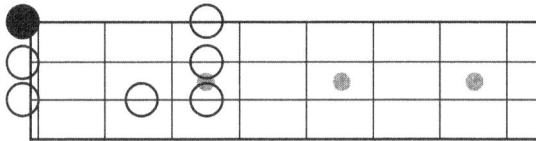

Abbildung 12.21: Griffbrettschema für die Bluestonleiter in A

Der Aufstieg in die Solo-Höhen

Die Bluestonleiter funktioniert ganz hervorragend für den zwölftaktigen Shuffle, den ich in einem der vorhergehenden Abschnitte (»Für Abwechslung sorgt der Shuffle«) erklärt habe. Nachfolgend stelle ich Ihnen zwei Solos vor – eines in der Tonart C, das andere in A – bei denen Sie mit der Bluestonleiter arbeiten können (und nie vergessen: Kopf in den Nacken, Augen zu, schmerzverzerrtes Gesicht).

 An drei Dinge sollten Sie denken, wenn Sie sich an diesen Solos versuchen:

✔ **Swing:** Die erste Hälfte der Beats muss länger sein als die zweite, darauf müssen Sie achten! Dadurch entsteht der sogenannte Off-Kilter-Rhythmus, was so viel wie »schräg« oder »schief« bedeutet, aber verdammt gut klingt. Mehr über das Swing-Tempo (Swing Time) erfahren Sie in Kapitel 5.

✔ **Pausen:** Immer, wenn Sie auf ein Pausenzeichen stoßen (wie die aussehen, steht in Kapitel 7), müssen Sie dafür sorgen, dass die Note, die Sie gerade gespielt haben, nicht nachklingt. Handelt es sich um eine gegriffene Saite, lassen Sie sie los; handelt es sich um eine leer gespielte Saite, bringen Sie sie mit einer leichten Berührung zum Verstummen.

✔ **Picking:** Bei beiden Solos wenden Sie die Fingerpicking-Technik an. Ihr Daumen »bedient« die C-Saite, Ihr Zeigefinger die E-Saite und Ihr Mittelfinger die A-Saite.

Bluessolo in C

 Das Solo in Abbildung 12.22 (Track 66) ist vom Charakter her ziemlich relaxt und bedient sich einer Technik, die bei Bluessolos recht verbreitet ist und zunächst einmal darin besteht, dass man eine Tonfolge wiederholt und dabei ein wenig mit ihr herumspielt. Im ersten Takt erscheint sie in »Reinform«, im zweiten Takt wird sie verkürzt und im dritten Takt verlängert, wobei manche Saiten etwas höher erklingen.

Ein zweiter Aspekt dieses Solos sind die langen Pausen. Die sind äußerst wichtig, weil sie dafür sorgen, dass die Noten genügend »Luft zum Durchatmen« haben.

 Bei den langen Pausen im siebten und achten Takt ist die Versuchung groß, eine zusätzliche Tonfolge einzubauen – aber tun Sie es lieber nicht! Sie werden sofort merken, dass die Sache sonst etwas überladen klingt.

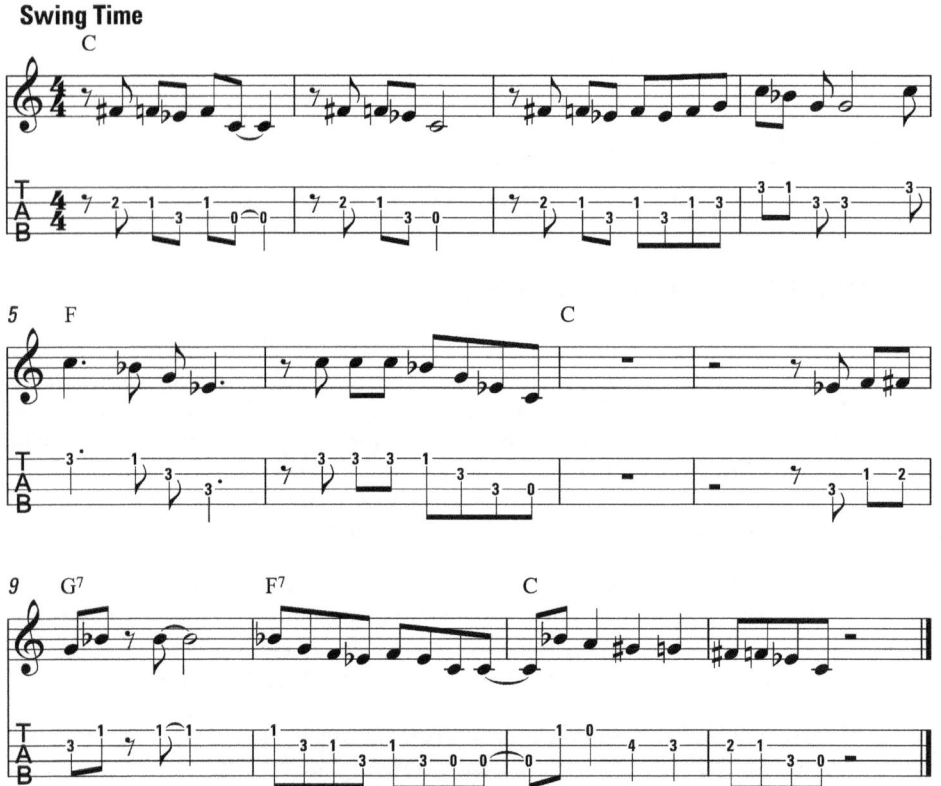

Abbildung 12.22: Bluessolo mit der C-Bluestonleiter

Am Ende des Solos weicht man von der Bluestonleiter ab, um die übliche absteigende Notenfolge spielen zu können.

Bluessolo in A

 Bei dem Solo in Abbildung 12.23 (Track 67) handelt es sich um ein ziemlich flottes Stück. Die Tonart ist A, also benötigen wir in diesem Fall die A-Bluestonleiter.

Abbildung 12.23: Bluessolo mit der A-Bluestonleiter

 Am Anfang bitte aufpassen! Der Soloteil beginnt bereits einen Taktschlag bevor die Begleitung einsetzt. Wenn Sie also zu der Begleitung in Track 67 spielen, müssen Sie auf die ersten vier Metronomschläge achten – schon beim vierten Schlag beginnen Sie zu spielen.

 Ein wenig knifflig wird es im vierten Takt. Dort folgen nämlich vier Triolen aufeinander (das heißt: viermal drei Noten pro Taktschlag). Das könnte sich bei den ersten Versuchen etwas holprig anhören – aber wenn Sie es einige Male geübt haben, geht es Ihnen bestimmt total glatt von der Hand.

Das Solo endet mit einem Blues-Turnaround, der dem aus Abbildung 12.12 ziemlich ähnelt.

Kapitel 13
Aloha from Hawaii!

N atürlich hätte ich sie in diesem Buch auch unerwähnt lassen können – die eigentliche Geburtsstätte der Ukulele. Aber wäre das nicht ziemlich töricht gewesen? Die hawaiianische Musik und die Uku sind gewissermaßen »zusammen groß geworden«, und genau aus diesem Grund hören sich die typischen Hawaii-Klänge auf der Ukulele besonders gelungen an – egal, ob es nun ein beschwingter Walzer ist oder ein flottes Stück im Schlagrhythmus.

In diesem Kapitel wollen wir über die ganz speziellen Eigenheiten des hawaiianischen Uku-Stils sprechen, und Sie werden auch ein paar Songs im Hawaii-Stil kennenlernen, mit deren Hilfe auch an kalten Wintertagen Südseestimmung aufkommt.

So klampft man auf Hawaiianisch

Wie schlägt man auf Hawaii die Uku-Saiten an? Da gibt es zwei große Besonderheiten:

✔ **Swing Time:** Damit ist der ganz besondere Swing-Rhythmus gemeint. Die erste Hälfte eines Beats ertönt länger, die zweite Hälfte ist kürzer. Wenn Sie noch mehr über den Swing-Rhythmus erfahren wollen, schlagen Sie in Kapitel 5 nach!

✔ **Betonung der Offbeats:** Anstatt die jeweils ersten und dritten Taktschläge zu betonen (wie in der europäischen Musik üblich), werden in der hawaiianischen Musik die zweiten und vierten Taktschläge betont.

Allein mit diesen beiden Elementen lässt sich aus einem ganz simplen Anschlagsmuster etwas ganz Besonderes zaubern. Zur Hervorhebung der Offbeats gibt es zwei Methoden:

    ✔ Man kann sie einfach härter anschlagen (wie in Kapitel 5 beschrieben).

    ✔ Man kann dem zweiten und vierten Taktschlag einen gedämpften Chnk hinzufügen, wie es in Abbildung 13.1 (Track 68) zu sehen ist. Nein, zum letzten Mal: Chnk ist kein Druckfehler (falls Sie Zweifel haben, schlagen Sie in Kapitel 5 nach).

Swing Time

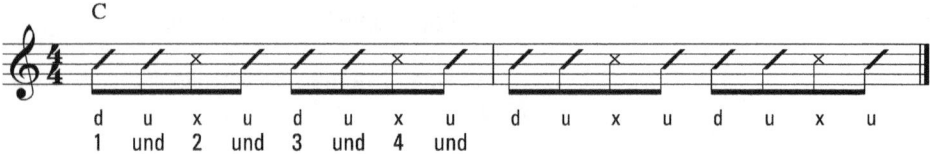

Abbildung 13.1: Der typisch hawaiianische Anschlag

Dieses Anschlagsmuster können Sie verwenden, um den bekanntesten Hawaii-Song aller Zeiten zu spielen: »Aloha 'Oe«. Geschrieben hat ihn die hawaiianische Königin Lili'uokalani, und für die meisten von uns verkörpert das Lied, das auch in Filmen wie *Blue Hawaii* mit Elvis oder in *Lilo & Stitch* auftaucht, das typisch hawaiianische Lebensgefühl.

 In Abbildung 13.2 finden Sie die Akkorddiagramme für diesen Song, in Abbildung 13.3 die komplette Akkordfolge (Track 69).

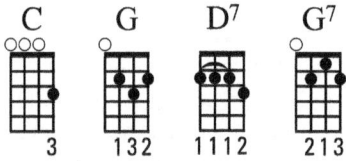

Abbildung 13.2: Akkorddiagramme für den Song »Aloha 'Oe«

Eine weitere Möglichkeit, den typisch hawaiianischen Sound zu erzeugen, besteht darin, drei Anschläge in einen einzigen Taktschlag zu packen, was man als *Dreierschlag* oder *Triolenanschlag* bezeichnet. Normalerweise, das wissen Sie ja, besteht ein Taktschlag nur aus maximal zwei Anschlägen (einmal ab und einmal auf).

Jetzt fragen Sie sich wahrscheinlich: Drei Anschläge – wie soll ich das denn machen? Es gibt ja nur zwei Schlagrichtungen, nämlich auf und ab. Nun, da gibt es zwei Möglichkeiten: Entweder Sie durchschreiten die Pforte des Raum-Zeit-Kontinuums und spielen vierdimensional, oder Ihre Finger (und das heißt im Klartext Sie) lassen sich was einfallen. Wie man sich Wurmlöcher erschafft, kann ich Ihnen in diesem Buch leider nicht in aller Breite schildern (dazu gibt es das Buch *Zeitreisen und astrophysikalische Wunder für Dummies* ... oder erscheint das erst noch?), also konzentrieren wir uns mal auf die zweite Methode.

Für den Dreierschlag (Triolenanschlag) benötigen Sie Daumen und Zeigefinger. Machen Sie erst mal eine lockere Faust und nehmen Sie mit der Hand die übliche Anschlagposition ein. Dann lassen Sie den Zeigefinger über die Saiten fegen (erster Anschlag) und danach den Daumen (zweiter Anschlag), wozu Sie das Handgelenk ein wenig drehen müssen. Dann führen Sie den Zeigefinger wieder nach oben, wobei Sie gleichzeitig die Saiten berühren (dritter Anschlag), und schon sind Sie wieder in der Ausgangsposition. In Abbildung 13.5 sehen Sie das genaue Schlagmuster für diese Technik.

Aloha 'Oe

Abbildung 13.3: Die Akkorde für »Aloha 'Oe«

Turnarounds à la Hawaii

Den Turnaround kennen Sie ja schon aus dem Blues-Kapitel – es ist der letzte Teil einer Akkordfolge, die wieder zum Anfang zurückführt. In der hawaiianischen Musik gehört er zu den elementarsten Kennzeichen.

... und so macht man's auf der Insel

Die meisten hawaiianischen Melodien bestehen aus einer Akkordfolge, die zum Schluss ganz automatisch wieder an den Beginn zurückführt. Das geschieht mithilfe der *Turnarounds* – und hier können Sie lernen, wie man das macht:

Der hawaiianische Turnaround ist auch bekannt als die II7-V7-I-Akkordfolge. In der Tonart C wären das die Akkorde D7-G7-C (siehe Abbildung 13.4 sowie Track 70, Teil 1) – eine wunderbare Gelegenheit, den Dreierschlag einzusetzen (siehe Abbildung 13.5 sowie Track 70, Teil 2).

Abbildung 13.4: Hawaiianischer Turnaround in C

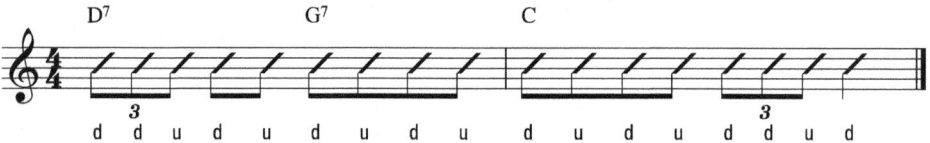

Abbildung 13.5: Hawaiianischer Turnaround mit Dreischlägen (Triolen)

Sie können Ihre eigenen Turnarounds erschaffen, indem Sie sich an den Akkordfamilien aus Kapitel 6 orientieren. Ein Beispiel: Für die Tonart A ist der ii-Akkord das Hm, der V-Akkord das E und der I-Akkord das A. Um einen hawaiianischen Turnaround zu kreieren, nehmen Sie den II-Mollakkord und verwandeln ihn in einen Durseptakkord (aus Hm wird also H7). Die II7-V7-I-Folge lautet in diesem Fall also H7-E7-A.

Der Hawaii-Turnaround als Solo

Der hawaiianische Turnaround wird typischerweise nicht gesungen, was eine hervorragende Gelegenheit bietet, es zu einem kleinen, aber beeindruckenden Solo auszubauen. Allerdings gibt es auch dafür feste Formen. Die am häufigsten vorkommende Grundform, am Beispiel der Tonart A, sehen Sie in Abbildung 13.6 (Track 71, Teil 1).

Abbildung 13.6: Grundform des Turnaround-Solos

 Diese Grundform lässt sich bearbeiten und ausschmücken – mit einigen Hammerings und Pull-offs (siehe Kapitel 10). Ein Beispiel dafür sehen Sie in Abbildung 13.7 (Track 71, Teil 2).

Abbildung 13.7: Erweitertes Turnaround-Solo

 Turnarounds kommen so gut an, dass viele Künstler sie sogar zweimal hintereinander spielen, um der Sache noch mehr Pfiff zu verleihen. Wenn Sie auch vorhaben, einen Turnaround zweimal zu spielen, können Sie getrost Ihre eigenen Variationen einbauen, oder – wie in Abbildung 13.8 (Track 71, Teil 3) – die beiden vorangegangenen Turnarounds mithilfe einer Überleitung verbinden. Seien Sie ruhig kreativ und probieren Sie alles mal aus, was Ihnen einfällt.

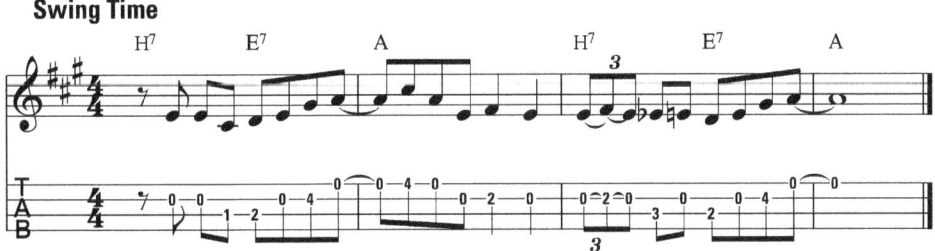

Abbildung 13.8: Ein doppelter Turnaround

Ein Stück, in dem diese Art von Turnaround vorkommt, ist »Papalina Lahilahi« (Abbildung 13.9, Track 72).

Papalina Lahilahi

Abbildung 13.9: Der Song »Papalina Lahilahi«

Und jetzt die Krönung: »Alekoki«

In der hawaiianischen Musik gibt es eine Menge wunderschöner Melodien – aber keine ist vermutlich so hin- und mitreißend wie »Alekoki« (siehe Abbildung 13.10, Track 73). Ursprünglich stammt der Song von William Charles Lunalilo, er wurde aber später von King Kalakaua und Lizzie Alohikea bearbeitet. Seine Melodie enthält einige der typischen Kennzeichen hawaiianischer Musik, wie etwa das mitreißende Tempo oder die II7-V7-I-Akkordfolge (D7-G7-C), wie ich Sie in dem Abschnitt »Turnarounds à la Hawaii« beschrieben habe.

Auf zwei etwas schwierigere Passagen sollten Sie beim Spielen des Songs auf jeden Fall achten: Zunächst einmal wäre da der große Sprung (vom dritten in den zwölften Bund) in Takt 3, und in Takt 6 werden Sie bemerken, dass Sie die Finger ganz schön spreizen müssen, um gleichzeitig im zweiten und im siebten Bund zu greifen. Eine hervorragende Dehnübung!

Alekoki

Abbildung 13.10: Der Song »Alekoki«

 Damit Sie sich beim »Springen« leichter tun, verkürzen Sie die vorangegangene Note ein wenig, dann haben Sie genug Zeit, um sich in den zwölften Bund vorzubewegen. Falls Sie auf einer Tenor-Uku spielen, könnte der große Fingerabstand in Takt 6 Sie ein wenig überfordern; dann weichen Sie einfach auf die Alternative in Abbildung 13.11 aus.

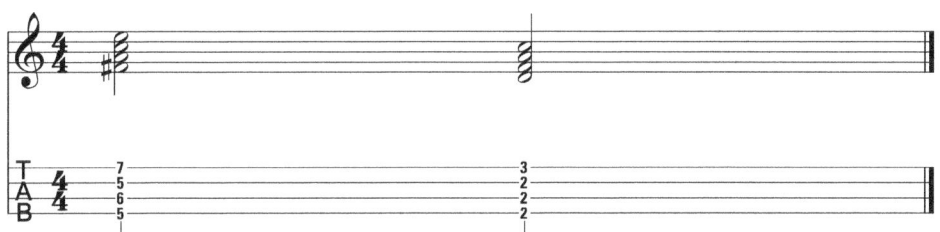

Abbildung 13.11: Die leichtere Alternative zu Takt 6

Kapitel 14
Die Uku kann auch jazzen

Zu Ruhm und Ansehen auf dem amerikanischen Kontinent gelangte die Ukulele während der Panama-Pacific-Expo, die 1915 in San Francisco stattfand und bei der die Hawaii-Ausstellung der große Renner war. Diese Veranstaltung fand zeitgleich mit dem Beginn der sogenannten Jazz-Ära in den USA statt, und die neuen Jazzmusiker stürzten sich geradezu auf die Ukulele. Jeder, der etwas auf Mode hielt, erschien mit einer Uku unterm Arm, und wenn ein Collegeboy ein Mädchen aufreißen wollte, funktionierte das umso besser mit einer Ukulele. Seit jenen Tagen ist das Instrument mit den Jazz-Standards dieser Ära eng verbunden.

Lou Reed sagte einmal: »Alles, was mehr als drei Akkorde hat, ist Jazz.« In diesem Kapitel wollen wir eine ähnlich globale Sichtweise einnehmen, uns auch dem Ragtime zuwenden, der vor dem Jazz entstand, und uns dabei vor allem mit der ausgefeilten Anschlagtechnik von George Formby beschäftigen, dessen Markenzeichen die Ukulele war. Außerdem werde ich Ihnen auch ein paar modernere und unkonventionellere Formen des Jazz-Solospiels beibringen.

Turnaround, die dritte!

Und wieder einmal beschäftigen wir uns mit Turnarounds. Der Jazz-Turnaround gründet auf dem hawaiianischen Turnaround (siehe Kapitel 13), allerdings kommt hier ein weiterer Akkord hinzu – der in der Akkordfamilie kurz als VI7-Akkord bezeichnet wird. So gelangen wir also zur Akkordfolge I-VI7-II7-V7-I. In der Tonart C bedeutet das konkret: C-A7-D7-G7-C (siehe Abbildung 14.1, Track 74).

Dieser Turnaround kommt in den Songs »Sister Kate« und »Take Me Out to the Ballgame« vor (siehe Kapitel 5 und Abbildung 5.19).

Abbildung 14.1: Jazz-Turnaround in C

Damit es besonders authentisch klingt, kommt der Jazz-Turnaround am Ende eines Songs oft mehrmals hintereinander zum Einsatz (wozu man nach Belieben Textzeilen wie »I really mean it« oder »Tell your daddy« singen kann) und ist ein Hauptmerkmal des Klassikers »Darktown Strutters' Ball« (Abbildung 14.3). Die dazugehörigen Akkordformen finden Sie in Abbildung 14.2 (Track 75).

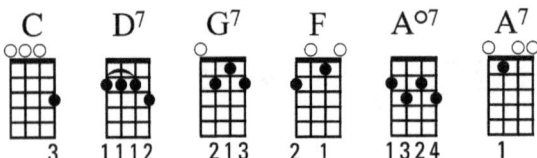

Abbildung 14.2: Akkorddiagramme für den Song »Darktown Strutters' Ball«

Darktown Strutters' Ball

Abbildung 14.3: Der Song »Darktown Strutters' Ball« samt Akkorden

 Der Turnaround lässt sich auch erweitern, wie in Abbildung 14.4 (Track 76) zu sehen ist. Diese Art von Turnaround kennt man aus Songs wie »Hurry on Down to My House« und »Red Hot«.

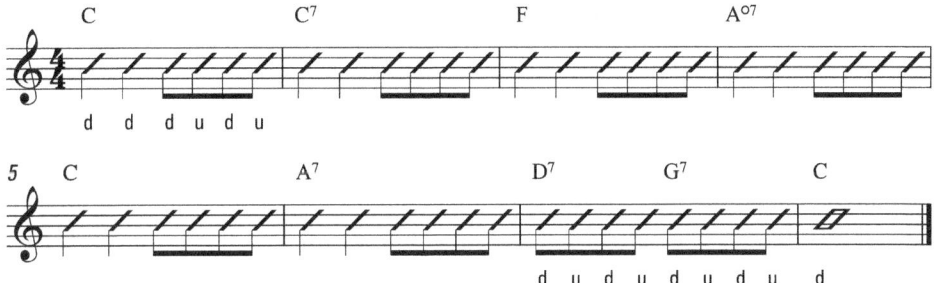

Abbildung 14.4: Erweiterter Jazz-Turnaround

Manche mögen's heiß: Die Hot-Jazz-Akkorde

Eines der hervorstechendsten Merkmale des Jazz ist der Gebrauch von komplexen Akkorden und Tonleitern. In diesem Abschnitt zeige ich Ihnen zwei Methoden, wie Sie einen Akkord »jazztauglich« machen können: Entweder man erweitert den Akkord oder man gestaltet ihn etwas schräger. Das heißt, man fügt entweder eine oder mehrere Noten hinzu, sodass aus dem Dreiklang ein Vier- oder gar Fünfklang wird (daher der Name *erweiterter Akkord*), oder man wandelt gewisse Noten ab (das nennt sich dann *übermäßiger Akkord*).

Akkorderweiterungen

Die Akkordfamilien, bei denen wir in Kapitel 6 zu Besuch waren, bestanden alle aus Akkorden mit drei Noten. Aber so wie in mancher Familie einer schnell mal ein Pfund zulegt, können auch Akkorde »zunehmen«, indem man ihnen eine vierte Note hinzufügt. Bei der Familie C treffen wir dann auf folgende Mitglieder:

✔ I: Cmaj7

✔ ii: Dm7

✔ iii: Em7

✔ IV: Fmaj7

✔ V: G7

✔ vi: Am7

Die jeweiligen Griffdiagramme finden Sie in Abbildung 14.5.

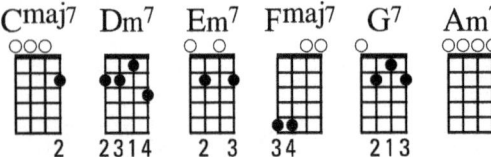

Abbildung 14.5: Die Vierklänge aus der Akkordfamilie C

 Um eine typische jazzige Akkordfolge zu erhalten, kann man Dreiklang- und Vierklang-Akkorde auch miteinander kombinieren, wie in Abbildung 14.6 (Track 77).

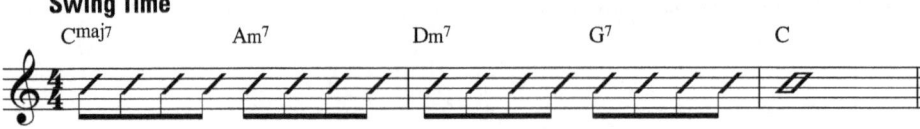

Abbildung 14.6: Akkordfolge mit Vierklang-Akkorden in C

Echt jazzig anschlagen

Ein jazziger Sound entsteht dann, wenn der gängige Fingeranschlag mit dem sogenannten »Splitstroke« – was sich in etwa mit »synkopierter Wechselschlag« übersetzen ließe – kombiniert wird. In diesem Abschnitt lernen Sie einen Ragtime-Klassiker zu spielen, der auf einer typischen Jazzwendung aufbaut und durch den charakteristischen Splitstroke eines George Formby, ein britischer Komiker und Meister der Ukulele, zum Schwingen gebracht wird.

Wir versuchen uns am Ragtime

Ragtime war zuerst. Dann kam der Jazz. Der Ragtime hat viel von dem, was später mit dem Jazz in Verbindung gebracht wurde, wie etwa besondere Rhythmen (beziehungsweise Synkopierungen) und gewagte Akkorde. Scott Joplin war fraglos der überragende Komponist der Ära. Sein »12th Street Rag« ist auch zum Uku-Klassiker geworden.

Der Song funktioniert deshalb so gut, weil er sich hervorragend für die Fingeranschlag-Methode aus Kapitel 9 eignet. Wir gelangen auf diese Weise zu dem Arrangement aus Abbildung 14.7. Sie können das Ganze in Track 78 nachhören.

Der Eröffnungsteil stützt sich auf zwei Akkorde (C und G7), wobei die oberste Saite (also die am weitesten von Ihrem Kopf entfernte) einem einfachen Muster folgt: Mal wird sie im dritten, mal im zweiten Bund gegriffen, mal leer gespielt – immer in dieser Reihenfolge. Der zweite Teil ist einfach nur eine Erweiterung des Jazz-Turnarounds, das wir aus dem Abschnitt »Turnaround, die dritte!« kennen (und bei der auch unterhalb der Notenlinien die jeweilige Schlagrichtung angegeben ist.

Üben Sie das Stück erst langsam. Wenn Sie sich sicherer im Sattel fühlen, können Sie das Tempo steigern.

Ich verrate Ihnen auch noch einen Trick, den Jazzmusiker auf der Ukulele öfter mal anwenden: Bei Titeln wie »12th Street Rag« oder »Crazy G« (aber auch der klassischen »Wilhelm Tell«-Ouvertüre) kommt es sehr gut an, wenn man die Melodie erst mal in einem gelassenen Tempo spielt, um sie dann beim zweiten Mal schneller zu präsentieren. Probieren Sie es aus – es wird Ihr Publikum so richtig mitreißen.

12th Street Rag

So, was ist nun der Splitstroke?

Den Begriff haben wir ja schon erwähnt – nur wissen Sie vermutlich noch immer nicht, was dahintersteckt. Zunächst einmal: Den Splitstroke gibt es nur auf der Ukulele – das hat mit ihrer speziellen Saitenstimmung zu tun. Wenn Sie ihn einmal von einem Meister gespielt hören wollen, empfehle ich Ihnen die Musik von George Formby. Hier steht, wie es funktioniert:

1. **Machen Sie einen Abschlag, ganz wie gewohnt.**

2. **Danach machen Sie einen Aufschlag, entfernen die Hand dabei aber leicht diagonal von der Ukulele, sodass nur die E- und die A-Saite erklingen.**

3. **Dann folgt ein halber Abschlag nach unten, sodass Ihre Hand nur die g- und die C-Saite »erwischt«. Diese für die Ukulele typische Anschlagtechnik bezeichnet man als *Touch Strum*.**

Falls Sie im 4/4-Takt spielen, führen Sie all diese Schritte zweimal hintereinander aus, danach nur noch Schritt 1 und 2 (siehe Abbildung 14.8).

Abbildung 14.8: Noten und Tabs für den Splitstroke

 Machen Sie sich keinen Kopf, wenn Sie einmal anstelle von zwei Saiten versehentlich drei anschlagen. Es klingt trotzdem noch immer richtig, da Sie ja einen Akkord greifen.

 Sobald Sie die Technik raushaben, probieren Sie einmal, die Noten auf der A-Saite zu variieren, um eine Melodie wie in Abbildung 14.9 (Track 79) zu kreieren.

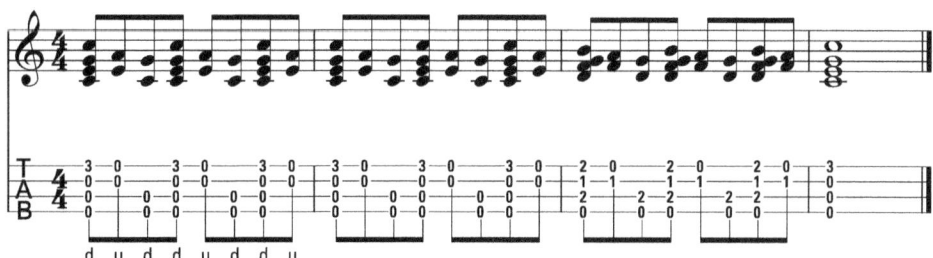

Abbildung 14.9: Splitstroke mit Melodie

Kapitel 15
Von Hawaii nach Jawaii – wo zum Kuckuck liegt denn das?

Jawaii werden Sie auf der Landkarte vergeblich suchen – und dennoch gibt es einen sogenannten jawaiianischen Musikstil. Das hat natürlich mit Hawaii zu tun. Aber auch mit Jamaika.

Jamaika ist zwar nur eine kleine Insel; trotzdem ging von dort ein gewaltiger Einfluss auf die Musik unserer Tage aus. Genau genommen ist Jamaika geradezu eine Fundgrube für die verschiedensten Musikstile: Es gibt dort den »Mellow Lovers Rock« mit seinen weichen Klängen, es gibt die sehr viel kantigere Ska-Musik, es gibt den jamaikanischen Folk/ Mento und den modernen, vom Hip-Hop beeeinflussten Ragga. Im engeren Sinne ist auch der Reggae eine dieser jamaikanischen Musikrichtungen, doch man verwendet den Begriff auch, um jegliche Art von Musik jamaikanischen Ursprungs zu kennzeichnen – und dieser Betrachtungsweise will ich in diesem Kapitel folgen.

Hawaii und Jamaika haben eine Menge gemeinsam: Bei beiden handelt es sich um kleine, aber feine Touristenparadiese mit einer prägnanten musikalischen Tradition, und auf beiden Inseln lebt man relaxt und betrachtet das temporeiche Leben auf dem Festland eher mit Skepsis. Kein Wunder also, dass die Hawaiianer sich begierig auf die jamaikanische Musik stürzten und daraus einen neuen Stil kreierten – eben den jawaiianischen. In ihm vermischen sich Reggae-Elemente mit der beschwingten Musik Hawaiis und dem Sound der Ukulele. Der jawaiianische Stil hat sich inzwischen so durchgesetzt, dass er sogar die traditionelle Musik Hawaiis überschattet.

Ihr bekanntester Vertreter ist Israel »IZ« Kamakawiwo'ole (das IZ spricht man aus wie in »Showbiz«), der für den modernen Sound der hawaiianischen Musik steht. Sein jawaiianischer Stil ist mittlerweile Teil des Mainstreams geworden, und man bekommt ihn in Pophits wie »Breakdown« (Jack Johnson), »I'm Yours« (Jason Mraz) oder »Hey, Soul Sister« (Train) zu hören.

Dieses Kapitel beschäftigt sich mit dem wichtigsten Aspekt der jawaiianischen Musik: dem typischen Schlagrhythmus (»Strumming«).

Wie funktioniert das jawaiianische Strumming?

Der Reggae (samt seiner jawaiianischen Nachkommen) hat sich seit seiner Geburt ständig weiterentwickelt – aber einer Sache ist er treu geblieben: der Betonung des Offbeats. Bei einem Takt im Vierer-Rhythmus werden also der zweite und vierte Taktschlag (Beat) betont: Eins, ZWEI, drei, VIER …

Um dieses Muster auf der Ukulele anzuschlagen, gibt es mehrere Möglichkeiten: Die einfachste Methode (siehe Kapitel 5, Track 16) besteht darin, den ersten und dritten Beat etwas sanfter zu spielen, den zweiten und vierten dafür härter und lauter. In diesem Abschnitt jedoch wollen wir uns noch ein paar andere Techniken anschauen, mit deren Hilfe man den Offbeat deutlich hörbar machen kann.

Hier ist er wieder: Der Touch Strum

Was ist der Touch Strum? Ein eher leichter Anschlag, bei dem man nur die g- und die C-Saite spielt. Beim Touch Strum dürfen Sie nur die obere Hälfte der Saiten berühren, müssen also nach der C-Saite einen Stopp einlegen. Beim Reggae kommt er in der Regel beim ersten und dritten Beat zum Einsatz, während beim zweiten und vierten Taktschlag volle Anschläge ausgeführt werden.

 Beim Anschlagen der Saiten brauchen Sie nicht allzu pingelig zu sein. Auch wenn Sie mal nur die g-Saite erwischen, klingt es immer noch okay. Wichtig ist nur, dass die Schläge beim ersten und dritten Beat etwas verhaltener klingen, die Offbeat-Schläge beim zweiten und vierten Beat dafür umso voller.

 Der Touch Strum ist eine besonders wirkungsvolle Methode zum Spielen von Strummings auf der Ukulele; man bekommt ihn in einer Menge Songs im jawaiianischen Stil (oder zumindest davon beeinflussten Stücken) zu hören. In Abbildung 15.1 (Track 80) sehen Sie eine Akkordfolge im Mraz-Stil von Train/ Jason, in denen solche Touch Strums vorkommen (gekennzeichnet mit dem Buchstaben *t*).

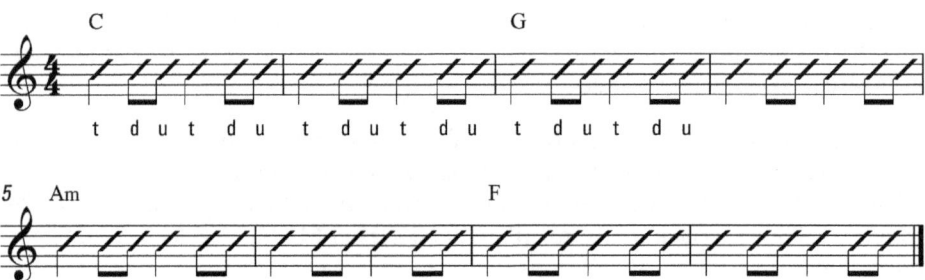

Abbildung 15.1: Touch-Strumming-Pattern

Dieses Touch-Strumming-Pattern können Sie auch benutzen, um den alten Mento- und Calypso-Song »Linstead Market« zu spielen (Abbildung 15.2, Track 81).

Linstead Market

Carry me ack - ee go a   Lin -stead Mar -ket,   Not a qua - ttie worth   sell.
D   G   D   A⁷   D

T du T   du T   du T du

Carry me ack - ee go a   Lin -stead Mar -ket,   Not a qua - ttie worth   sell.
D   G   D   A⁷   D

Oh,   what a night not a bite,   What a Sat - ur-day   night.
D   A⁷   D

Oh,   what a night not a bite,   What a Sat - ur-day   night.
D   A⁷   D

T du T   du d

Abbildung 15.2: Die Akkorde für »Linstead Market«

Reif für den Thumb-'n'-Strum-Stil?

Kommen wir nun zu einer weiteren Methode, die sich »Thumb 'n' Strum« nennt. »Thumb« ist das englische Wort für »Daumen«, woraus sich schließen lässt, dass diesmal neben den Fingern, die für den Anschlag verantwortlich sind, auch noch der Daumen zum Einsatz kommt. Und so ist es: Diesmal verzichten wir auf den Touch Strum und spielen den ersten und dritten Taktschlag mit dem Daumen. Deshalb zupft man zu Beginn erst mal die g-Saite.

Ein Superbeispiel für diese Technik ist die weltweit bekannte Version des Hits »Over the Rainbow« von Israel Kamakawiwo'ole. Abbildung 15.3 (Track 82, Teil 1) zeigt ein Strumming-Muster im Stil von IZ, bei dem diese Thumb'n'-Strum-Technik zum Einsatz kommt. IZ benutzte dazu eine Uku mit tiefer G-Stimmung, daher klingt es auf der Standardukulele etwas anders, die Wirkung aber bleibt die gleiche. (Mehr über den weltweit beliebten IZ erfahren Sie in Kapitel 21.)

Abbildung 15.3: Noten und Tabs für ein Thumb-'n'-Strum-Pattern im Stil von Israel Kamakawiwo'ole

Wenn Sie diesen Stil spielen, sollten Sie Ihr Anschlagstempo etwas bremsen, dafür aber mehr Kraft einsetzen. Anstatt also aus dem Handgelenk zu spielen, streichen Sie mit dem Zeigefinger über die Saiten und verlangsamen die Bewegung Ihres Handgelenkes ein wenig. Diese Technik ermöglicht es Ihnen, den Daumen in der richtigen Position über der g-Saite beizubehalten.

Wenn Ihnen die Thumb-'n'-Sturm-Technik einigermaßen leicht von der Hand geht, können Sie bei den Noten, die Sie mit dem Daumen spielen, getrost ein wenig experimentierfreudiger werden. In Abbildung 15.4 (Track 82, Teil 2) sehen Sie ein Musikbeispiel, bei dem der Daumen die Melodie spielt und die Strums im Hintergrund sozusagen die Zwischenräume füllen.

Jammen mit Bob Marley

Es ist unmöglich, über Reggae zu sprechen, ohne dabei auch den großen Bob Marley zu erwähnen. Er bediente sich einer Strumming-Technik, die man als *Chord Stab* bezeichnet. Auf Deutsch heißt das so viel wie »einen Akkord niederstechen«, was ein wenig martialisch klingt. Um einen solchen Chord Stab zu spielen, schlägt man den Akkord an, nimmt aber die Finger der linken Hand sofort wieder vom Griffbrett, sodass er gewissermaßen »abgewürgt« wird.

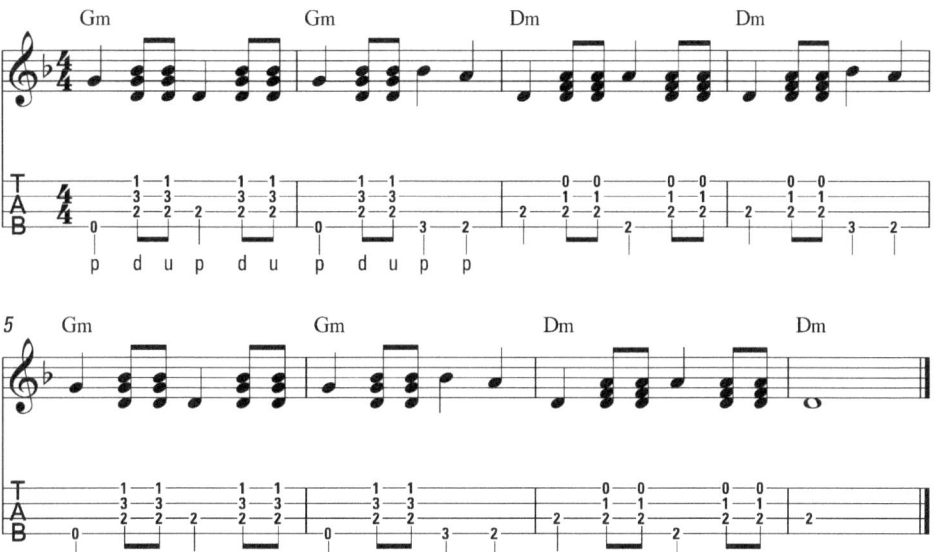

Abbildung 15.4: Thumb-'n'-Strum-Pattern mit Melodieführung

Diese Technik funktioniert nur, wenn Sie alle Saiten gleichzeitig anschlagen. In Abbildung 15.5 finden Sie die Akkordmuster für das Bob-Marley-Strumming-Pattern in Abbildung 15.6.

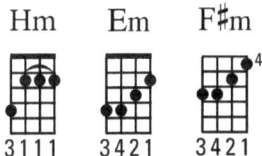

Abbildung 15.5: Die Akkordformen für das Strumming-Pattern im Stil von Bob Marley

Um Marleys typischen Strumming-Sound nachzuahmen, verzichten Sie bei den Taktschlägen 1 und 3 völlig auf einen Anschlag. Dann erhalten Sie ein Pattern wie in Abbildung 15.6 (Track 83, Teil 2).

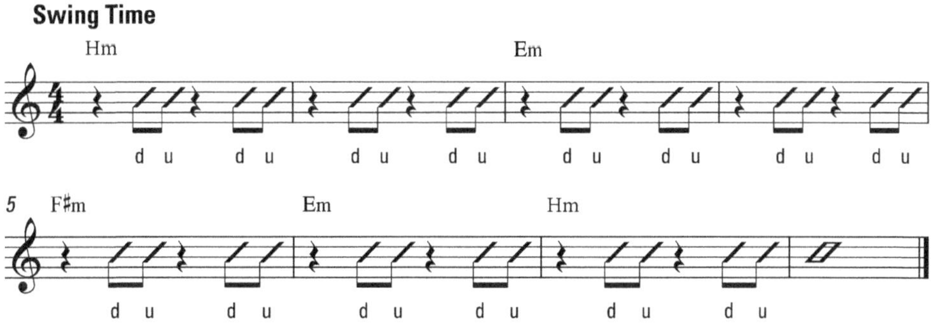

Swing Time

Abbildung 15.6: Strumming-Pattern im Stil von Bob Marley

Sie können diese »Leerstellen« natürlich auch füllen – was sich vor allem emp-fiehlt, wenn Sie allein spielen. Ich empfehle Ihnen gedämpfte Anschläge. Dazu bringen Sie Ihre Finger zwar in die Griffposition für den betreffenden Akkord, drücken die Saiten aber nicht aufs Griffbrett. So entsteht dieser gedämpfte Sound (siehe Abbildung 15.7; Track 83, Teil 2).

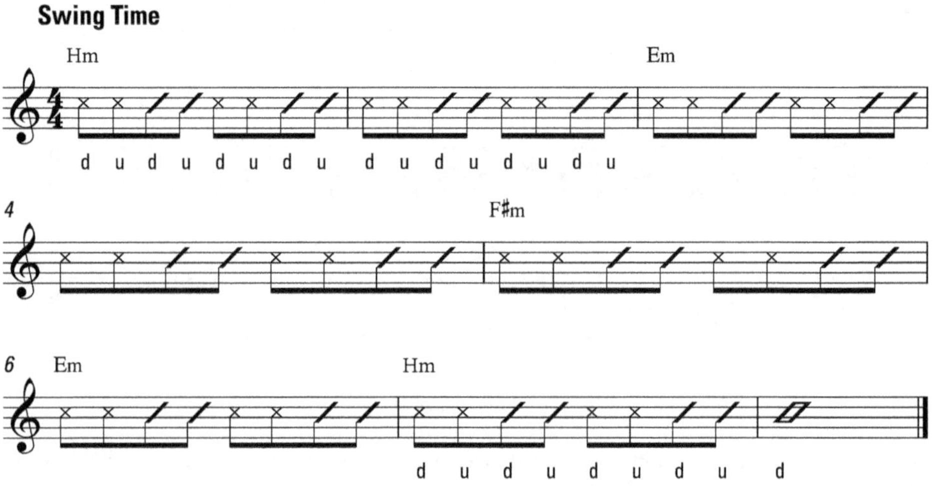

Swing Time

Abbildung 15.7: Bob-Marley-Strum mit gedämpften Anschlägen

Diese Technik lässt sich auch bei Akkorden mit leer gegriffenen Saiten anwenden. In die-sem Fall müssen wir einen der nicht am Griff beteiligten Finger (meist ist es der kleine) über die Saiten legen (ohne sie jedoch zu greifen). Der Druck muss stark genug sein, damit die Saite nicht klingt, darf aber auch nicht so stark sein, dass sie aufs Griffbrett gedrückt wird.

Die Methode ist nicht ganz einfach – deshalb empfiehlt es sich, falls möglich, den Akkord auf eine Weise zu greifen (Sie wissen ja, es gibt immer mehrere Varianten), bei der keine Leersaiten beteiligt sind.

Kapitel 16

Sahnestücke ... klassische Meisterwerke für die Ukulele

K lassische Musik ist vermutlich das Letzte, was man von einem Ukulele-Spieler erwartet – gerade deshalb macht es so viel Spaß, auch solche Stücke wie selbstverständlich auf der Uku zu spielen. Die Leute werden Ihnen erstaunt zuhören und denken: »Hätte ich nie gedacht, dass man so etwas auch auf der Ukulele spielen kann!« Wenn Sie andere Menschen auf diese Weise zum Staunen bringen wollen – in diesem Kapitel erfahren Sie, was dazu vonnöten ist. Und jetzt werfen Sie sich schon mal in Schale und duften Sie sich ein, denn die Luxuslimousine, die uns zur Konzerthalle bringen wird, wartet schon vor der Tür.

Klassik spielen mit der Strum-up-Technik

Mithilfe der *Strum-up*-Technik, also mit Aufwärtsschlägen, wie wir sie in Kapitel 9 besprochen haben (was bedeutet, beim Abwärtsschlag eines Akkords als Letztes die Melodienote hinzuzufügen), lassen sich einfachere klassische Melodien auf sehr wirkungsvolle Weise arrangieren.

In Abbildung 16.1 (Track 84) zum Beispiel sehen Sie die Tabs für ein Lied, mit dem Ihre Mutter Sie bestimmt öfter mal in den Schlaf gesungen hat: »Guten Abend, gute Nacht« (stammt übrigens von Johannes Brahms). Die Melodie baut auf drei Hauptakkorden auf, nämlich C, G7 und F. Zu Beginn eines jeden Taktes bringt man den betreffenden Akkord mit einer Abwärtsbewegung des Daumens zum Erklingen, wobei die letzte Saite, die man berührt, der Melodienote entspricht.

Guten Abend, gute Nacht

Abbildung 16.1: Tabs für »Guten Abend, gute Nacht« von Johannes Brahms

Nach dem einleitenden Akkord des Taktes werden die Melodienoten dann einzeln mit dem Daumen gespielt.

Der Fingersatz der Greifhand ist äußerst unkompliziert; nur beim siebten Takt gilt es, ein wenig vorauszudenken. Da sollte man die Note im dritten Bund mit dem kleinen Finger spielen; das wirkt zwar etwas seltsam, da man dazu normalerweise den Ringfinger benutzt, aber in diesem Fall könnte man dadurch beim Übergang zum nächsten Takt leicht »steckenbleiben«.

 Beim nächsten Song – »Greensleeves« (Track 87) – wenden wir die gleiche Technik an wie bei unserem Schlaflied von Brahms. Diesmal jedoch kommen weitere Elemente hinzu. Das dazugehörige Arrangement sehen Sie in Abbildung 16.2.

Greensleeves

Abbildung 16.2: Tabs für »Greensleeves«

Bei dieser Melodie müssen wir mehrmals Noten greifen, die sich in den höheren Bereichen, also weiter unten auf dem Hals unserer Ukulele finden – dazu bedarf es ein wenig Fingerakrobatik. Und auch wenn »Greensleeves« schon von Natur aus ein langsames Stück ist, sollten Sie keine Scheu haben, es zunächst noch langsamer zu spielen; langsam genug jedenfalls, damit die großen Sprünge auf dem Griffbrett keine »Löcher« im Melodiefluss erzeugen. Sobald es fließend klappt, können Sie das Tempo nach und nach steigern.

Worauf Sie außerdem achten müssen, sind die Up-Strums in den Takten 13 und 30. In diesen Fällen wird kein Abwärtsschlag mit dem Daumen, sondern ein Aufwärtsschlag mit dem Zeigefinger ausgeführt. Das Ohr interpretiert dann die letzte Note automatisch als die Melodienote. Warum hier Aufwärtsschläge vonnöten sind? Weil die Melodienote auf der g-Saite gespielt wird – im Gegensatz zu den anderen Takten, wo sie entweder auf der E- oder A-Saite ertönt. Und da die Melodienote immer der letzte Ton eines Akkords sein muss, geht es in diesen Fällen nicht anders.

 In den Takten 13 und 30 ist es relativ schwierig, die Melodienoten zu spielen, während man einen E7-Akkord greift. Es empfiehlt sich also, den Akkord während des gesamten Taktes erklingen zu lassen, dann aber den Griff zu lockern, bevor man die betreffende Note spielt.

Ukulele-Kurs für den klassischen Gitarristen

Klassische Gitarrenstücke lassen sich hervorragend auf die Ukulele übertragen. Häufig bestehen sie aus Picking-Patterns (also Zupfmustern) und sogenannten *Arpeggios* (das sind Akkorde, bei denen man eine Note nach der anderen spielt, anstatt sie alle zusammen anzuschlagen). Eines der bekanntesten Beispiele ist die »Spanische Romanze« (Romanza), die Sie in Abbildung 16.3 (Track 86) sehen können.

Hier eine einfache Methode, wie sich Gitarrenstücke auf die Ukulele übertragen lassen: Die Griffanweisungen für die obersten drei Saiten können Sie im Grunde eins zu eins übernehmen. Das heißt: Wenn Sie laut Gitarren-Tabs eine bestimmte Saite im dritten Bund greifen sollen, dann greifen Sie sie auf der Ukulele einfach auch im dritten Bund. Das funktioniert deshalb, weil das Stimmungsverhältnis, also die Tonabstände der obersten drei Saiten, bei der Ukulele und der Gitarre identisch ist.

Allerdings funktioniert diese Technik nicht bei jedem Stück. Ein Hauptproblem besteht schon mal darin, dass es auf der Ukulele keine Bassnoten gibt. Um diesem Mangel abzuhelfen, füge ich der »Romanza« gleich zu Beginn einen a-Moll-Akkord hinzu. Das Lied steht in der Tonart a-Moll, und wenn man diesen Akkord gleich zu Beginn spielt, bleiben die Ohren des Zuhörers bis zum Schluss des Stückes darauf »eingespielt«.

Zum Spielen des Stücks benötigt man drei Finger – und zwar den Mittelfinger (M), den Zeigefinger (I) und den Daumen (T). (Prägen Sie sich diese Abkürzungen immer wieder ein, denn sie werden Ihnen in den meisten englischsprachigen Notenblättern und Tabs begegnen.) Das Picking-Pattern (Zupfmuster) lautet wie folgt:

M I T M I T M I

Die A-Saite ist es, die dabei für die Melodie sorgt, während die E- und die C-Saite für die Begleitung zuständig sind.

Wenn Sie die A-Saite besonders fest anzupfen, kristallisiert sich die Melodie umso besser heraus.

Beim Melodiespiel von »Romanza« gibt es ein paar Stellen, an denen Sie Ihre Finger wirklich gut unter Kontrolle haben müssen. Zum Beispiel beim siebten Takt: Da ist es wichtig, dass Sie die Note im achten Bund mit dem kleinen Finger spielen, um sich den Übergang zum nächsten Takt zu erleichtern. Oder bei den Takten 10 und 11: Da sollten Sie unbedingt sowohl die E- als auch die A-Saite mit Ihrer Zeigefingerspitze anzupfen. Das ermöglicht Ihnen den großen Sprung in den elften Bund.

Einer der berühmtesten Komponisten für Gitarrenmusik war der Italiener Ferdinando Carulli, der im 19. Jahrhundert lebte und mehr als 400 Gitarrenstücke schrieb. Abbildung 16.4 zeigt seine Komposition »Andante«, zurechtgeschnitten für die Ukulele (Track 87).

Romanza

Abbildung 16.3: Tabs für »Romanza«

Bei diesem Arrangement machen wir es genauso wie bei unserer »Romanza«: Wir übertragen die Griffe direkt von der Gitarre auf die Ukulele. Natürlich gehen uns dabei auch wieder die Bassnoten verloren, doch das schadet diesem faszinierenden Stück nicht unbedingt.

Zwei Elemente sind in diesem Stück besonders erwähnenswert: erstens die Folgen von Einzelnoten (die wir nach der in Kapitel 10 erklärten »Running Man«-Technik spielen) sowie verschiedene Notenpaare (die wir jeweils mit Zeige- und Mittelfinger zupfen).

Carulli's Andante

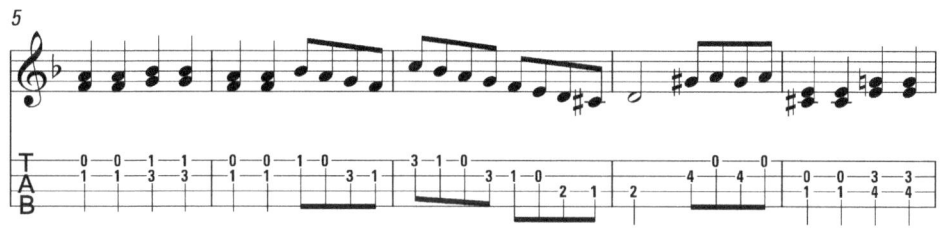

Abbildung 16.4: Tabs fürs Carullis »Andante«

Der Campanella-Stil

Ich habe Ihnen erklärt, wie man Gitarrenstücke direkt auf die Uku übertragen kann – aber diese Methode führt nicht immer zu befriedigenden Resultaten, weil sie den Besonderheiten der Ukulele nicht gerecht wird. Beim Campanella-Stil dagegen kommen alle Saiten der Uku zum Einsatz, was natürlich viel authentischer und besser klingt.

Wir wissen ja: Bei der Ukulele ist die g-Saite rückläufig gestimmt (Genaueres finden Sie in Kapitel 2). Und genau diesen Umstand macht man sich beim *Campanella*-Stil zunutze, sodass ein harfenähnlicher Sound entsteht, bei dem die Noten von ihrem Klang her »ineinander überfließen«. Bei den Stücken, die ich Ihnen bereits in vorangegangenen Kapiteln vorgestellt habe, war es ja immer so, dass die Noten in Folge gespielt wurden – beim Abwärtsspiel in die eine, beim Aufwärtsspiel in die andere Richtung. Beim Campanella-Stil werden die Noten quer übers Griffbrett gespielt, sodass keine einzige Saite zweimal hintereinander ertönt.

John King hat diese Technik für die Ukulele ausgebaut; das wirklich hervorragende Resultat können Sie sich auf seinem Album *Johann Sebastian Bach: Partita Nr. 3, BWV 1006 für Ukulele ohne Begleitung* anhören.

Abbildung 16.5 und Abbildung 16.6 vermitteln Ihnen ein Bild von der Funktionsweise der Campanella-Technik. Es handelt sich in beiden Fällen um die gleiche Melodie – nämlich um den Auftakt zur US-Nationalhymne »Star Spangled Banner«. In Abbildung 16.5 (Track 88, Teil 1) können Sie sehen, wie das Stück normalerweise gespielt wird, mit aufeinanderfolgenden Noten auf ein- und derselben Saite.

Abbildung 16.5: So wird »Star Spangled Banner« standardmäßig gespielt ...

Abbildung 16.6: ... und so in der Campanella-Version.

Die E-Saite jedoch, wenn man sie im dritten Bund greift, ergibt die gleiche Note wie die leer gespielte g-Saite. Somit lässt sich die im dritten Bund gegriffene E-Saite aus Abbildung 16.5 natürlich auch durch die g-Saite ersetzen (Abbildung 16.6; Track 88, Teil 1).

Bei dieser Technik ist also jede Saite nur für eine ganz bestimmte Note zuständig, wodurch es möglich wird, dass alle Noten ineinander überfließen und zusammen einen C-Dur-Akkord ergeben. Greifen Sie dazu einfach den vertrauten C-Dur-Akkord und lassen Sie die Noten so lange wie möglich nachklingen. Reservieren Sie dabei für jeden Ihrer Finger eine ganz bestimmte Saite (Daumen = g-Saite, Zeigefinger = C-Saite und so weiter).

Wenn Sie beide Methoden miteinander vergleichen, werden Sie zugeben müssen, dass der Sound mit der Campanella-Technik weitaus voller und reichhaltiger ist.

 So gut die Campanella-Technik auch klingt, sie hat auch ihre Schattenseite – sie ist nämlich sehr viel schwerer zu spielen. Vergleichen Sie einmal Abbildung 16.7 und Abbildung 16.8. Auch hier wird zweimal die gleiche Melodie gespielt – das bekannte »Gran Vals« (den meisten eher vertraut als nerviger Handy-Klingelton). In Abbildung 16.7 (Track 89, Teil 1) sehen Sie die Standardnotation, direkt von der Gitarre auf die Ukulele übertragen, in Abbildung 16.8 (Track 89, Teil 2) hingegen das Ganze im Campanella-Stil.

Abbildung 16.7: »Gran Vals« in der Standardversion ...

Wie Sie der Standardnotation entnehmen können, handelt es sich um genau die gleichen Noten – nur dass in Abbildung 16.8 jede von ihnen auf einer anderen Saite gespielt wird, sodass man alle vier Noten gleichzeitig ertönen lassen kann.

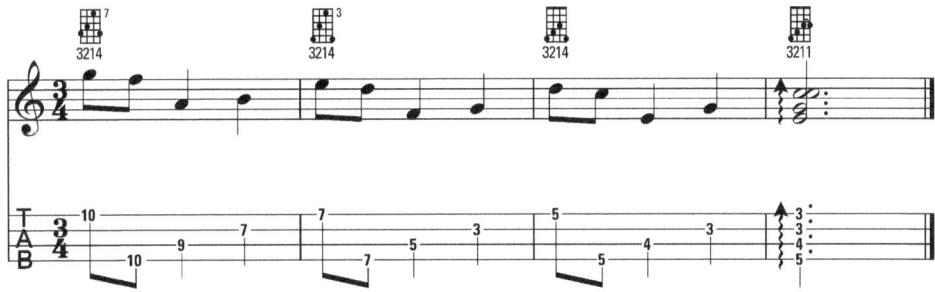

Abbildung 16.8: ... und im Campanella-Stil

Um die Campanella-Technik effektiv zu nutzen, muss man die Saiten so lange wie möglich gedrückt halten. Dazu bedarf es der richtigen Handstellung, die auch vorbereitet werden muss. Sehen Sie sich alle Noten an, die in einem bestimmten Takt vorkommen, und bringen Sie alle Ihre Finger gleich zu Beginn des Taktes in die richtige Position.

Ein Beispiel – am Anfang von Takt 1 greifen Sie wie folgt:

✔ **g-Saite:** Ringfinger im zehnten Bund

✔ **C-Saite:** Mittelfinger im neunten Bund

✔ **E-Saite:** Zeigefinger im siebten Bund

✔ **A-Saite:** kleiner Finger im zehnten Bund

An dieser Fingerstellung halten Sie bis zum Schluss des Taktes fest. Bei der gewohnten Technik ist es ja so, dass man eine Note zum Verstummen bringt, bevor man die nächste spielt. Beim Campanella-Stil jedoch lässt man sie nachklingen wie bei der Strumming-Technik, indem man die Saiten gedrückt hält, wodurch die Noten wirklich ineinander überfließen.

Kapitel 17
Ukulele für die Festtage

F ür den Ukulelespieler kann die Zeit zwischen den Jahren Freude und Herausforderung zugleich sein. Die Wahrscheinlichkeit ist hoch, dass Sie von der Familie und von Freunden aufgefordert werden, für Unterhaltung und Gesang zu sorgen. Deshalb hält dieser Abschnitt einige Lieder für Sie bereit, die Sie durch die Weihnachtsfeiertage und ins neue Jahr bringen.

Außerdem eigenen sich Weihnachtslieder bestens dazu, neue Techniken auszuprobieren. Weil diese Lieder allseits bekannt sind und über sehr starke Melodien verfügen, wird es Ihnen leichtfallen, mit Ungewohntem klarzukommen. Daher nehme ich auch diese Lieder zum Anlass, um neue Taktarten und Positionswechsel auf dem Griffbrett einzuführen.

Lasset uns »Twelve Days« spielen!

»The Twelve Days of Christmas« ist ein großartiges Lied zum Mitsingen. Wer mag nicht auch »five gold rings« mit voller Inbrunst schmettern?

Die Akkorde in »The Twelve Days of Christmas« (siehe Abbildung 17.1, Track 90) sind recht einfach. Aufmerksamkeit hingegen erfordert die Anschlagtechnik. Das Lied enthält zwei verschiedene Taktarten (siehe Kapitel 5), den 4/4- und den 3/4-Takt.

Das Stück hebt mit zwei ganzen Takten im 4/4-Takt an. Der nächste Takt ist ein 3/4-Takt. Und dieser Taktartwechsel vollzieht sich vor jedem »Geschenk« beziehungsweise »gift«, das vor den »five gold rings« besungen wird. In dieser Version gehe ich von »seven swans a-swimming« aus, dieser Takt wird zweimal gespielt. Dann geht's wieder zurück zum 4/4-Takt für genau zwei Takte und für die nächsten drei Takte in den 3/4-Takt. Und zum Ende kommen Sie zurück zum 4/4-Takt. Da muss man sich schon eine Menge merken.

Twelve Days of Christmas

On the seventh day of Christ - mas my true love sent to me,

F   C⁷   F

d   d   u   d   d   u   d   d   u   d   d   u

Seven swans a - swimm - ing   Five   gold___ rings,   Four___
Six geese a - lay - ing

F   C⁷   F   G   C

d   d   d   d   d   d

call - ing birds,   Three   French hens,   Two___ turt - le doves,   And a

F   B   C

d   d   u   d   u   d   d   u   d   u   d   d   u   d   u

part - ridge___   in   a   pear   tree.

F   B   F   C⁷   F

d   d   d   d   d

Abbildung 17.1: Die Akkorde von »The Twelve Days of Christmas«

Hören Sie sich zuerst einmal Track 90 an und versuchen Sie einfach mitzuzählen. Zählen Sie 1, 2, 3, 4 für die 4/4-Takte und dann 1, 2, 3 für die 3/4-Takte. Haben Sie einmal diese Taktwechsel verinnerlicht, greifen Sie zur Uku und spielen die Akkorde mit Abwärtsschlägen auf jeder Zählzeit durch.

Wir läuten das neue Jahr mit »Auld Lang Syne« ein

Das beste Mittel gegen halbrichtiges Gebrummel bei »Auld Lang Syne« an Silvester ist: selbst spielen! Außerdem können Sie so richtig gut Griffwechsel üben.

 Das Arrangement (siehe Abbildung 17.2, Track 91) sieht keine Noten im ersten Bund vor, deshalb fangen Sie mit dem Zeigefinger im zweiten Bund an. Die erste Verschiebung kommt dann mit dem Ende von Takt 3. Im fünften Bund müssen Sie die Note ein wenig »abschneiden«, um Ihre Hand so bewegen zu können, dass Ihr dritter Finger schließlich im siebten Bund landet.

Abbildung 17.2: Tabs für »Auld Lang Syne«

Im fünften Takt müssen Sie im siebten Bund zwei nebeneinander liegende Saiten spielen. Damit Ihnen das gelingt, nutzen Sie Ihren Mittelfinger, um die C-Saite im siebten Bund zu spielen. Der Abwärtswechsel am Ende vom fünften Takt (das wird so noch einmal in Takt 13 wiederholt) bringt eine leere Saite zum Klingen, sodass Sie entspannt abwärts in den zweiten Bund rutschen können.

Der Wechsel im achten Bund verläuft genauso. Nur hilft diesmal die g-Saite dabei, den Fingern Zeit zu geben, sich neu zu formieren.

Lassen Sie »Silent Night« so richtig krachen!

Für die Tabulatur von »Silent Night« (Track 92, Abbildung 17.3) ist die Daumenanschlag-Technik entscheidend. Näher beschrieben wurde sie schon in Kapitel 9. Also: Alle Anschläge erfolgen mit dem rechten Daumen.

Die C- und F-Akkordformen im Arrangement werden Ihnen vertraut sein, aber wie das G in den Takten fünf und 17 verwendet wird, könnte neu für Sie sein. Es ist die gleiche Form wie beim E♭-Akkord (siehe Kapitel 5), so verschoben, dass Ihr Zeigefinger auf der A-Saite liegt.

Der G-Akkord in Takt 22 sieht zunächst mal genauso aus wie der G-Grundakkord. Nur muss er anders gegriffen werden. Setzen Sie Ihren Mittelfinger in den zweiten Bund und den Ringfinger in den dritten Bund. Ihr Zeigefinger ist jetzt frei, um die Note im ersten Bund auf der E-Saite zu spielen.

Silent Night

Abbildung 17.3: Tabs für »Silent Night«, also »Stille Nacht«

Teil V
Kauf und Pflege einer Ukulele

IN DIESEM TEIL ...

... verrate ich Ihnen, was Sie beim Kauf Ihrer ersten – und falls Sie sich in dieses Instrument verlieben – auch zweiten, dritten oder hundertsten Ukulele alles wissen sollten. Ich gebe Ihnen auch ein paar gute Tipps, wie Sie Ihr teuer bezahltes Instrument am besten pflegen, auf Hochglanz bringen und immer spielbereit machen können, und verschweige Ihnen auch nicht, was Sie dazu alles brauchen. Last not least zeige ich Ihnen noch, wie man die Saiten wechselt und richtig mit seinem Instrument umgeht.

Kapitel 18

Beim Kauf einer Ukulele Schwerpunkte setzen

Die erste Ukulele, die ich mir gekauft habe, war eine Vollkatastrophe: Sie hielt niemals die Stimmung, klang erbärmlich und fühlte sich beim Spielen einfach nicht gut an. Und eben weil das Instrument so schlecht war, dauerte es noch Jahre, bis ich das Thema »Ukulele« ernst nahm. Dann endlich kaufte ich mir eine bessere.

Dieses Kapitel ist dazu da, Sie vor den Fehlern zu bewahren, die ich damals gemacht habe. Folgen Sie einfach den Vorschlägen hier und vermeiden Sie es dadurch, Ihr sauer verdientes Geld für eine Ukulele auszugeben, an der Sie nachher keine Freude haben.

Die erste Ukulele kaufen

Bei all den verschiedenen Größen und Marken, die es so gibt, kann die richtige Wahl der ersten Ukulele schwierig sein. Wenn Sie aber einige wenige Dinge beachten, kann nicht wirklich viel schiefgehen. Sobald Sie anfangen, möchten Sie Ihre Mühen auch in einem ordentlichen Klang vergütet bekommen. Ohne vernünftige Ukulele aber kein anständiger Klang. Und wenn der nicht da ist, vergeht Ihnen schnell der Spaß.

 Vielleicht wissen Sie von einem Ukulele-Klub in Ihrer Nähe? Schauen Sie doch einfach mal vorbei. Man wird Sie dort sicher willkommen heißen. Und wo besser könnten Sie ausprobieren, welche Instrumentengröße oder -form zu Ihnen passt? Wenn Sie es nett anfangen, kann es doch auch sein, dass Sie einen Experten überzeugen können, Sie beim Gang ins Musikfachgeschäft zu begleiten? In Kapitel 22 erfahren Sie mehr darüber, wie Sie sich mit der Ukulele-Community verbinden können.

Im Folgenden erfahren Sie, was Sie bedenken sollten, bevor Sie Ihre erste Ukulele kaufen.

Wie viel Geld wollen Sie ausgeben?

Da nun einmal nichts frustrierender für den Anfänger ist, als aus einem schlechten Instrument vergeblich einen guten Klang zaubern zu wollen, sollten Sie nach Möglichkeit die Finger von den ganz billigen Ukulelen lassen. Das erspart Ihnen einiges.

Ob Sopran-, Konzert- oder Tenor-Ukulele – für den Anfang sollten Sie bereit sein, zwischen 70 und 80 Euro zu investieren. Erlaubt es das Budget, dürfen Sie auch ruhig in der Preisklasse ab 120 Euro aufwärts gucken. An diesem Punkt sollten sie aber zunächst die Grenze ziehen. Wenn Sie irgendwann besser spielen können, werden Sie auch eine genauere Vorstellung davon haben, welche Art Ukulele sich am besten für Sie eignet. Dann können Sie ja etwas mehr investieren.

Welche Größe?

Wenn Sie bezüglich der Größe unsicher sind, ist die Sopran-Ukulele eine gute Wahl. Die Akkorde lassen sich bestens greifen und die kleineren Bünde stellen die Finger weniger vor Probleme. Sollten Sie von der Gitarre umsteigen und etwas ambitionierter sein, dann empfiehlt sich die Tenor-Ukulele. In Kapitel 1 können Sie noch einmal alles Wissenswerte zum Thema »Ukulele-Größe« nachlesen.

Machen Sie nicht den Fehler und wechseln von der Gitarre zur Bariton-Ukulele. Ich selbst habe Gitarre gespielt, bevor ich zur Ukulele kam. Damals dachte ich, dass die Bariton-Ukulele die gute Wahl wäre, weil ihre vier Saiten genauso gestimmt sind wie die der Gitarre. Aber dann stellte ich fest, dass das eben auch nichts Neues ist. Und außerdem klingt die Bariton-Ukulele viel weniger nach Ukulele als die anderen Varianten.

Große Hände zu haben, bedeutet nicht, eine große Ukulele spielen zu müssen. Ich kenne Ukulele-Spieler mit unglaublichen Wurstfingern, die mit einer Sopran-Uku hervorragend klarkommen. Ich mit meinen kleinen Mädchenhänden liebe Tenor-Ukulelen.

Probleme vermeiden

Ukulelen findet man in allen Variationen und mit allem möglichen Extras. Das kann auf Neulinge sehr verführerisch wirken. Hier ein paar Dinge, die beim Kauf Ihrer ersten Ukulele absolut verzichtbar sind.

✔ **Friction Tuner:** Dabei handelt es sich um Stimmwirbel mit nicht übersetzter Mechanik, die aus der Rückseite des Instrumentenkopfes herausragen. Sie mögen zwar, wenn sie von hoher Qualität sind, ihre Vorzüge haben, aber der Anfänger sollte sich darauf nicht einlassen. Handelt es sich nämlich um billige Friction Tuner, wird das Stimmen zum Albtraum, und hat man es mal geschafft, verstimmt sich das Instrument im Nu wieder. Kaufen Sie sich also lieber eine Ukulele mit einer direkten Mechanik, bei der sich die Stimmwirbel an der Seite des Instrumentenkopfes befinden. Mehr über diese beiden Typen von Stimmwirbeln finden Sie in Kapitel 1.

✔ **V-förmige Ukulelen:** Es gibt keinen größeren Fehlgriff als den Kauf einer V-förmigen Ukulele. Sie ist günstig, vielleicht ein Blickfang, aber sie klingt schlecht und ist unbequem zu spielen.

✔ **Sechs- und achtsaitige Ukulelen:** Ukulelen mit mehr Saiten können voller klingen. Dennoch – kaufen Sie eine solche Ukulele nicht als Einstiegsinstrument. Sie sind schwieriger zu spielen als eine Standard-Uku. Ich habe schon so manche sechs- oder achtsaitige Uku gesehen, bei der es den Stag gewissermaßen gesprengt hatte.

Wo kauft man am besten ein?

Sich eine Ukulele im Musikladen kaufen zu wollen, kann zu einem sehr frustrierenden Erlebnis werden. Man stößt auf Regale, vollgestopft mit Gitarren, und nach langem Suchen entdeckt man auch drei oder vier Ukulelen, ganz einsam in einer Ecke, von Staub übersät. Zum Glück wandelt sich diese Situation allmählich, aber trotzdem: Die größere und bessere Auswahl finden Sie auf jeden Fall im Internet.

Der Kauf im Laden

Auch wenn es ein paar Ukulele-Fachgeschäfte geben mag, ist es doch wohl wahrscheinlicher, dass Sie in ein Musikgeschäft für den allgemeinen Bedarf gehen. Doch in den vergangenen Jahren ist es immer einfacher geworden, auch hier auf ein ordentliches Ukulelen-Angebot zu treffen. Sollten Sie ein Musikfachgeschäft in der Nähe haben, das auch Ukulelen führt, gehen Sie hin und probieren die Instrumente aus.

 Egal, wie viel Geld Sie zur Verfügung haben – als Erstes sollten Sie immer das teuerste Instrument ausprobieren. Das liefert Ihnen einen guten Vergleichswert. Sobald Sie ein Gefühl für die teure Uku entwickelt haben, können Sie prüfen, welches der billigeren Instrumente ihr am nächsten kommt.

Hier nur einige Aspekte, auf die Sie achten sollten, wenn Sie Ukulelen ausprobieren:

✔ **Wie gut ist die Ukulele verarbeitet?** Selbst wenn Sie mit den technischen Einzelheiten einer Uku nicht allzu vertraut sind, können Sie sich dennoch einen Eindruck davon verschaffen, mit wie viel Sorgfalt sie hergestellt wurde (die einzelnen Instrumententeile haben wir ja schon in Kapitel 1 besprochen). Erkennen lässt sich das vor allem am Inneren der Ukulele: Wenn Sie irgendwo Leimreste oder Holzsplitter entdecken, sollten Sie die Hände von dem Instrument lassen. Ich empfehle Ihnen auch, die

Ukulele einmal so in die Hand zu nehmen, dass Sie vom Kopf hinab bis zum Steg blicken können, so als würden Ihre Augen einer Eisenbahnschiene folgen. Die Bundstäbchen sollten genau parallel zueinander verlaufen. Sobald nur eine kleine Abweichung vorhanden ist, lässt sich das Instrument nicht präzise spielen.

✔ **Wie hoch liegen die Saiten?** Im Amerikanischen wird die Höhe der Saiten über dem Griffbrett als »Action« bezeichnet. Warum? Je höher die Saiten liegen, desto mehr Aktion ist erforderlich, will sagen: Sie müssen erheblich mehr Druck ausüben, um die Saiten zum Klingen zu bringen. Im Deutschen spricht man hier übrigens von »Saitenlage«. Und diese kann auch zu niedrig sein. Dann schnarrt es etwa, wenn Sie spielen. Allerdings treffen Sie viel häufiger auf Instrumente mit zu hoher Saitenlage. Sollten Sie eine Uku gekauft haben, bei der die Saiten zu hoch liegen, können Sie das eigenhändig beheben. (Wenn Sie wissen möchten wie, springen Sie vor zu Kapitel 20).

Der Kauf im Internet

Auch wenn Musikläden immer mehr dazu übergehen, auch eine begrenzte Auswahl von Ukulelen in ihr Sortiment aufzunehmen – im Internet werden Sie schneller fündig.

 Natürlich ist bei einem Onlinekauf mehr Vorsicht geboten, als wenn der Händler Ihnen direkt gegenübersteht. Als Orientierungshilfe sollten Sie sich die jeweiligen Bewertungen des Verkäufers genau ansehen.

Doch wenn Sie sich ausreichend schlaumachen, bevor Sie zugreifen, sind Sie auch im Internet auf der sicheren Seite. Ich habe – von einer einzigen Ausnahme abgesehen – alle meine Ukulelen online erworben und bin niemals enttäuscht worden.

Sie finden eine umfangreiche Auswahl bei den großen Online-Musikfachhändlern. Die größte Gewähr für Qualität haben Sie dann, wenn Sie bei einem »Top Rated Seller« – einem spezialisierten Online-Händler für Ukulelen – kaufen. (Hier bekommen Sie nämlich noch den Rat vom Experten einschließlich der Garantie, dass die Instrumente sauber verarbeitet sind.)

Und jetzt die zweite, dritte, vierte, fünfte ... Ukulele erstehen

Wenn Sie ein paar Monate lang auf Ihrer Uku gespielt haben, wird es Ihnen geradezu in den Fingern jucken, sich noch eine weitere anzuschaffen – und zwar eine teurere, die natürlich eine Menge Vorzüge aufzuweisen hat. Wahrscheinlich hat sie einen besseren Sound, ist leichter zu spielen und sträubt sich weniger gegen Ihren individuellen Stil.

Außerdem ist es immer gut, Ukulelen in verschiedenen Größen, Ausführungen und Holzarten zu besitzen, denn auf diese Weise können Sie auch unterschiedliche Klänge zaubern und die unterschiedlichsten Stilrichtungen gut spielen.

Über kurz oder lang werden Sie vom UKT (Ukulele-Kauftrieb) besessen sein, und von dem kann Sie – naturheilkundlich gesehen – nur ein ganz bestimmtes Tier kurieren: der Pleitegeier!

Aus massivem Holz oder doch aus Laminat?

Es gibt Ukulelen aus Massivholz und sogenannte laminierte Ukulelen – aber letztlich ist das nur ein beschönigendes Wort für Sperrholz.

Massivholz-Ukus bestehen aus einer einzigen Holzsorte, während laminierte Ukulelen zwar eine dünne Schicht edel aussehenden Holzes (wie Mahagoni oder Koa-Akazie) aufweisen – darunter jedoch befindet sich die Holzsorte, aus der die betreffende Ukulele in Wirklichkeit besteht, und das ist meist eine billige. Sie kennen bestimmt das Phänomen, wenn bei einem Tisch die kunstvolle obere Schicht nach und nach abblättert und darunter eine Enttäuschung aus Sperrholz zum Vorschein kommt. Genauso ist es mit laminierten Ukulelen.

Solche zusätzlichen Holzschichten würgen den Sound ab. Laminierte Ukus sind in der Regel leiser und klingen dumpfer als Massivholz-Ausführungen.

Was nicht heißen soll, dass solche Sperrholz-Ukus nicht auch ihre Vorteile haben. Abgesehen vom niedrigeren Preis sind sie auch robuster in Bezug auf Feuchtigkeit und zerbrechen nicht so leicht. Aber sofern es Ihr Geldbeutel erlaubt, sollten Sie sich auf jeden Fall eine Massivholz-Ukulele zulegen.

 Vorsicht! Viele Händler verschweigen ihren Kunden einfach, dass es sich bei dem Instrument, das sie ihnen verkaufen wollen, um eine laminierte Ukulele handelt, und tun so, als bestünde sie aus Massivholz. Wenn also nicht ausdrücklich dabeisteht, dass es sich um ein Instrument aus einer ganz bestimmten Holzart handelt, sollten Sie misstrauisch sein.

Ein kleiner Kurs in Holzkunde

Ukulelen können aus den verschiedensten Holzarten bestehen. Falls Sie vorhaben, sich ohnehin eine laminierte Ukulele anzuschaffen, können Sie sich bei Ihrer Wahl einfach nach der Optik richten. Bei Massivholz-Ukulelen ist das anders: Jede Holzart sorgt für einen etwas anderen Klang:

✔ **Zedernholz:** Die beim Bau von klassischen Gitarren am häufigsten verwendete Holzart, die warme und offene Töne hervorbringt

✔ **Koa:** Aus diesem Holz bestanden ursprünglich alle Ukulelen. Es stammt aus Hawaii, wird auch heute noch gern verwendet und sorgt für einen klaren und lieblichen Sound. Vor allem höhere Töne klingen dabei sehr gut, und das macht es für die Ukulele so geeignet (viel besser als für die Gitarre). Meine Lieblings-Ukulele besteht aus Koa-Holz.

Koa hat außerdem den Vorteil, dass es wirklich schmuck aussieht. Die Bäume wachsen auf einer vulkanischen Insel, über Tausende von Kilometern dem Wind ausgesetzt, und das Holz kann sehr interessante Muster aufweisen.

Leider wurden über die Jahre so viele Koa-Akazien abgeholzt, dass der Bestand immer spärlicher wurde, was wiederum zur Folge hatte, dass Instrumente aus diesem Material relativ teuer sind. Viele Ukulelen werden jedoch heute aus einer Holzart hergestellt, die der gleichen Familie angehört wie die Koa-Akazie – nämlich dem australischen Schwarzholz, das dem »Original« sehr nahekommt. Man muss schon ein gutes Auge beziehungsweise Ohr haben, um einen Unterschied feststellen zu können.

✔ **Mahagoni:** Aus dieser Holzart bestehen inzwischen die meisten Ukulelen. Der Sound ist weicher und runder als beim Koa-Holz, deshalb eignet es sich besonders für entspannte oder etwas melancholischere Rhythmen.

✔ **Fichtenholz:** Im Grunde das »Raubein« unter den Ukulele-Holzarten. Es sorgt für einen sehr schwungvollen Sound und wallt einem aus der Ukulele geradezu entgegen. In der Regel verwendet man es für den Bau von Mandolinen, und Fichtenholz-Ukulelen klingen deshalb ähnlich direkt und schnörkellos.

So weit unser kleiner Kurs in Holzkunde. Wir haben nur die gängigsten Arten erwähnt – es gibt noch etliche andere. In letzter Zeit kommt vor allem das Holz des Mangobaums in Mode, das dem Koa sehr ähnlich ist und sogar noch eine Spur mondäner aussieht. Und Ukulele-Hersteller experimentieren auch noch mit einer Menge weiterer Holzarten, wie zum Beispiel Bambus.

Die verschiedenen Marken – und woran man sie erkennt

In diesem Kasten wollen wir uns mit den bekanntesten Fabrikaten und Herstellern von Ukulelen beschäftigen.

✔ **Mahalo:** In England hat so gut wie jeder Ukulele-Spieler schon einmal ein Instrument der Marke Mahalo in Händen gehalten (und auch in den USA wird sie immer verbreiteter). Mahalos sind preiswerte und heiter klingende Ukulelen, deshalb sind sie als Restpostenkauf für Schulen und Spielgruppen sehr beliebt.

✔ **Lanikai LU-21:** Die Instrumente dieser Marke gibt es in den verschiedensten Größen und sie erfreuen sich vor allem bei Ukulele-Anfängern großer Beliebtheit. Das Instrument hat ein hübsches Outfit, einen guten Klang und ist zu einem vernünftigen Preis zu haben. Nicht nur Anfänger schätzen es, sondern auch alte Hasen. Sowohl Zach Condon von der Band Beirut als auch die tUnE-YaRdS spielen auf Ukulelen der Marke LU-21.

✔ **Makala:** Die Makala ist eine preisgünstige Ukulele, die von der gleichnamigen Firma hergestellt wird. Man hat die Wahl zwischen einem Naturholz-Look oder den farbenfrohen, mit einem Delphin-Motiv versehenen Delphin-Ukulelen, die vor allem bei Kids sehr gut ankommen. Obwohl das Instrument aus Plastik besteht und eher wie ein Spielzeug aussieht, verfügt es über einen guten Klang und hat viele begeisterte Fans.

✔ **Ohana:** Die Firma Ohana stellt sehr stabile und gut gefertigte Holz-Ukulelen her, die allerdings in China produziert werden und deshalb keine echte Konkurrenz darstellen. Man könnte sagen: Eine Ohana ist eine der besten Ukulelen aus der zweiten Reihe.

✔ **Mya-Moe:** Mya-Moe stellt maßgeschneiderte Ukulelen auf Anfrage her. Die Superstars spielen sie: Eddie Vedder, John Paul Jones von Led Zepplin, Mumford & Sons oder Dave Matthews. Ukulelen von Mya-Moe sind mittlerweile sehr begehrte Objekte. Wenn Sie so eine wollen, dann müssen Sie sich in eine lange Schlange einreihen.

✔ **KoAloha:** KoAloha ist meine persönliche Lieblingsmarke. Diese Ukus werden in Hawaii hergestellt, und zwar mit höchster Sorgfalt. Ihr Klang ist großartig, und sie lassen sich wunderbar spielen. Aber nicht nur die Instrumente, sondern alles bei KoAloha verfügt über einen gewissen Fun-Faktor. Der Chef des Unternehmens ist der charismatische Alvin »Pops KoAloha« Okami, der tausend Geschichten zu erzählen weiß und auch schon gern mal Seemannsgarn spinnt. Seine verrückten Anekdoten wurden sogar zu einem Film umgearbeitet – der *KoAloha Story*.

✔ **Kamaka:** Kamaka ist die älteste noch existierende Uku-Marke. Der Gründer der Firma, Samual Kamaka, ging bei Manuel Nunes, einem der frühesten Ukulele-Hersteller, in die Lehre. Heute genießen diese Instrumente ein hohes Ansehen, und ihr prominentester Fürsprecher dürfte Jake Shimabukuro sein.

✔ **Martin:** Die Gitarrenfabrik Martin war der erfolgreichste Ukulele-Hersteller auf dem amerikanischen Festland. Sie sprang im Jahre 1916 auf den Ukulele-Zug auf und entwarf einige der besten Instrumente der damaligen Epoche, mit denen sie selbst Hawaiianer wie Israel Kamakawiwo'olebegeisterte (er spielte eine Koa-Uku von Martin). Martins altehrwürdige Instrumente gehören zur Sammlung vieler Ukulele-Freaks, und für die meistgesuchte Uku aus ihrer Werkstatt (die Martin 5 K) werden oft Zigtausende von Euro geboten.

Einstöpseln und los: Elektrische Ukulelen

Elektrische Ukulelen erweisen sich für zwei ganz unterschiedliche Zwecke als nützlich: einmal, wenn man besonders laut spielen will, und einmal, wenn man besonders leise spielen will. Zwei Arten davon gibt es:

✔ **Die elektro-akustischen:** Diese Ukus sind eigentlich wie Standardinstrumente, nur dass in ihnen ein Tonabnehmer (Pick-up) eingebaut ist, der den Klang aufnimmt und in elektrische Impulse umwandelt, die dann verstärkt werden können.

✔ **Die rein elektrischen:** Diese Ukus haben weder Schallloch noch Resonanzkörper, sie sind solide und bestehen im Grunde nur aus einem Holzbrett. Töne kann man ihnen nur entlocken, wenn sie ans Stromnetz angeschlossen sind.

Die rein elektrischen Ukulelen haben zweifellos ihre Vorteile: Sind sie nicht angestöpselt, ist ihr Klang so leise, dass man auch einmal zu mitternächtlicher Stunde proben kann, ohne dass es die Nachbarn gleich aus den Federn reißt (und viele Musiker, ich selbst eingeschlossen, sind nun mal Nachtmenschen). Außerdem ist bei hoher Lautstärke die Wahrscheinlichkeit, dass es zu einer Rückkopplung kommt, viel geringer als bei einer elektro-akustischen Uku (eine Rückkopplung ist das schrille Geräusch, das einem durch Mark und Bein geht, wenn der verstärkte Sound erneut zum Tonabnehmer gelangt).

Andererseits geht auf einer elektrischen Ukulele einiges von dem traditionellen Uku-Sound verloren. Auf einem elektro-akustischen Instrument hingegen kriegt man ihn mühelos hin.

Doch auch die Töne einer akustischen Ukulele lassen sich verstärken, indem man das Instrument mit einer zusätzlichen Tonabnehmereinheit versieht. Man befestigt sie einfach am Korpus und versorgt sie mit Strom – und schon klingt es lauter und so richtig powermäßig. Solche Tonabnehmer lassen sich sehr leicht an der Ukulele anbringen – entweder mithilfe eines Saugnapfes oder mit einer selbstklebenden Beschichtung. Falls Sie sich für die selbstklebende Version entscheiden, testen Sie bitte erst einige Positionen aus, ehe Sie den Tonabnehmer befestigen – denn es kann an verschiedenen Stellen sehr unterschiedlich klingen (am besten, Sie versuchen es als Erstes unterhalb des Stegs und rechts davon). Das Gute an solchen Tonabnehmereinheiten ist, dass Sie sich nicht erst eine neue Ukulele zulegen müssen und dass der Sound, den Sie damit erzeugen, noch immer ziemlich »typisch« nach Ukulele klingt (was bei reinen Electric-Ukus oft nicht der Fall ist). Das weniger Vorteilhafte daran ist, dass sie auf Ihrem Instrument, sofern Sie nicht vorsichtig sind, schon gern mal Spuren hinterlassen.

In die Tiefe: Bass-Ukulelen

Noch neu in der Familie ist die Bass-Ukulele. Diese speziellen Instrumente liefern die gleichen tiefen Töne wie ein E-Bass, nur dass sie die Größe einer Bariton-Ukulele haben. Bass-Ukulelen passen großartig in Ukulele-Gruppen. Sie können dem Klang eine neue Dimension verleihen, ohne dabei die Klangcharakteristik zu verändern. Allerdings sollten Sie im Kopf haben, dass sie eher wie ein Bass gestimmt und gespielt werden denn wie eine Ukulele. Wenn Sie also die Bass-Ukulele spielen lernen wollen, greifen Sie bitte zu *E-Bass für Dummies* von Patrick Pfeifer, erschienen im Wiley-Verlag, Weinheim.

Kapitel 19

Das Drum und Dran – Tipps zum Thema Zubehör

ch hoffe, dass Sie beim Kauf Ihrer Ukulele nicht Ihr gesamtes Vermögen ausgegeben haben. Falls doch, sollten Sie einen Flohmarkt in Ihrer Garage veranstalten oder in der Fußgängerzone mit einem Hut betteln gehen – denn es gibt ein paar Dinge, die Sie zum Ukulele-Spielen einfach brauchen – zum Beispiel Saiten! Und dann gibt es ein paar weitere Dinge, die zwar nicht unentbehrlich sind, aber äußerst nützlich, wenn Sie Ihr Spiel so richtig kultivieren wollen. Und um all jene Sachen geht es in diesem Kapitel.

Saite an Saite mit Ihrer Uku durchs Leben!

Das Einzige, worauf Sie auf keinen Fall verzichten können, sind wie gesagt die Saiten – und da sollten Sie nicht die schlechtesten wählen. Dummerweise ist es so, dass eine neu gekaufte Ukulele – vor allem, wenn es sich um ein billiges Modell handelt – nicht selten mit lausigen Saiten ausgestattet ist. Am besten, Sie entfernen sie sofort und tauschen sie gegen qualitativ hochwertigere ein – Sie werden sich in völlig neue Klangwelten versetzt fühlen. Ein brauchbares Saitenset kostet zwischen sieben und zehn Euro – und das ist wenig, gemessen an dem, was die Saiten zu einem guten Sound beitragen.

 Andere Saiten, andere Klänge, so lautet ein altes ukulelisches Sprichwort. Und da sollten Sie sich auf Ihr eigenes Gehör und Ihren eigenen Geschmack verlassen. Probieren Sie einfach verschiedene Saiten aus und entscheiden Sie, welche Ihnen am meisten zusagen. Am besten, Sie beginnen bei den beiden Marken mit dem besten Leumund: Aquila und Worth.

Beim Saitenkauf kann man leider oft voll danebengreifen. Das ist ärgerlich, da Saiten sich nicht einfach umtauschen lassen wie ein Buch, in dem mehrere Saiten ... äh Seiten fehlen. Aber falls Ihnen das passieren sollte, weinen Sie nicht. Ich bin da selbst ein gebranntes Kind.

Als Erstes sollten Sie an die Größe der Ukulele denken, für die die Saiten gedacht sind. Sopran-Saiten lassen sich ohne Weiteres auch in eine Konzert-Ukulele einspannen (und umgekehrt); falls Sie jedoch eine Sopran-Uku haben, sollten Sie Tenor- und Bariton-Saiten meiden – die passen größenmäßig einfach nicht zum Instrument (mehr über die verschiedenen Ukulele-Größen erfahren Sie in Kapitel 1).

Was Sie als Zweites beachten müssen ist, dass die g-Saite sich nicht als G-Saite entpuppt, denn die ist eine Oktave tiefer (es kann natürlich sein, dass Sie das bewusst so wollen, dann ist die Sache okay). Bei Standardsaiten ist es meist auf der Packung vermerkt, aber leider nicht immer. Und manchmal werden Sie auf ein Saitenset treffen, das nicht mit gCEA, sondern mit aDF#H gekennzeichnet ist. Das ist aber weiter kein Problem, da die jeweiligen Töne (also g und a, C und D, E und F#, A und H) nur um einen Ganzton voneinander abweichen, wodurch diese Saiten auch in der gCEA-Stimmung bestens funktionieren.

Ich habe auch schon Saitensets gesehen, die gewissermaßen verkehrt herum beschriftet waren, also AECG oder HF#DA. Das verwirrt im ersten Moment, aber wenn man Bescheid weiß, braucht man sie nur auf chinesische Art zu lesen, also von rechts nach links.

Zum Glück ist beim Saitenkauf nicht alles so verzwickt. Die Farbe zum Beispiel spielt überhaupt keine Rolle: Ob schwarz, weiß, durchsichtig, braun oder pink – am Klang ändert das nichts.

 Begehen Sie nie den Fehler, eine Standardukulele mit Stahlsaiten zu bespannen. Die Spannung, die sie auf das Instrument ausüben, ist einfach zu groß. Falls Ihre Ukulele also nicht ausdrücklich dafür geschaffen ist, diese Belastung zu ertragen, wird es sie über kurz oder lang in der Luft zerreißen.

Was gut und nützlich, aber nicht unverzichtbar ist

In diesem Abschnitt geht es um Zubehör, ohne das Sie und Ihre Ukulele trotzdem überleben werden, aber vielleicht ein schwereres Leben führen müssen (zum Beispiel eine Instrumententasche, ein Gurt oder ein Ständer). Danach gehen wir noch auf ein paar kostspieligere Zubehörteile ein, bei denen Sie einfach danach urteilen sollten, wie viel Ihnen der Spaß (den Sie damit sicher haben werden) wert ist.

Ein Stimmgerät

Heute verwendet man in der Regel sogenannte Clip Tuner, die man direkt am Instrument befestigen kann – und auch wenn Sie ein noch so gutes Gehör haben, die Ohren des Stimmgeräts sind schärfer. Sie werden am Instrumentenkopf angebracht und reagieren nicht auf den Ton, sondern auf die Schwingungen, weshalb man sie auch in einer lauten Umgebung problemlos einsetzen kann. Das zahlt sich auf jeden Fall aus, wenn man in einer

Uku-Gruppe spielt oder sein Gerät kurz vor dem Auftritt im Publikumssaal noch einmal zurechtstimmen möchte.

Es gibt verschiedene Marken von Stimmgeräten, und im Grunde sind sie alle gleich gut. Sie sollten nur darauf achten, dass Sie sich einen chromatischen Tuner zulegen und nicht einen, der nur auf gCEA stimmen kann. Dann können Sie nämlich auch mal eine etwas abweichende Stimmung ausprobieren.

Kleider machen Ukulelen

Ihre Ukulele einfach »nackt« herumzuschleppen, wird ihr auf Dauer nicht guttun. Um sie zu schützen, gibt es drei Möglichkeiten:

✔ **Der Gigbag:** Das ist eine ganz weiche Hülle, die zwar Staub und Schmutz von Ihrer Ukulele fernhält, ihr aber keinen allzu großen Schutz bietet.

✔ **Die Tragetasche:** Sie ist an den Seiten stabiler und fester als der Gigbag und in der Regel gepolstert. Sie verleiht Ihrer Ukulele ein gewisses Maß an Schutz vor Stößen und Schlägen.

✔ **Der Transportkoffer:** Das klassische und sehr stabile Schutzbehältnis für Musikinstrumente, das immer noch den besten Schutz bietet. Ihn können Sie theoretisch vom Dach eines Hochhauses werfen, über ihn können Sie eine Elefantenherde trampeln lassen – und Ihre Ukulele bleibt trotzdem unversehrt. Das ideale Behältnis für Musiker, die viel auf Tournee oder (wie ich) ein wenig tollpatschig sind und keinen Raum durchqueren können, ohne sich an der nächsten Tischkante zu stoßen oder einem schlafenden Hund auf den Schwanz zu treten.

 Gigbags und Tragetaschen gibt es auch mit großzügigen Außentaschen, in denen man höchst nützlichen Kleinkram mit sich führen kann, wie zum Beispiel Ersatzsaiten, Stimmgeräte, Notenblätter und Songbooks.

Ein Transportkoffer bietet Ihnen nicht so viel Platz für Zubehör, sondern hat meistens nur eine schmale Ritze unterhalb des Instrumentenhalses vorzuweisen – groß genug jedoch für ein paar Geldscheine, um sich im Ernstfall neue Zubehörteile anzuschaffen.

Ein Gerät zum Mitschneiden

Um einen Mitschnitt von Ihrem Auftritt zu machen, müssen Sie kein großer Rockstar sein. Es lohnt sich auch anderweitig: Man kann sich (wie ein Radiomoderator bei seinem Aircheck) nachher alles noch einmal kritisch anhören und bemerkt vielleicht Fehler, die einem sonst nie aufgefallen wären.

Das Gerät, mit dem Sie Ihre Darbietung aufnehmen, muss auch nichts Umwerfendes sein. Ein billiges Desktop-Mikro, das Sie mit Ihrem Laptop verstöpseln können, reicht völlig. Für die Tracks auf der CD zu diesem Buch habe ich einen sE Electronics USB2200a verwendet. Der kostet zwar ein wenig mehr, ist aber genau das Richtige für jemanden, der einen guten Sound anstrebt, ohne gleich zum besten Toningenieur des Landes gekrönt werden zu wollen. Wenn Sie etwas in der mittleren Preisklasse haben wollen, empfehle ich Ihnen einen Audio-Technica AT2020 USB oder einen Blue Microphones Yeti USB.

Transportfähige Aufnahmegeräte wie das Zoom (schauen Sie unter www.zoom.co.jp nach) eignen sich vor allem für Jamsessions und Proben. Und wenn Sie es ganz preiswert haben wollen – das Mikrofon in Ihrem Smartphone tut's genauso.

Hängen soll sie? Oder doch lieber stehen?

Instrumentenständer, die sich speziell für die Ukulele eignen, findet man in letzter Zeit öfter. Wählen Sie am besten einen speziellen Ukulele-Ständer, nicht einen, der für eine ganze Reihe von unterschiedlichen Saiteninstrumenten gedacht ist. Und achten Sie darauf, sich einen Ständer zuzulegen, der größenverstellbar ist. Für Ukulelen ist das sehr zweckmäßig.

 Es gibt auch Vorrichtungen, mit denen man seine Ukulele an der Wand aufhängen kann, aber die müssen schon sehr stabil sein, sonst kann es passieren, dass Sie einmal nachts ein großes Pflumpf hören und am nächsten Morgen anstelle Ihres Instruments nur noch einen Haufen Feuerholz vorfinden. Für Auftritte gibt es auch Hängevorrichtungen, die sich am Mikrofonständer (oder jedem anderen stabförmigen Etwas) befestigen lassen.

Beim Uku-Spielen gibt es keine Gurtpflicht

Eigentlich wird die Ukulele grundsätzlich ohne Tragegurt gespielt. Es gibt aber Leute, die es mit diesem Hilfsmittel bequemer finden– vor allem im Stehen.

Für dieses Problem gibt es mehrere Lösungen. Zunächst kann man natürlich auch einen Gitarrengurt nehmen, ihn mithilfe von Knöpfen (sogenannten Gurtpins) an der Ukulele befestigen und sich das Instrument um die Schulter hängen. Da aber die meisten Ukus keine solchen Knöpfe haben, müssen Sie, falls vorhanden, auf Ihre eigenen handwerklichen Fähigkeiten zurückgreifen oder zumindest auf die eines guten Bekannten, der sie Ihnen hoffentlich installieren kann, ohne das Gerät versehentlich zu demolieren.

Dann gibt es den Ukulelen-Riemen. Er wird um den Hals gelegt – so wie eine Halskette –, unter der Ukulele durchgeführt und schließlich in das Schallloch gehängt. Eine andere Methode ist die Ukulelen-Leine. Dabei wird ein Band an der Kopfplatte befestigt und dann um den Anschlag-Arm gewickelt.

Sehr zu empfehlen: Ein Kapodaster

Ein Kapodaster – kurz Kapo genannt – ist ein kleines, entweder massives oder auch elastisches Teil, das in einem bestimmten Bund so straff um den Instrumentenhals befestigt wird, als würden Sie dort einen Barré-Akkord greifen. Er dient sozusagen als eine Art sechster Finger an Ihrer Hand. So können Sie zum Beispiel von der C-Stimmung (gCEA) in die D-Stimmung(aDF#H) wechseln, einfach nur, indem Sie den Kapo im zweiten Bund befestigen. Jede Saite ertönt somit um einen Ganzton höher – das heißt, was vorher C war, ist jetzt D, was vorher E war, ist jetzt F# und so weiter.

Es gibt verschiedene Arten von Kapodastern. Häufig verwendet wird der elastische Kapodaster (siehe Abbildung 19.1). Diese Art Kapodaster eignet sich deshalb gut für Ukulelen-Spieler, weil sie normalerweise flexibel und daher gut verwendbar für alle möglichen Größen von Ukulelen sind. Der Hebel-Kapodaster ist eine andere Variante. Der Vorteil hier liegt darin, dass der Hebel-Kapodaster schnell zu befestigen ist und wenig Schnarrgeräusche verursacht. Sein Nachteil ist, dass er teurer ist und nicht an jede Ukulele passt (vor dem Kauf also ausprobieren!).

 Ein Kapo gehört, was Zubehör anbelangt, auf jeden Fall zu den nützlichsten Dingen. Denn einen sechsten Finger (der ihn ersetzen könnte) habe ich im Fachhandel bisher leider nicht entdecken können.

Abbildung 19.1: Ein Kapodaster

Ein Plektrum? Wenn's denn sein muss ...*seufz*

In Kapitel 3 habe ich Ihnen die schlimmsten Züchtigungen angedroht, falls Sie nicht hoch und heilig versprechen, zeit Ihres Lebens auf ein Plektrum zu verzichten. Doch Ausnahmen bestätigen die Regel: Es gibt gewisse Spielsituationen, in denen man ein Plektrum geraaaade noch durchgehen lassen kann.

 Wenn Sie einen flotten Anschlag ausführen wollen und den Drang verspüren, das mit einem Plektrum zu tun, dann empfiehlt es sich, auf ein extraleichtes Kunststoffplektrum zurückzugreifen. So bekommen Sie einen vernünftigen Klang ohne lästiges Klacken hin. Traditionellerweise wird auf der Uku ein Filzplektrum verwendet, das Ihrem Spiel eine warme, weiche Charakteristik verleiht.

Es gibt sogar Spielsituationen, bei denen ein normales Plastikplektrum nicht zu verachten ist: zum Beispiel, wenn Sie Mitglied einer Band sind und ein Solo spielen wollen. Da müssen Sie sich natürlich Gehör verschaffen, und das Plektrum, das bei einer Einzeldarbietung so herb klingt, ergibt plötzlich Sinn. Wählen Sie dazu ein etwas härteres Kunststoffplektrum.

Mobil werden mit der Ukulele

Für die Betriebssysteme Android und iOS auf Handys oder Tablets gibt es zahlreiche nützliche Apps. Viele davon sind frei verfügbar, aber die wirklich guten sind gar nicht so leicht zu entdecken. Hier also meine Vorschläge. Sie können sie alle in Ihrem App-Store finden.

Ukulele-Akkorde finden

Akkorde auf Ihrem Smartphone zu haben, ist wirklich wichtig. Egal wie gut Sie bereits alle möglichen Akkorde abgespeichert haben, kann es doch immer wieder vorkommen, dass Ihnen ein ganz bestimmter Akkord Kopfzerbrechen bereitet. Da ist es gut zu wissen, dass Sie nur in Ihre Tasche greifen müssen, um das Problem zu lösen.

Umso enttäuschender dann, dass die Auswahl an Apps zum Nachschlagen von Akkorden zu wünschen übrig lässt. Meine Wahl fällt auf »Ukulele Chords Pocket« (Android) von Ukulele Wave (kostenfrei im App-Store). Die App lässt sich intuitiv anwenden und hält eine große Auswahl von Akkorden bereit. Für iOS empfehle ich den »Ukulele Chord Cracker Pro« für circa 3,50 Euro, mit dem sich sehr genau alle möglichen Akkorde auf dem Instrument bestimmen lassen. Dazu ist die App übersichtlich in der Nutzung.

In Stimmung kommen

Eine Tuner-App funktioniert so, dass der Ton des Instruments über das Mikrofon des mobilen Endgeräts registriert wird. In der Grafik wird in Echtzeit angezeigt, ob die Saite zu hoch oder zu tief oder genau richtig gestimmt ist. In geräuschvoller Umgebung ist eine solche App nur bedingt einsetzbar und hat hier deutliche Nachteile gegenüber dem aufsteckbaren Stimmgerät. Aber es ist schon praktisch, ein solches Gerät immer in der Hosentasche zu haben.

Es gibt eine große Auswahl an Tuner-Apps und fast alle haben eine gute Qualität. Ich persönlich bevorzuge »DaTuner« für Android und »InsTuner« für iOS. Beide sind frei verfügbar. Wenn Sie aber willens sind, es richtig krachen zu lassen, dann ist die App »Cleartune« für Android und iOS (circa 4 Euro) ein richtig gutes Ding.

Maß halten mit dem Metronom

Heutzutage nutze ich eigentlich nur noch meine Metronom-App, wenn ich ein Metronom brauche. Warum? Weil es einfach so praktisch ist und außerdem kommt mir das Gerät beim Üben nicht in die Quere.

Viele Metronom-Apps bieten tolle Sachen an – zum Beispiel, dass jeder Schlag mit einem besonderen Sound belegt werden kann. Ich für meinen Teil bevorzuge hier kostenfreie Apps, die schlicht und ergreifend dafür ausgerichtet sind, den Takt vorzugeben. Für Android ist das die App »Mobile Metronome«, für iOS »Click Metronome«.

Für Smartwatch-Besitzer gibt es auch Metronome für Android Wear und für die Apple Watch, die vibrieren, um den Takt anzugeben.

Melodien aufnehmen

Mobile Endgeräte eigenen sich bestens für die Aufnahme von Übesessions und zur Aufzeichnung von Song-Skizzen. »Voice Memos« ist eine iOS-App und ultraleicht zu bedienen: App öffnen, den roten Knopf drücken und schon läuft die Aufnahme. Wenn Sie genauso wie ich Ihre besten Ideen direkt wieder vergessen, gibt es nichts Besseres als dieses Tool.

Die kostenfreie App »Cogi« für Android ist genauso einfach zu nutzen.

Diese Memo-Apps bieten Ihnen keine Tonstudio-Qualität. Sie sind auch nicht dafür programmiert, Aufnahmen zu mixen und zu mastern. Aber für die schnelle Aufzeichnung sind sie voll und ganz geeignet.

Wenn Sie mehr wollen, dann haben Sie die Möglichkeit, auf einem Tablet Multitrack-Recording zu praktizieren. Es gibt eine große Auswahl an direkten Plug-in-Mikrofonen, die kompatibel mit dem iPad sind. Apples »Garageband« zum Beispiel ist eine App, die richtig viel kann. Und ob Sie es glauben oder nicht: Das Album *The Fall* der Gorillaz wurde vollständig auf einem iPad aufgenommen.

Kapitel 20
Saitenwechsel, Pflege und sonstiges nützliches Uku-Wissen

Eine qualitativ hochwertige, sorgfältig gepflegte Ukulele klingt umso besser, je öfter man auf ihr spielt (man könnte sagen, sie erschließt sich einem immer mehr). In diesem Kapitel lernen Sie eine Menge darüber, wie Sie Ihre Uku hegen und pflegen, damit sie sich so lang wie möglich bester Gesundheit erfreut und sich immer einen guten Klang bewahrt. Dazu gehören Saitenwechsel, die richtige Pflege und Lagerung sowie die Fähigkeit, kleinere Probleme mit dem Instrument selbst beheben zu können.

Am besten, Sie holen sich jetzt ein Lesezeichen und platzieren es, während Sie diese Tipps lesen, bei Kapitel 1, in dem sämtliche Teile der Uku benannt und erklärt werden. Sie werden öfter mal hin und her blättern wollen.

Saitenwechsel – keine Kunst, wenn man's kann

Es gibt Dinge im Leben, die schiebt man gerne vor sich her: Zahnarztbesuche, Steuererklärungen, Besuche im Fitnessstudio – und Saitenwechsel. Dabei ist Letzteres eine Tätigkeit, die halb so wild ist und nach der man sich wirklich wohler fühlt. Sie gehört zu den Stunden, die man mit seiner Ukulele verbringt, einfach dazu und ist alles andere als verlorene Zeit.

Regelmäßiger Saitenwechsel ist unerlässlich – und zwar aus folgenden Gründen:

✔ Alte Saiten klingen fad und unerfrischend – und darunter kann Ihr ganzes Spiel leiden.

✔ Alte Saiten verziehen sich, aber nicht jede in gleichem Maße. Das heißt, wenn Sie einen Akkord greifen, kann es vorkommen, dass er irgendwie nicht mehr original klingt.

✔ Alte Saiten nutzen sich mit der Zeit am Sattel, am Steg und an den Bundstäbchen ziemlich ab. Tauscht man sie nicht rechtzeitig aus, können sie irgendwann unvermutet reißen.

Wann ist es Zeit für einen Saitenwechsel?

Da gibt es natürlich keine feste Regel. Es hängt davon ab, wie oft Sie spielen, um welche Art Saiten es sich handelt und – selbst wenn es komisch klingt – auch von der chemischen Zusammensetzung Ihres Schweißes. Es gibt Musiker, die lieben den Klang von alten Saiten (vielleicht auch nur, weil sie zu bequem sind, sie zu wechseln), andere »bespannen« ihr Instrument so oft wie möglich.

Sie werden es ja selbst merken: Sobald Ihre Ukulele irgendwie ihren frischen Sound verloren hat, ist es höchste Eisenbahn.

Ein todsicheres Zeichen dafür, dass ein Saitenwechsel nicht mehr zu umgehen ist, gibt es allerdings: Wenn die Saiten Ihrer Ukulele dort, wo sie die Bundstäbchen berühren, Einkerbungen aufweisen. Dann ist ihre Glanzzeit auf jeden Fall vorbei, und sie lassen sich auch nicht mehr richtig stimmen.

Wichtig ist ein Saitenwechsel auch dann, wenn Sie sich eine neue Ukulele kaufen und feststellen müssen, dass die darin eingespannten Saiten jeglicher Beschreibung spotten (was ich schon des Öfteren erlebt habe). Verpassen Sie dem Instrument einfach hochwertigere Saiten (von Aquila oder Worth), und schon sieht die Welt ganz anders aus … oder hört sich zumindest anders an.

Versuchen Sie niemals, eine Ukulele mit Stahlsaiten zu bespannen. Damit ruinieren Sie nur Ihr Instrument.

Und wie wird's gemacht?

Gehen wir einfach mal logisch vor: Erst mal müssen die alten Saiten entfernt werden. Wenn besondere Eile geboten ist, weil Sie meinetwegen gleich eine Vorstellung haben und die Saiten sich anhören wie Leo, können Sie natürlich die Holzhammermethode wählen und sie einfach durchschneiden (aber passen Sie dabei auf Ihr Gesicht auf!). Viel besser aber ist die Profimethode: so lange an den Wirbeln drehen, bis die Saiten sich gelockert haben und man sie mühelos abziehen kann.

Ich ziehe es vor, immer alle Saiten gleichzeitig zu wechseln (dann kann man sie auch leichter aufeinander abstimmen); auf jeden Fall aber sollten zumindest die alten Saiten stets gemeinsam entfernt werden. Vielleicht gibt es Leute, die Ihnen weismachen wollen, dass dadurch Probleme mit den Spannungsverhältnissen entstehen, aber darauf brauchen Sie wirklich nichts zu geben.

Seien Sie schlau! Wenn Sie alle Saiten entfernt haben, ist das die beste Gelegenheit, das Griffbrett und weitere Uku-Regionen, an die man sonst nur schwer gelangt, mal so richtig zu reinigen.

Wie man die Saiten am Steg befestigt

Der Steg ist dazu da, damit die Saiten an Ort und Stelle bleiben.

✔ Die Sopran-Ukulele hat in der Regel einen Steg mit vier kleinen Schlitzen, einen für jede Saite.

✔ Größere Ukus haben eine andere Art von Steg: Da werden die Saiten durch eine Art Tunnel geführt und dann befestigt.

Beide Stegtypen sind mit einem *Sattel* versehen – einem schmalen Streifen, der früher mal aus Elfenbein bestand, heute jedoch glücklicherweise nur noch aus Kunststoff, und an dem die Saiten verankert werden –, dem eigentlichen Anfangspunkt der Saite, die man spielt.

Der Schlitzsteg

Der Schlitzsteg ist leicht zu händeln. Man führt die betreffende Saite einfach durch den Schlitz und macht einen Knoten, der sie dann gewissermaßen »in Zaum hält«.

Der Knüpfsteg

Knüpfstege sind anstrengend. Verfahren Sie so bei der Saitenbespannung:

1. **Man fädelt die Saite in den »Tunnel« ein, bis sie am anderen Ende wieder hervorkommt (siehe Abbildung 20.1).**

2. **Dann führt man sie unter sich selbst noch einmal zurück bis zum oberen Ende des Stegs (siehe Abbildung 20.2).**

3. **Danach macht man das Gleiche in die Gegenrichtung und zurrt sie fest.**

Schließlich schickt man ein Stoßgebet zum Himmel, dass alles gut hält und so aussieht wie in Abbildung 20.3.

Nach dem letzten Hindurchführen sollte die Saite sich am unteren, nicht am oberen Ende des Stegs befinden, sonst kann es vorkommen, dass sie sich immer wieder verstimmt.

Abbildung 20.1: Saitenwechsel bei einem Knüpfsteg, Teil 1

Abbildung 20.2: Saitenwechsel bei einem Knüpfsteg, Teil 2

Abbildung 20.3: Saitenwechsel bei einem Knüpfsteg, Teil 3

Und jetzt die Saiten um die Stimmzapfen wickeln ...

Bis jetzt haben wir unsere Saiten ja nur am Steg verankert; sie brauchen natürlich auch Halt am Instrumentenkopf. Dort fädelt man sie einfach an den jeweiligen Stimmwirbeln ein und zieht sie fest. Um sicherzugehen, dass die Saiten Ihnen dort nicht mehr entschlüpfen können, sollten Sie jede Saite noch einmal um »ihren« Wirbel wickeln und dann ein weiteres Mal in die gleiche Richtung durch das Loch fädeln (siehe Abbildung 20.4).

 Bevor Sie eine Saite stimmen, muss sie richtig straffgezogen werden. Je mehr von der Saite Sie um den Stimmwirbel wickeln, umso mehr artet die ganze Prozedur in Arbeit aus und umso größer wird die Gefahr, dass Ihre Uku sich immer wieder verstimmt.

 Sorgen Sie dafür, dass die Saiten die Stimmwirbel an der inneren Seite verlassen. Das heißt: Sie müssen die g- und die C-Saite gegen den Uhrzeigersinn drehen (damit die Saiten darunter hervorkommen), die E- und A-Saite jedoch im Uhrzeigersinn (damit die Saiten darüber hervorkommen). Auf diese Weise haben Sie die Gewähr, dass die Saite zwischen ihrem »Bett« am Sattel und der Mechanik so geradlinig wie möglich verläuft.

Überprüfen Sie, ob die Saite auch wirklich sauber in der Vertiefung am Sattel sitzt, dann drehen Sie an den Stimmwirbeln, um sie zu straffen. Bei jeder Drehung müssen Sie darauf achten, dass die Saite unterhalb der vorangegangenen Schlaufe verläuft. Auf diese Weise wird der Winkel schmaler, in dem sie die Brücke verlässt, und sie kann nicht mehr so leicht herausrutschen.

Abbildung 20.4: So wickelt man die Saiten um die Stimmwirbel.

 Viele Hersteller gehen in letzter Zeit dazu über, die Ukulele (wie bei Gitarren) mit Löchern in der Mechanik auszustatten, durch die man die Saiten dann führen muss. Falls Sie eine Ukulele von diesem Typ besitzen, müssen Sie ein wenig anders vorgehen ... aber wirklich nur ein klein wenig. Der Unterschied: Nachdem Sie die Saite durch das Loch gefädelt haben, wickeln Sie sie um sich selbst, sodass eine Art U-Form entsteht. Die Saite strafft sich dann beim Stimmen von selbst.

Trick 17 für eine stabile Stimmung: Deeehnen ...

Neue Ukulele-Saiten müssen sich erst einmal in das Instrument »einleben« – ein Problem, das auch Gitarristen kennen: Am Anfang verstimmt sich die Klampfe fast im Minutentakt aufs Neue. Aber dagegen gibt es ein Rezept: Wenn Sie neue Saiten eingespannt haben, müssen Sie sie erst mal ein wenig dehnen. Das heißt: Nach dem Stimmen ziehen Sie die Saiten mit dem Finger vom Instrumentenhals ab und strapazieren sie ein klein wenig. Alles, was Sie über das Stimmen der Uku wissen müssen, steht übrigens in Kapitel 2.

Wenn Sie zwei oder drei Dehnmanöver ausgeführt haben, können Sie davon ausgehen, dass die Saite jetzt ziemlich verstimmt ist (wer wäre das nicht, wenn er wider Willen gedehnt wird?). Dann stimmen Sie sie einfach nach und beginnen die Prozedur von vorne – und das machen Sie so lange, bis die Stimmung stabil bleibt (oder bei Ihnen selbst auf den Tiefpunkt gesunken ist).

Wie Ihre Ukulele in Hochform bleibt

Wir Menschen müssen uns, um in Form zu bleiben, ab und zu sportlich betätigen – eine Ukulele lässt sich dazu nur schwerlich überreden. Also müssen wir auf andere Mittel zurückgreifen – das beste besteht darin, regelmäßig auf ihr zu spielen. Eine Uku verschleißt nicht wie eine Jeanshose, die man zu oft trägt – im Gegenteil: Sie bettelt geradezu danach, gespielt zu werden, und je öfter Sie ihr den Gefallen tun, umso mehr wird sie Sie mit einem guten Klang belohnen.

Sauberkeit ist das halbe (Ukulele-)Leben

Erst die Arbeit, dann das Vergnügen, lautet ein altes Sprichwort. Beim Umgang mit der Ukulele ist es genau umgekehrt – da kommt erst das Vergnügen (Spielen), dann die Arbeit (die Ukulele reinigen). Dazu brauchen Sie keine Spezialreiniger oder von Astronauten erprobte Millenniums-Putzlappen – ein einfaches Baumwolltuch reicht, mit dem Sie nach dem Spielen ein paar Mal über die Saiten und das Griffbrett wischen. Bitte nichts Härteres verwenden – auch keine Küchentücher oder so. Es geht ja nur darum, dass der Schweiß, den Sie auf dem Instrument zurücklassen, sich nicht mit Staub zu einer schmierigen Brühe vermischt.

Ein Wort zum Thema Lagerung

Auch wenn Sie mit Ihrer Uku nie aus dem Haus gehen, sollten Sie dennoch die Kosten für eine Tasche oder einen Koffer nicht scheuen. Selbst die fadenscheinigste Hülle schützt das Instrument vor Staub und anderen unzuträglichen Partikeln (alles über den richtigen Schutz einer Ukulele steht in Kapitel 19).

Aber egal, wo Sie Ihre Ukulele auch aufbewahren – achten Sie immer auf die Temperatur! Direkte Sonneneinstrahlung sollten Sie ihr nie zumuten, ebenso wenig die Nähe einer aufgedrehten Heizung oder die Lagerung auf einem Autorücksitz im Sommer, wo es furchtbar heiß werden kann. Kälte hingegen macht ihr weniger zu schaffen – dennoch sollten Sie das Instrument bei einer Fahrt mit dem Auto lieber bei sich im »Cockpit« behalten anstatt es in den Kofferraum zu verbannen.

Im Normalfall dürfen Sie auf Flugreisen Ihre Uku mit in den Flieger nehmen; es kann aber auch passieren, dass Sie sie aus Sicherheitsgründen zusammen mit Ihrem Gepäck vorübergehend abgeben müssen. In solchen Fällen ist ein stabiler Koffer unentbehrlich – eine Investition, die sich wirklich lohnt.

Trockene und feuchte Feinde

Holz ist ein Naturmaterial, das ständig atmet und auf seine Umgebung reagiert. Sollten Sie also irgendwo wohnen, wo ein extrem trockenes oder extrem feuchtes Klima herrscht, müssen Sie ein wenig umsichtig sein.

✔ Ist die Luft sehr trocken, kann das Holz, aus dem das Instrument besteht, rasch brüchig werden. In solchen Fällen hilft ein kleiner Luftbefeuchter, den Sie Ihrer Ukulele in ihrem Koffer beigesellen, und die beiden werden bald dicke Freunde sein. Diese Geräte sind leicht zu bedienen und kosten nicht viel, und die paar Cent sollte Ihre geliebte Ukulele Ihnen einfach wert sein.

✔ Herrscht hingegen eine große Luftfeuchtigkeit, kann sich das Holz Ihrer Uku verziehen. Eine Packung Kieselsäure-Gel im Ukulele-Koffer kann da Wunder wirken. Gefährdet sind vor allem Instrumente aus Massivholz; laminierte Ukulelen (also solche aus Sperrholz) sind in dieser Hinsicht robuster. Manchmal bekommt man beim Kauf einer Ukulele sogar eine Packung Kieselerde gratis dazu; falls nicht, ist das aber auch kein Beinbruch, denn sie kostet nicht viel und ist in jeder Drogerie erhältlich.

Problem erkannt, Problem gebannt!

Wenn diese Welt gerecht wäre, würden nur Qualitäts-Ukulelen hergestellt werden, auf denen man sofort nach Kauf richtig loslegen könnte. Aber diese Welt ist nicht gerecht, und so gibt es nicht wenige Leute, die erst mal etwas Ärger mit ihrem Instrument haben. In diesem Abschnitt verraten wir Ihnen ein paar »Erste Hilfe«-Methoden für die gängigsten Probleme – denn Sie wissen ja: Die Axt im Haus ersetzt den Zimmermann.

A propos Zimmermann: Meine handwerklichen Fähigkeiten sind, gelinde gesagt, wirklich bescheiden. Schon wenn ich nur eine Sektflasche entkorken muss, ist es besser, ich stülpe mir zuvor teure Schutzhandschuhe über, setze einen Helm im Stil von Darth Vader auf und notiere für alle anderen schon mal die Notrufnummer der Rettungsdienstwache. Trotzdem habe ich mich an die eine oder andere der nachfolgenden Aufgaben schon einmal gewagt – und Sie werden lachen, es hat öfter geklappt als ich dachte.

Was tun mit Saiten, die sich ständig verstimmen?

Falls Ihre Uku über eine sogenannte unübersetzte Mechanik verfügt (das heißt, wenn die Saiten allein durch die Reibungskraft an Ort und Stelle gehalten werden), kann es hilfreich sein, wenn Sie einfach die Schrauben an den Stimmwirbeln etwas fester anziehen – zwar nicht so fest, dass sie sich kaum mehr bewegen lassen, aber fest genug, damit sie sich nicht mehr abspulen.

Falls Sie gerade erst neue Saiten eingespannt haben, ist es ganz normal, dass sie sich am Anfang immer wieder verstimmen. Das kann geschlagene zwei Wochen lang so gehen, je nachdem, wie oft Sie das Instrument benutzen.

In diesem Fall ist es am besten, Sie lesen noch einmal den Abschnitt »Trick 17 für eine stabile Stimmung: Deeehnen …«. Darin steht, wie Sie die widerborstigen Saiten Ihrer Ukulele in kleinen Schritten »bändigen« können.

Zu hohe Saitenlage? Dagegen kann man was tun!

Als *Saitenlage* bezeichnet man den Abstand der Saiten zum Griffbrett.

Auch hier gilt natürlich: Es ist alles eine Frage des Geschmacks; manche mögen's höher, andere tiefer. Es gibt aber eine Faustregel: Der Abstand der Saiten zu den Bundstäbchen sollte so gewählt sein, dass gerade mal eine Kreditkarte dazwischen passt. Liegen die Saiten niedriger, sind sie natürlich leichter zu greifen; liegen sie höher, klingen und schwingen sie in der Regel besser und neigen, leer angeschlagen, auch nicht zu Schnarrgeräuschen.

Ist die Saitenlage allzu hoch, kann das Instrument jedoch unspielbar werden – vor allem bei Akkorden wie Bm, die sich dann einfach nicht mehr sauber greifen lassen. In diesem Fall sollten Sie auf jeden Fall für eine niedrigere Saitenlage sorgen.

Das kann man sowohl am Steg als auch oben am Sattel machen – ich empfehle jedoch den Steg. Bei den meisten Ukus lässt er sich entfernen, also empfehle ich Ihnen zu diesem Zweck, die Saiten erst mal auszuspannen, danach entfernen Sie den Steg mithilfe einer Nadelzange.

 Setzen Sie dann den Steg etwas tiefer, aber gehen Sie dabei in kleinen Schritten vor. Den Saitenabstand zu verringern ist viel einfacher als ihn zu vergrößern. Reiben Sie einfach ein paar Mal mit einem Stück Sandpapier darüber, bringen Sie ihn wieder an und probieren Sie aus, ob es jetzt funktioniert.

Die gleiche Aktion können Sie natürlich auch am Sattel durchführen, aber da müssen Sie vorsichtiger sein, da es dort leichter ins Auge gehen kann. Zu diesem Zweck gibt es sogenannte Bundfeilen, die auf alle Fälle hilfreich sind; man kann aber auch eine Nadelfeile verwenden.

 Auf jeden Fall gilt: Immer schrittweise vorgehen und zwischendurch ausprobieren. Vor allem wenn Sie am Sattel herumfuhrwerken, müssen Sie zweimal, nein dreimal, ach was rede ich, drölfmal so vorsichtig sein.

Wenn es schnarrt, ist die Saitenlage zu niedrig

Falls das Schnarren von den Saiten herrührt, merken Sie sich, an welchen Stellen es beim Spielen auftritt. Falls es sich vornehmlich bei leer angeschlagenen Saiten oder etwas heftigeren Anschlägen bemerkbar macht, ist die Wahrscheinlichkeit groß, dass die Saiten sich zu nahe am Griffbrett befinden, sodass die Saitenlage erhöht werden muss.

Falls Sie das am Steg machen wollen, entfernen Sie die Saiten und platzieren Sie ein kleines Stück Holz (etwa so groß wie der Splitter eines Streichholzes, nicht mehr!) oder auch nur ein kleines Stück Papier unter dem Steg.

Falls Sie diese Operation am Sattel ausführen wollen, kann das ein rechtes Gemurkse werden. Da ist es vielleicht besser, den Sattel gleich komplett auszutauschen. Manche Sattel lassen sich mühelos entfernen, andere wieder nicht.

Eine weitere Alternative bestünde darin, den Schlitz zu füllen und dann auf die richtige Höhe zurechtzufeilen. Dazu können Sie Sekundenkleber nehmen, den Sie mit einem Pulver Ihrer Wahl mischen, zum Beispiel mit Backpulver oder feinen Holzspänen, die von der gleichen Art wie der Sattel sein sollten.

Falls das Schnarren nur bei einer bestimmten Saite oder in einem bestimmten Bund auftritt, empfiehlt es sich, das Bundstäbchen oberhalb des Problembundes einmal näher in Augenschein zu nehmen. Es könnte sein, dass es zu hoch liegt oder nicht korrekt auf dem Griffbrett angebracht ist.

 Ein Bundstäbchen niedriger zu setzen, indem man ein kleines Stückchen davon wegnimmt, sollten Sie allerdings einem Experten überlassen. Da kann es nämlich rasch passieren, dass man einen nicht wieder gutzumachenden Schaden richtet.

 Falls das Problem nicht von den Saiten selbst ausgeht, liegt es eventuell daran, dass einer oder mehrere Stimmwirbel locker sind. Sollten Sie bemerken, dass das Schnarren dort seinen Ursprung hat, sollten Sie prüfen, ob alle Schrauben fest genug sitzen. Falls nicht – neue Stimmwirbel zu bekommen, ist kein Problem. Denn da geht es Ukulelen nicht anders als Menschen: Wenn sie eine Schraube locker haben, kann das, was sie von sich geben, meist nicht so begeistern.

Und was, wenn nur die hohen Tonlagen schief klingen?

Ja, dieses Problem gibt es – dass die Uku, je weiter man sich von ihrem Kopf entfernt, umso verstimmter klingt – ein Zeichen dafür, dass wir es mit einer *unreinen Stimmung* zu tun haben. Zum Glück ist das nicht bei allen Billig-Ukulelen der Fall.

Wenn die Akkorde auf Ihrer Ukulele umso unreiner klingen, je höher die Tonlage ist, in der Sie greifen, haben Sie ein echtes Problem. Manchmal hilft zwar ein ganz normaler Saitenwechsel – aber nur, wenn ungleichmäßig starke Saiten die Ursache sind. Bei einer neuen Ukulele sollten Sie das trotzdem als Erstes versuchen. Wenn der Abstand zwischen den Saiten in den höheren Bünden sehr groß ist, kann es sein, dass Sie sie ungewollt beim Greifen aus der richtigen Stimmung bringen. Falls dies bei Ihrer Ukulele der Fall ist, empfiehlt es sich, die Saitenlage zu erniedrigen (siehe Abschnitt »Zu hohe Saitenlage? Dagegen kann man was tun!«).

Manchmal ist jedoch auch ein Herstellungsfehler die Ursache, und der wiederum ist schwer zu beheben.

Teil VI
Der Top-Ten-Teil

 Besuchen Sie uns doch einmal auf www.facebook.de/fuerdummies!

... präsentiere ich Ihnen eine Reihe von Tipps und Kniffen, damit Sie noch besser auf der Ukulele werden. Außerdem werden Sie Bekanntschaft mit einigen namhaften Ukulele-Spielern der letzten 100 Jahre (bis heute) schließen, deren Musik Sie sich anhören sollten, um sich die eine oder andere Scheibe davon abzuschneiden. Ich verrate Ihnen auch, wie Sie am besten an eine Eintrittskarte zur prickelnden (und übrigens sehr gastfreundlichen) Ukulele-Szene gelangen, und stelle Ihnen last but not least tolle Akkorde auf der Ukulele vor.

IN DIESEM KAPITEL

Stelle ich Ihnen einige höchst innovative
Ukulele-Spieler vor

Werden Sie verstehen, warum die Uku
so beliebt ist

Dürfen Sie einigen Megastars die Hand drücken

Kapitel 21

Zehn Uku-Meister, die Sie kennen sollten

Der geschichtliche Werdegang der Ukulele ist untrennbar verbunden mit einigen großen Namen, sowohl aus älterer Zeit als auch aus der Gegenwart. In diesem Kapitel werden Sie Bekanntschaft schließen mit zehn großen Musikern beziehungsweise Bands, die durch ihr Ukulele-Spiel bekannt wurden und das Instrument bekannt gemacht haben. Unter ihnen befinden sich auch ein paar »Superstars« der Zukunft (die nicht erst zu Herrn Bohlen müssen, um dann doch keiner zu werden).

Ernest Ka'ai (1881–1962)

Ernest Ka'ai war die zweite Person, der man Eingang in die Ukulele Hall of Fame gewährte (die erste war der Hawaiianer King David Kalakaua, der eine Menge dazu beitrug, dass aus der Uku ein weithin beliebtes Instrument wurde – siehe Kapitel 1). Ka'ai kennt man eigentlich nur in der Ukulele-Fangemeinde, doch der Beitrag, den er zur Entwicklung dieses Instruments leistete, ist unbestritten.

Erst durch Ka'ai wurde die Ukulele zu dem, was sie heute ist.

✔ Er war der Erste, der auf der Ukulele gleichzeitig Melodie und Akkorde spielte.

✔ Seine Arrangements und Techniken waren einfach bahnbrechend.

✔ Er schrieb 1906 das erste Ukulele-Lehrbuch, dem sieben weitere folgten.

Ohne Ka'ai wüsste vielleicht heute noch niemand, was aus einer Ukulele alles herauszuholen ist.

Wenn Ihnen die Musik von Ka'ai gefällt, dann mögen Sie bestimmt auch John King. Er war einer der großen Ukulele-Meister und Hawaii-Liebhaber, der das Spiel auf diesem Instrument auch lehrte und dessen Geschichte erforschte. Eines seiner zahlreichen Bücher hat den Titel *Famous Solos and Duets for Ukulele* und enthält Tabs für etliche Stücke von Ernest Ka'ai.

May Singhi Breen (1895–1970)

Viele weibliche Spieler bezeichneten sich selbst gern als Ukulele Lady, doch keine hat den Titel mehr verdient als May Singhi Breen. Sie nahm eine Reihe von Schallplatten auf und spielte in den 20er- und 30er-Jahren auch in ihrer Radiosendung »Sweethearts of the Air« zahlreiche Songs auf der Uku. Auch sie verfasste eine Reihe von Lehrbüchern und ist dafür verantwortlich, dass viele Notenblätter aus jener Zeit auch Akkorddiagramme enthalten.

Doch May Singhi Breen war nicht nur eine begnadete Spielerin und Lehrerin, sie setzte sich auch unermüdlich dafür ein, die Ukulele noch bekannter zu machen. Als die amerikanische Musikervereinigung die Ukulele mehr als Spielzeug denn als Instrument deklarierte, griff sie sofort zu ihrer Uku und trat an, um sie eines Besseren zu belehren. Als sie sich sogar weigerten, ihr wenigstens zuzuhören, klagte sie vor Gericht, was schließlich dazu führte, dass die Ukulele schließlich doch als reguläres Musikinstrument angesehen wurde.

Falls Ihnen die Musik von May Singhi Breen zusagt, sollten Sie sich auf jeden Fall auch mal Nellie McKay anhören. Sie ist Sängerin, Songwriterin, Schauspielerin und Comedian. Ihre Songs verströmen die Nostalgie der 20er- und 30er-Jahre, und sie hat auch mehrere Stücke aus dieser Ära gecovert.

Roy Smeck (1900–1994)

»The Wizard of the Strings« nannte man ihn – den, der »auf den Saiten zaubern kann«. Und das mit gutem Grund: Dieser Multi-Instrumentalist war ein Meister des Spiels auf der Gitarre, der Lap-Steel-Gitarre (Hawaii-Gitarre), dem Banjo, der Mandoline – und natürlich der Ukulele. In den 20er und 30er Jahren war er ein namhafter Star, und kein Geringerer als Thomas Edison machte von seinen Liedern Schallplattenaufnahmen. Smeck spielte auch beim Amtsantritt von Franklin D. Roosevelt, und der Kurzfilm *His Pastimes*, in dem er auf verschiedenen Instrumenten (einschließlich der Ukulele) spielt, war einer der ersten Tonfilme überhaupt.

Er war der Wegbereiter einiger wilder Ukulele-Moves – zum Beispiel des Percussion-Spiels auf dem Korpus, des Rotierens der Ukulele in der Luft oder des zweihändigen Tappings (einer Technik, die Eddie van Halen 60 Jahre später auch auf der E-Gitarre populär machte).

Im Laufe seiner Karriere veröffentlichte Smeck auch eine Reihe von Lehrbüchern und förderte die Verbreitung zahlreicher Instrumententypen. Am nachhaltigsten hat sich sein Name in Gestalt der tropfenförmigen Vita-Uku verewigt, einem auch heute noch beliebten Design.

Gefällt Ihnen die Musik von Roy Smeck? Dann hören Sie sich unbedingt auch mal Bob Brozman an – einen weiteren Virtuosen auf der Gitarre, der Lap-Steel, der Ukulele und weiterer Instrumenten. Seine Musik hat ihre Wurzeln im Jazz und Blues, er vermischt sie jedoch mit Elementen aus Musikstilen von überall auf der Welt. Und eins seiner Stücke, fast schon sein Markenzeichen, sollten Sie auf jeden Fall kennen: »Ukulele Spaghetti«.

George Formby (1904–1961)

In den britischen Konzerthallen der 30er und 40er Jahre war George Formby ein Megastar – und auch heute noch ist er auf den Inseln derjenige Musiker, dessen Namen man als Erstes mit der Ukulele verbindet. Seltsamerweise spielte er gar nicht so oft auf der Uku, sondern viel häufiger auf der Banjolele (einer Ukulele mit dem Korpus eines Banjos). Die George-Formby-Gesellschaft ist noch immer eine namhafte Organisation, zu deren Mitgliedern auch George Harrison gehörte.

Formbys Stil zeichnete sich aus durch sehr eindringliche Rhythmen, und von Triolenanschlägen und Split Strokes machte er reichlich Gebrauch. Seine Comedy-Songs haben natürlich inzwischen einen langen Bart, doch sein feuriger Ukulele-Stil ist noch so mitreißend wie damals.

Wem George Formby gefällt, der mag meist auch Garfunkel and Oates – ein Komikerpaar (Riki Lindhome und Kate Micucci), das ebenso wie Formby ausgelassene, oft etwas zotige Songs in seine Comedy-Darbietungen einbaute. Micucci ist es, die für die Ukulele-Parts zuständig ist, was sie auf Grund ihrer Rolle als die Ukulele spielende Stephanie Gooch in der Fernsehserie *Scrubs (Die Anfänger)* sattsam gewohnt ist.

The Ukulele Orchestra of Great Britain (1985–)

Das Ukulele Orchestra of Great Britain (kurz UOGB genannt) formierte sich 1985 in London. Auf ihren ersten Alben präsentierten die Musiker eine Reihe von Originalen, oftmals stark avantgardistisch angehaucht. Allmählich jedoch gingen sie dazu über, Pop-, Jazz- und Klassikstücke für die Uku neu zu arrangieren. Bei diesem Prozess vermittelten sie bewusst das Bild einer Schar von Freunden, die sich zusammengefunden haben, um Coverversionen verschiedener Songs auf der Ukulele hinzulegen, und schufen somit eine Basis für die Gründung von Ukulele-Bands überall auf der Welt.

Schon bald konnten sie sich auf Grund ihrer Mischung aus unkompliziertem Humor und beeindruckender Musikalität in Europa einer riesigen und treuen Anhängerschaft rühmen. Als sie bei den *Proms* (einer Reihe von seriösen klassischen Konzerten) in der Royal Albert Hall auftraten, waren alle Plätze ausverkauft.

Wer ihre Musik mag, sollte sich auch das Wellington International Ukulele Orchestra anhören – die Antwort Neuseelands auf das UOGB. Es ist eine Gruppe von Künstlern, die alle auch als eigenständige Profimusiker tätig sind; der bekannteste von ihnen ist Bret McKenzie von Flight of the Chonchords. Ihr Konzept ist dem des UOGB sehr ähnlich – ein Mix aus bekannten Songs, neu arrangiert für das Zusammenspiel mehrerer Ukus.

Israel Kamakawiwo'ole (1959–1997)

Ganz im Ernst – Israel Kamakawiwo'oles Coverversion von »Over the Rainbow« entkommt man in seinem Leben nur schwerlich. Immerhin taucht sie in mehreren Filmen (wie zum Beispiel *50 erste Dates* und *Rendezvous mit Joe Black* auf, aber auch in TV-Serien wie *Scrubs*) sowie zahlreichen Werbespots (von eToys bis hin zum Lux-Deodorant). Eine lässige Melodie, aber dennoch voll soulig – eigentlich schon so etwas wie der Inbegriff des Hawaii-Sounds. Dieser Song ist ein echter Uku-Klassiker.

Aber IZ (so wird er von allen genannt, die mit dem Namen Kamakawiwo'ole nicht zu viel wertvolle Zeit ihres Lebens verplempern wollen) auf einen einzigen Song zu reduzieren, würde ihm nicht gerecht werden. Bevor er sein eigenes Ding durchzog, begann er seine Karriere bei der Band Makaha Sons of Ni'ihau, später wurde er zum obersten Befürworter der *Jawaiianischen Musik*, einer Mischung aus Reggae und dem beschwingten akustischen Hawaii-Sound.

Kennen Sie die Musik von Israel Kamakawiwo'ole? Falls sie Ihnen auch nicht mehr aus dem Ohr geht, hören Sie sich doch auch mal Paula Fuga an. Genau wie IZ kombiniert sie hawaiianische Musik mit relaxten Reggae-Vibes und einer beeindruckenden Stimme.

Jake Shimabukuro (1976–)

Jake Shimabukuros Version von George Harrisons »While My Guitar Gently Weeps« ist definitiv *der* Markensong des derzeitigen Ukulele-Booms. Diese Nummer, die als Erstes bei der Midnight Ukulele Disco präsentiert wurde, ist inzwischen einer der großen Renner bei YouTube und verhalf dem Musiker zu internationaler Bekanntheit.

Shimabukuro hat nicht nur eine stattliche Anzahl von Soloalben veröffentlicht, er spielte auch zusammen mit hochrangigen Künstlern wie dem Banjo-Virtuosen Bela Fleck, dem klassischen Cellisten Yo-Yo Ma sowie mit Cyndi Lauper und Bette Midler.

Man darf Shimabukuro mit Fug und Recht den einflussreichsten Ukulele-Spieler aller Zeiten nennen – oft nachgeahmt, aber niemals erreicht. Er hat die verschiedensten Einflüsse in seinen Musikstil aufgenommen, und als maßgeblich für seine Musikphilosophie nennt er sogar Namen wie Bruce Lee oder Bill Cosby.

Wenn Ihnen die Klänge gefallen, die Jake Shimabukuro seiner Uku entlockt, dann merken Sie sich auch den Namen Kalei Gamiao. Es gibt zwar eine Menge Leute, die Jake nacheifern, doch unter ihnen ist Kalei Gamao mit Abstand der beste. Hören Sie sich einmal den Song »Mach 5« an – Ihnen wird die Kinnlade bis auf den Fußboden sinken.

Amanda Palmer (1976–)

Bekannt geworden ist Amanda Palmer als singende und klavierspielende Hälfte des »Dark Cabaret«-Duos »Dresden Dolls«. Mit ihrer Solokarriere seit 2008 begann sie auch die Ukulele in ihre Shows zu integrieren, etwa mit einer Version des Radiohead-Klassikers »Creep«.

Zunehmend ist die Ukulele zu einem Markenzeichen ihrer Kunst geworden. Das kann man auf einer EP aus dem Jahr 2010 nachhören, auf der sie fast ausschließlich Coverversionen der britischen Band Radiohead auf der Uku interpretiert. Der Höhepunkt dieser EP ist aber das mächtige »Ukulele Anthem«, eine Eigenkomposition, deren Titel für sich spricht. Der Song ist eine überbordende Huldigung an die großartige Uku. Und mit den unvergesslichen Zeilen »Ukulele banish evil, ukulele save the people, Ukulele gleaming golden on the top of every steeple« und »If anybody tries to steal your Ukulele, let them take it« hat sie ihrer Hymne starke Worte beigefügt.

Was vielleicht noch entscheidender ist: Die Ukulele gestattet es Amanda Palmer, sogenannte Ninja Gigs zu spielen. Das sind kleine Impromptus, frei zugängliche, öffentliche Shows vor kleineren Zuschaueransammlungen. Diese Art Shows sind zum grundlegenden Bestandteil des künstlerischen Konzepts von Amanda Palmer geworden. Ohne die tragbare und so leicht zu bespielende Ukulele wäre die Realisierung solcher Gigs wohl gar nicht möglich.

Wenn Sie schon ein Amanda-Palmer-Fan sind, dann sollten Sie auch unbedingt Emily Brodsky Ihr Gehör schenken. Sie ist regelmäßig an der Seite von Amanda Palmer und hat selbst einige großartige Stücke für die Ukulele geschrieben.

James Hill (1980–)

James Hill ist der erfahrenste und ehrgeizigste Ukulele-Spieler unserer Tage. Auf seinem Album *Flying Leap* findet sich eine dreiteilige Suite für Ukulele und Cello, und er hat auch einige neue Techniken entwickelt – zum Beispiel den Saitenanschlag mithilfe chinesischer Essstäbchen sowie eine eindrucksvolle Percussion-Technik, die es ihm gestattet, bei dem Song »Billie Jean« sowohl den Bass- und den Keyboard- als auch den Schlagzeugpart gleichzeitig auf nur einer einzigen Ukulele zu spielen.

Bei den Ukulele-Schulprojekten in Kanada steht die Musik von James Hill an oberster Stelle (seit den 70er-Jahren wird an kanadischen Schulen auch Ukulele-Unterricht angeboten). In seinen Teenagerjahren war Hill ein Mitglied der namhaftesten Schulband, dem Langley Ukulele Orchestra, das weltweit auf Tourneen geht. Zu diesen Wurzeln ist er inzwischen zurückgekehrt und arbeitet mit Chalmers Doane zusammen, dem Mann, der dafür verantwortlich ist, dass die Ukulele im Schulunterricht Kanadas ihren festen Platz fand; außerdem schrieb er eine Lehrbuchreihe mit dem Titel *Ukulele in the Classroom*.

Wenn Sie James Hill mögen, werden Sie auch Paul Luongo für sich entdecken können, dessen Ursprünge sich ebenfalls im Langley Ukulele Orchestra finden. Seine Spieltechnik ist phänomenal, und für das Arrangieren von Musikstücken für die Ukulele hat er ein echtes Talent.

Zach Condon (1986–)

Ende der 90er-Jahre und zu Beginn des neuen Jahrtausends wurden viele Indie-Bands der üblichen Gitarren-, Bass- und Schlagzeugbesetzung überdrüssig, und sie begannen, in ihren Ensembles mit neuen Instrumenten wie der Harfe oder Blechblasinstrumenten zu experimentieren. Dabei entwickelte sich die Ukulele mit ihrem schlichten und dennoch einzigartigen Sound zum großen Favoriten.

Zach Condon stieg auf die Ukulele um, als er nach dem waghalsigen Fehlversuch, einen Baum zu erklimmen, zum Gitarrenspiel nicht mehr in der Lage war. Das Instrument wurde zu einem elementaren Kennzeichen des Sounds seiner Band Beirut und trug dazu bei, dass sein Debütalbum *Galag Orkestar* zum großen Verkaufsschlager wurde.

Seitdem hat sich die Ukulele in den Kreisen von Indie-Musikern immer mehr durchgesetzt, und auch Bands und Solisten wie Dent May, hellogoodbye und Peggy Sue verzichten nicht mehr auf sie.

Wenn Sie Zach Condon mögen, probieren Sie es doch auch mal mit tUnE-yArDs. Wie schon die ungewöhnliche Schreibweise erahnen lässt, handelt es sich um eine Band, die sich an keine Regeln hält. Im Moment ist sie vermutlich das interessanteste Uku-Ensemble, das es gibt.

IN DIESEM KAPITEL

Erfahren Sie, wie und wo Sie andere
Ukulele-Spieler kennenlernen ...

... und mit Ihrer Musik die Menschen erreichen
können

Helfen wir Ihrer Inspiration auf die Sprünge

Können Sie zum Uku-Superstar werden

Kapitel 22
Wie Sie in der Uku-Szene Fuß fassen können

E ine der schönsten Seiten des Ukulele-Spielens ist, dass es eine weltweite Community gibt. Das liegt vielleicht daran, dass die Uku lange Zeit so unterschätzt wurde, und alle, die sie spielen, jetzt eine Art Zusammengehörigkeitsgefühl verspüren. So etwas werden sie nur bei wenigen anderen Instrumenten finden: Dass die Spieler sich mit einer derartigen Herzenswärme und Zuvorkommenheit begegnen.

Egal, ob Sie irgendwelche Fragen haben, nach neuen Inspirationen suchen oder einfach nur ein lobendes Wort hören wollen – die Uku-Community hält das alles für Sie bereit.

In fast allen großen Städten dieser Welt gibt es eine lebendige Uku-Szene – inklusive Clubs, Auftritte und Großveranstaltungen. Aber auch wenn Sie irgendwo JWD (janz weit draußen) leben, können Sie jederzeit online gehen und im Internet die passenden Kontakte finden.

Dieses Kapitel enthält zehn wertvolle Tipps, mit deren Hilfe es Ihnen gelingen wird, sich der großen Uku-Community anzuschließen, andere Spieler kennenzulernen und somit noch mehr Spaß mit Ihrer Ukulele zu haben.

Der Weg zu einem Uku-Club

Warum soll ich eigentlich einem Uku-Club beitreten, werden Sie sich fragen. Die Antwort: Es macht einfach Spaß, sich mit anderen auszutauschen und mit ihnen zusammenzuspielen. Viele andere Vereine reagieren ja erst einmal sehr arrogant auf Neulinge – aber in der Uku-Szene ist das anders. Dort werden Sie freundlich, ja fast mit offenen Armen empfangen.

Ein weiterer Vorteil: Sie lernen auf jeden Fall dazu. Was der eine nicht kann, kann der andere, und Uku-Spieler halten ihre Spieltechniken nicht unter Verschluss wie mancher Küchenchef sein Filet-Stroganoff-Rezept im Fünf-Sterne-Hotel. Sie werden neue Songs und neue Techniken erlernen und einfach viel motivierter sein.

Ukulele-Gruppen schießen fast täglich wie Pilze aus dem Boden. Egal, wo Sie wohnen, irgendwo in der Nähe gibt es immer einen Club. Am besten, Sie informieren sich im Internet, indem Sie bei Ihrer Lieblingssuchmaschine einfach den Namen der nächstgelegenen größeren Stadt und den Begriff »Ukulele« eingeben.

Und falls Sie keinen finden, was dann? Dann gründen Sie doch einfach selbst einen. Eine Zeit lang werden Sie vielleicht das einzige Mitglied sein, aber die Sache wird sich bald herumsprechen, und Ukulele-Cracks gibt es auch in den entlegensten Winkeln dieser Welt.

Gehen Sie auf Uku-Festivals!

Ob New York oder London, ob Paris oder Melbourne – in allen großen Metropolen finden inzwischen regelmäßig Ukulele-Festivals statt.

Es gibt sie in allen Arten und Größen, von der eher kleinen Zusammenkunft bis hin zur Großveranstaltung, manchmal sogar bei freiem Eintritt. Drei Dinge aber gibt es, die Ihnen dabei grundsätzlich geboten werden:

Inspiration: Einem Profi zuzusehen, lohnt sich immer – man kommt auf neue Ideen, um sein eigenes Spiel zu bereichern, und wird sogar zum Komponieren eigener Songs inspiriert.

Ausprobieren: Auf Ukulele-Festivals sind fast immer Uku-Hersteller und -Händler vor Ort, an deren Ständen Sie eine Vielzahl von Instrumenten ausprobieren und das Richtige für Ihre persönlichen Ansprüche finden können.

Gleichgesinnte treffen: Festivals sind der reinste Magnet für allerlei Uku-Spieler, mit denen Sie sich anfreunden, austauschen oder sogar zu einer Jamsession treffen können.

Ein Video drehen

Ukulele-Spielerinnen und -Spieler wie Meghan Trainor, Dodie Clark oder Mxmtoon haben es geschafft, durch selbstgedrehte Videos auf YouTube an einen Plattenvertrag zu kommen und in vielen Ländern auftreten zu können.

Um ein Video zu drehen und es auf einer entsprechenden Internetplattform einzustellen, müssen Sie kein Star sein. Sehen Sie sich nur einmal bei YouTube um: Da gibt es zahllose Filmchen von Amateurspielern.

Falls Sie ein Video hochladen, sorgen Sie dafür, dass es unter dem Suchbegriff »Ukulele« zu finden ist, und verfassen Sie möglichst viele Comments zu anderen Uku-Videos. Auf diese Weise haben Sie bald eine Menge Abonnenten, die Ihnen ebenso nette und aufbauende Comments schreiben werden.

Live spielen

Egal, ob Sie nun solo oder in einer Band spielen – ein Liveauftritt ist immer ein Erlebnis, vor dem man zwar am Anfang etwas Bammel hat, das sich aber nachher als umso befriedigender erweisen kann.

Vor Leuten zu spielen ist auch der schnellste und sicherste Weg, um das eigene Spiel zu verbessern. Da man Angst hat, eine schlechte Figur abzugeben, übt man vorher umso eifriger und begeht nicht den Fehler, sich besser einzuschätzen als man eigentlich ist.

Wenn man nur für sich selbst spielt, neigt man häufig dazu, ein Stück nur so lange zu üben, bis man es »einigermaßen« gut hinbekommt. Für einen Liveauftritt reicht das natürlich nicht– da muss alles sitzen.

 Ein guter Spieler übt ein Stück so lange, bis er es fehlerfrei spielen kann. Ein großartiger Spieler übt so lange, bis er gar nicht mehr weiß, was das Wort Fehler eigentlich bedeutet.

 Wenn Sie öffentliche Auftritte planen, müssen Sie ja nicht gleich mit dem Kopf voran ins kalte Wasser springen. Für den Anfang reicht es, wenn Sie mal auf einer Familien- oder Weihnachtsfeier ein paar Songs, die Sie gut beherrschen, zum Besten geben (schauen Sie in Kapitel 17 nach Songs für die Festtage). Erst mal mit anderen zwanglos zusammenspielen – dann sind Sie bald auch reif genug für eine Ukulele-Gruppe oder die Gründung Ihrer eigenen Band. Sie werden sehen, wie Ihr Selbstvertrauen als Musiker immer mehr wächst. Dann können Sie auch mal bei einem Ukulele-Club an einer Open-Mic-Session teilnehmen, bei der jeder auf die Bühne darf und bestimmt auch nicht ausgebuht wird, falls es mal nicht so klappt.

Ukulele online

Falls Sie Fragen zum Thema Ukulele haben oder sich über irgendeinen Aspekt mit anderen Spielern austauschen wollen – im Internet gibt es eine Menge (allerdings größtenteils englischsprachige) Uku-Foren. Die bekannteste deutsche Seite finden Sie unter www.ukulelenclub.de. Dort können Sie über alles Mögliche diskutieren – über Spieltechniken, Aufnahmemethoden, öffentliche Auftritte und vieles mehr. Auch Anfänger finden dort eine Menge Tipps und Anregungen.

Sollten Sie der englischen Sprache mächtig sein, empfehle ich Ihnen auch die Website www.reddit.com./r/ukulele. Die Seite gibt sich selbst das Label »hardcore«. Also, wenn Ukulele-Austausch, dann hier.

Und dann gibt es natürlich noch die Universallösung für alle Probleme dieser Welt: Facebook. Unzählige Ukulele-Gruppen haben dort inzwischen einen Account – von ganz unscheinbaren kleinen bis hin zu solchen, die sich dafür stark machen, dass Tiny Tim endlich in die Ukulele Hall of Fame aufgenommen wird. Bei Twitter ist es nicht viel anders – dort sind sogar prominente Uku-Spieler wie Amanda Palmer, Jake Shimabukuro und Ingrid Michaelson präsent.

Den Uku-Virus verbreiten

Es waren keine großen TV-Stars und Rockidole, die den Ukulele-Boom hervorgerufen haben; es waren unbekannte Spieler, die wiederum andere vom Reiz dieses Instruments überzeugten, sodass nach dem Pingpong-Effekt immer mehr Leute zur Uku griffen.

Und genau das können Sie auch tun! Erzählen Sie Ihren Freunden, wie viel Spaß es macht, auf der Ukulele zu spielen. Verbreiten Sie den Uku-Virus – unter Bekannten, Familienangehörigen und Musikinteressierten. Man wird Sie bald als den großen Experten betrachten und in Ukulele-Angelegenheiten regelmäßig um Rat fragen.

An Wettbewerben teilnehmen

Wettbewerbe sind eine der besten Möglichkeiten, anderen zu zeigen, was man auf der Uku »draufhat«. Ja, mehr noch: Man kann seine eigene Musik bekannter machen und sogar Preise gewinnen. Meistens werden solche Contests von Herstellern gesponsert, die dem/der Bestplatzierten dann anbieten, für ihre Produkte zu werben.

Es gibt auch kleinere Wettbewerbe, die das ganze Jahr über stattfinden – und nicht wenige Uku-Spieler, die ihre eigenen kleinen Contests veranstalten.

Auch hier gilt: Gewinnen ist super, doch dabei sein ist (fast) alles. Die Teilnehmer begutachten gegenseitig ihre Videos, schreiben aufmunternde Comments, sodass – egal, ob Sie nun zu den Siegern gehören oder nicht – solche Contests die beste Gelegenheit bieten, Ihre Musik der Öffentlichkeit vorzustellen und Kontakt zu anderen Spielern aufzunehmen.

Werden Sie zum Uku-Lehrer!

Das Schöne daran, wenn man jemandem etwas beibringt: Man lernt auch selbst dabei – oder festigt zumindest das, was man bereits kann. Wichtig ist nur, dass man einige Techniken gut genug beherrscht, um sie auf angemessene Weise weitervermitteln zu können.

Sie brauchen nicht erst zu warten, bis Sie Fachmann sind; auch als Anfänger, der einige Dinge gemeistert hat, verfügen Sie über genug Wissen, um anderen weiterzuhelfen. Das beginnt schon damit, dass Sie Neulingen demonstrieren, wie viel Spaß Ihnen das Ukulele-Spielen macht. So etwas ist ansteckend. Hochansteckend.

Falls Sie systematischer vorgehen wollen: Es gibt eine Menge von Uku-Lehrstunden auf Video, die Sie sich einfach abgucken können.

Selbst komponieren

Am Anfang macht es am meisten Spaß, Lieder nachzuspielen, die einem gefallen – doch mit der Zeit wächst häufig auch die Lust, eigene Songs zu komponieren. Dann ist man bereits bei den »höheren Weihen« angelangt.

Beim ersten Song gestaltet sich das oft schwierig, und man möchte verzweifeln. Deshalb verrate ich Ihnen einige Kniffs, die das Komponieren zwar nicht zum Kinderspiel machen, aber zumindest erleichtern:

✔ **Remix:** Wissen Sie, wie der Komponist der meisten ABBA-Songs es gemacht hat? Er hat sich einen fremden Text hergenommen und eine eigene Melodie dazu geschrieben. Wenn er die hatte, versuchte er sich dann auch an einem eigenen Text. Und so entstand etwas völlig Neues. Diese Verfahrensweise ist gerade für den Anfänger ideal, weil er somit von Anfang an über ein Arrangement verfügt.

✔ **Umgestaltung:** Klauen Sie einfach eine Akkordfolge; es gibt keinen Paragrafen im Strafgesetzbuch, der das verbietet. Und dann experimentieren Sie damit herum: Probieren Sie es mal langsamer, mal schneller, mal in diesem Rhythmus, mal in jenem, und ändern Sie die Reihenfolge der Akkorde nach Herzenslust. Das ist nichts Ehrenrühriges. The Jam haben es bei ihrem Song »Pretty Green« genauso gemacht – die Akkorde sind die gleichen wie die des Beatles-Klassikers »Taxman«.

✔ **Umkehrung:** Suchen Sie sich einen Song aus, der Ihnen besonders gut gefällt. Und dann jonglieren Sie mit den Akkorden oder spielen die Akkordfolge rückwärts (also statt C-G-F eben F-G-C und so weiter). Das hat Yoko Ono einmal mit Beethovens Mondscheinsonate gemacht. John Lennon hörte es und zauberte daraus – Simsalabim! – seinen Song »Because«.

Klar, das sind alles Tipps, die Sie nicht unbedingt beherzigen müssen. Aber wenn schon große Songwriter wie John Lennon, Paul Weller oder Benny und Björn darauf zurückgegriffen haben, können sie ja so verkehrt nicht sein.

Sehen Sie sich Uku-Spieler live an!

Immer mehr Ukulele-Spieler gehen auf Tournee – nicht nur große Bands wie das Ukulele Orchestra of Great Britain oder das Wellington International Ukulele Orchestra, nicht nur erstklassige Solisten wie James Hill und Jake Shimabukuro, sondern auch Indie-Bands wie Beirut und die tUnE-yArDs.

Einem profilierten Spieler bei seiner Darbietung zuzusehen, kann eine der besten Lektionen sein, die Sie lernen können.

 Wenn ich Ihnen rate, Konzerte zu besuchen, meine ich damit nicht nur zwingend Ukulele-Darbietungen. Sie können von jedem guten Instrumentalisten lernen. Es muss nicht mal ein Saiteninstrument sein – der Umgang mit Rhythmen, Vibrato und Pausen ist bei jedem Instrument der gleiche, und wer Ohren hat, der höre.

Es gibt auch immer mehr Ukulele-Spieler, die sich bestimmte Techniken von den Spielern anderer Instrumente abgucken – wie zum Beispiel das Clawhammering beim Banjo. Auch der Flamenco hat dem Uku-Player viel zu bieten. Ein gutes Beispiel dafür ist Jake Shimabukuros Song »Let's Dance«, bei dem etliche Flamenco-Techniken wie zum Beispiel das Rolling (siehe Kapitel 6) sowie typische Flamenco-Rhythmen und Tonleitern zum Einsatz kommen.

Verrate ich Ihnen, wie Sie am effektivsten üben können, ...

... wie Sie am schnellsten besser und am besten schneller werden ...

... und wie Sie nie in einen Einheitstrott verfallen

Kapitel 23

Zehn ... nein, elf Tipps, um noch besser zu spielen

E s gibt zwei Möglichkeiten, um sein musikalisches Können zu perfektionieren. Sie können es machen wie Goethes Faust und einen Pakt mit dem Teufel schließen, der Sie dafür mit blitzschnellen Fingern segnen wird (so haben es Robert Johnson, Paganini und Justin Bieber gemacht) – Sie können sich aber auch hinsetzen und einfach nur fleißig üben. Vielleicht die bessere Wahl, denn dann kommen Sie irgendwann vielleicht doch nicht in die Hölle, wo Sie in Schwefelseen baden und jedes Jahr die Hexen zum Sabbat begleiten müssen (für diese Angaben besteht allerdings keine Gewähr).

Den Versuch zumindest ist es wert. Deshalb nachfolgend zehn Tipps, mit deren Hilfe Sie beim Üben wirklich Fortschritte machen und nicht nur Ihre Zeit verplempern. Und ganz zum Schluss erfahren Sie auch noch, wie Sie nicht in einen Uku-Trott verfallen, bei dem Sie sich immer nur im Kreis drehen, sondern wirklich jede Übungsstunde zum Erlebnis machen können.

Spielen Sie langsam!

Natürlich klingt ein Song besser, wenn man ihn in der richtigen Geschwindigkeit spielt, aber uns geht es ja im Moment ums Üben und nicht um eine bühnenreife Präsentation. Und beim Üben lohnt es sich, erst mal so langsam wie möglich vorzugehen. Manche meinen, wenn sie oft genug in Höchstgeschwindigkeit praktizieren, werden sich die Fehler schon von selbst beseitigen. Aber gerade das zu denken ist der größte Fehler von allen.

Wenn Sie üben, lernt nicht nur Ihr Gehirn, sondern vor allem auch Ihre Muskeln. Es gibt so etwas wie ein Muskel-Gedächtnis (wissenschaftlich belegt!). Das heißt: Je öfter Ihre Finger irgendeine Bewegung ausführen, umso perfekter kriegen sie sie hin. Da spielt das Tempo keine Rolle; es kommt nur auf den korrekten Bewegungsablauf an.

 Was Sie Ihren Fingern jetzt beibringen, werden sie künftig umso schneller und geschickter ausführen können. Und wenn Sie einen bestimmten Fehler immer wieder machen, werden Ihre Muskeln diesen Fehler »erlernen« und auch künftig immer wieder begehen. Das ist wie bei einem Wort in einer Fremdsprache, das man lange Zeit falsch ausgesprochen hat. Es dauert eine Weile, bis man die richtige Aussprache dann verinnerlicht hat. Um Ihren Muskeln nicht unwillkürlich solche Fehler einzupauken, empfiehlt es sich also, vorerst langsam zu spielen. Sobald die Muckis kapiert haben, was Sie von ihnen wollen, können Sie das Tempo steigern.

Kein Akkordwechsel im Affentempo!

Das Problem bei Akkorden ist bei vielen Spielern nicht, die Akkorde zu greifen, sondern sie zu wechseln. Da geraten die Finger schon mal an einen Ort, der gar nicht für sie vorgesehen war. Deshalb gilt auch hier die Regel: Akkordwechsel erst einmal langsam durchführen. Also nicht anschlagen, dann eine gespenstisch lange Pause machen, um schließlich, nach einer gefühlten halben Stunde, mit dem nächsten Akkord aufzuwarten, sondern lieber gleich so langsam spielen, dass das »Zeitloch« in den Rhythmus passt.

Das richtige Tempo beizubehalten, ist das Schwierigste überhaupt, auch für fortgeschrittene Spieler. Der Uku-Profi James Hill sagt, es sei für ihn stets das Schwerste beim Spielen gewesen. Und so ist es auch: Was wir beherrschen, wollen wir im Affentempo hinlegen, und was uns Probleme macht, am liebsten im Schneckentempo. So jedoch kommt nie ein anständiger Rhythmus zustande.

 Um ein Gefühl für ein gleichbleibendes Tempo zu entwickeln, empfiehlt sich auf jeden Fall die Nutzung eines Metronoms.

Airchecks

»Aircheck« ist eigentlich ein Begriff aus der Radiosprache – es bedeutet, mitzuschneiden, was man am Mikro sagt, um es sich nachher mit kritischen Ohren anzuhören. Warum nicht auch Airchecks von seinen Ukulele-Spielversuchen machen? Es hat zwei Riesenvorteile:

✔ **Man hört genau, ob man Fortschritte gemacht hat oder nicht.** Und sofern man welche gemacht hat, kann das sehr ermutigend sein. Beim Spielen selbst entgeht einem das in der Regel, da man sich nur selten daran erinnern kann, wie es beim letzten Mal geklungen hat.

✔ **Man erkennt sofort, wo man noch Schwachstellen hat.** Es ist nicht leicht, zu spielen und dem eigenen Spiel zur gleichen Zeit aufmerksam zu lauschen und es objektiv zu beurteilen. Wenn man es jedoch mitschneidet, hat man hinterher genug Zeit und

Muße, mit kritischem Ohr hinzuhören und herauszufinden, wo es noch hapert: Ist man aus dem Rhythmus geraten? Hat man irgendeinen Akkord unsauber gegriffen? Hat man wirklich die richtigen Noten betont?

Mit anderen und für andere spielen

Nichts bewegt einen so sehr dazu, wirklich ausdauernd zu üben, wie die Angst, sich vor anderen zu blamieren. In einer Uku-Gruppe bekommt jedes Mitglied so etwas wie eine »Hausaufgabe«, um für das nächste Treffen gerüstet zu sein. Wer sich sonst gerne vor dem Üben drückt, wird hier einem gewissen Leistungsdruck ausgesetzt, und das kann sehr gesund sein.

Mehr noch: In der Uku-Gruppe befinden sich auch erfahrene Spieler, die einen auf Fehler aufmerksam machen können und stets gute Tipps parat haben. Und sogar andere Anfänger können hilfreich sein: Sie können Ihnen Spieltechniken und musikalische Ideen beibringen, die Sie noch nicht kennen – und umgekehrt. Insofern ist ein Uku-Club immer eine feine Sache.

Schrittweise üben!

Angenommen, Sie studieren gerade ein Stück ein – dann ist es nicht nötig, es bei jedem Durchgang wieder von vorne bis hinten zu spielen. Konzentrieren Sie sich stattdessen auf die Passagen, die Ihnen Probleme bereiten, sonst verschwenden Sie nur Ihre Zeit. Auch wenn es nur ein einziger Takt ist – spielen Sie ihn immer wieder, bis er Ihnen mühelos von der Hand geht. Und, wie schon gesagt: Üben Sie langsam und seien Sie geduldig. In der Ruhe liegt die Kraft.

Sie können auch verschiedene Fingersätze für ein- und denselben Akkord ausprobieren. Falls Ihnen einer leichter fällt als der vorgegebene, zögern Sie nicht, ihn zu übernehmen. Wenn Ihr Spiel dadurch flüssiger wird – wem soll es schaden?

Wissen, wann man aufhören muss

Einmal muss geschieden sein, sagt ein altes Sprichwort – und das sollten Sie spätestens dann beherzigen, wenn Sie merken, dass Ihnen die Hand wehtut. Wer dann einfach weiterspielt, tut sich über kurz oder lang nichts Gutes.

Es gibt zwei Arten von Schmerzen: Der eine ist ein äußerlicher Schmerz (zum Beispiel an den Fingerkuppen); der ist zwar unangenehm, aber er vergeht auch wieder, wenn man genügend Hornhaut hat. Komplizierter ist es mit inneren Schmerzen – also Krämpfen oder Muskelkater in den Händen. Wer dann weiterspielt, kann sich leicht einen Schaden zufügen, der nicht so leicht zu beheben ist. Meist genügt es schon, wenn Sie Ihrer Hand eine Zeit lang Ruhe gönnen; beim nächsten Mal werden Sie dann umso mehr Kraft und Durchhaltevermögen haben.

 Falls der Schmerz nicht nachlässt, gehen Sie zum Doc!

Diebstahl? Wenn man's schlau macht, kein Delikt!

»Talent borrows, genius steals« – talentierte Menschen borgen sich was, Genies stehlen es. Das hat Paul McCartney mal gesagt, und er muss es wissen, denn den Spruch hat er von Picasso geklaut. Auf die Ukulele-Welt übertragen heißt das: Sehen Sie anderen Spielern zu, kupfern Sie von ihnen ab und Sie können dadurch nur lernen.

Wichtig ist, dass Sie nicht nur von einem einzigen Musiker lernen, sondern von vielen (sonst werden Sie wirklich zur puren Imitation). Strecken Sie Ihre Fühler nach allen Seiten aus, auch nach anderen Musikstilen, auch nach anderen Instrumenten. Akkordprogressionen und Notenfolgen gibt es überall, und Sie können das alles auch auf Ihrer Ukulele nutzen.

Vor allem: Lauschen Sie nicht nur, gucken Sie auch hin. Wie hält ein bestimmter Spieler sein Instrument? Wie präsentiert er sich und bringt sich selbst zum Ausdruck? Wie betont er die Noten, die zu betonen sind, wie überbrückt er Pausen? Was Ihnen gefällt, übernehmen Sie einfach!

 Je vielfältiger die Musikstile und Einflüsse, an denen Sie sich bereichern, umso mehr können Sie auch Ihren ganz persönlichen Stil ausbauen.

C-Dur ist nicht gleich C-Dur

Sie wissen es ja bereits: Für jeden Akkord gibt es mehr als nur einen Griff. Man kann ihn in den unteren, aber auch in den oberen Bünden spielen, und auch wenn es der gleiche Akkord ist – eineiige Zwillinge sind sie nicht, es hört sich in beiden Fällen ein wenig anders an. Vor allem sind manche Griffwechsel leichter, wenn man den Akkord oben spielt, manche wiederum, wenn man ihn unten spielt. Da müssen Sie einfach herumprobieren. Wenn man zum Beispiel in ein- und demselben Song C-Dur mal so, mal so greift, kann alles gleich viel interessanter klingen.

Das Fachwort dafür heißt *Akkordverschiebung*.

Vor allem, wenn man in einer Uku-Gruppe spielt, sind solche Akkordverschiebungen oft wichtig. Wenn jeder den gleichen Akkord auf die gleiche Weise spielt, kann das ziemlich eintönig klingen.

Um diese Technik (im wahrsten Sinne des Wortes) in den »Griff« zu bekommen, sollten Sie sich natürlich auch ohne Fremdenführer auf Ihrem Griffbrett zurechtfinden. In Anhang B dieses Buches finden Sie alle Noten in einer Übersicht. Das sieht erst einmal aus wie schwere Kost, ist es aber nicht. Sie müssen nur schrittweise vorgehen. Lernen Sie zum Beispiel erst einmal alle Noten in ein- und demselben Bund, zum Beispiel dem fünften:

✔ g-Saite im fünften Bund = C

✔ C-Saite im fünften Bund = F

✔ E-Saite im fünften Bund = A

✔ A-Saite im fünften Bund = D

Die Ohren spitzen!

Wenn Sie einen Song hören, den Sie auch gerne spielen würden, gehen Sie bitte nicht gleich ins Internet, um nach den Tabs zu suchen. Probieren Sie es erst mal auf eigene Faust – so schärfen Sie Ihr (musikalisches) Gehör.

Gehen Sie so simpel wie möglich vor. Denken Sie an ein einfaches Liedchen, das Sie kennen (wie zum Beispiel »Happy Birthday to You«), dann spielen Sie eine Note (egal welche) und versuchen herauszufinden, welche die nächste sein muss. Ist sie höher, ist sie tiefer oder ist es vielleicht sogar die gleiche Note? Sobald Sie das wissen, suchen Sie diese Note auf dem Griffbrett Ihrer Ukulele, dann die nächste, dann die übernächste. Mit der Zeit bekommen Sie ein Gespür dafür, wo Sie hinlangen müssen, wenn Sie eine Note suchen.

Wenn Sie einigermaßen fit bei Einzelnoten sind, können Sie das Gleiche mit Akkorden machen:

1. **Wenn Sie die Tonart eines bestimmten Songs herausfinden wollen, spielen Sie einfach mehrere Noten auf der C-Saite, bis Sie auf eine stoßen, die sich richtig anhört.**

2. **Sobald Sie die Tonart entschlüsselt haben, können Sie sich den anderen Mitgliedern dieser Akkordfamilie zuwenden.**

3. **Spielen Sie die betreffenden Akkorde einfach mal durch und prüfen Sie, welche zu dem Song passen.**

 Bei Punkt 3 sollten Sie Ihre Aufmerksamkeit vor allem auf die Akkorde vom Typus I, IV und V richten, denn sie sind es, die in den meisten Songs vorkommen.

Geben Sie Gas und haben Sie Spaß!

Der Musikvirtuose und Ukulele-Spieler Bob Brozman sagte einmal, Musik sollte immer ein Spiel bleiben und nie in Arbeit ausarten. Und das gilt für die Ukulele mehr als für alle anderen Instrumente.

Die Uku wird häufig als »Spielzeug« verunglimpft – aber hoppla, ist das nicht sogar ein Kompliment? Musik ist doch zum Spielen da, oder etwa nicht? In diesem Sinne also – spielen Sie und machen Sie keine Pflichtübung daraus. Ohne Spaß erzielen Sie vielleicht auch Fortschritte – aber wozu dann eigentlich?

Drehen Sie sich nicht im Kreis!

Auch wenn das Ukulele-Spiel Ihnen Spaß macht – es kann vorkommen, dass Sie irgendwann in einen Trott geraten und das Gefühl bekommen, sich nur im Kreis zu drehen. Dann muss erst wieder Öl aufs Feuer gegossen worden. Drei Ölsorten habe ich hier für Sie ausgewählt, die Ihre Flamme wieder zum Glühen bringen:

✔ **Stimmung ändern:** Wenn Sie die Stimmung Ihrer Ukulele neu einstellen, kann sich das auch auf Ihre eigene Stimmung auswirken. In der Regel lautet die Saitenbelegung gCEA – aber das ist ja nicht das Evangelium. Probieren Sie ruhig mal was anderes aus, zum Beispiel fCFE (meine persönliche Lieblingsvariante, bei der Sie die g-Saite zwei Bünde tiefer und die E-Seite einen Bund höher stimmen müssen). Weitere Möglichkeiten, Ihre Ukulele zu stimmen, finden Sie in Kapitel 3.

✔ **Klang ändern:** Warum sollten Sie es nicht einmal wagen, den Klang eines anderen Instruments auf der Ukulele nachzuahmen? Akkordeon- und Mundharmonikatöne werden Sie zwar nur schwerlich hinkriegen, aber ähnliche Instrumente – wie Mandoline oder Banjo – sind zu schaffen, und mit ein wenig Geschick, einer Reihe von Slides und einem Vibrato sogar etwas, das sich einigermaßen nach Posaune anhört. Und wenn man einen Akkord nicht anschlägt, sondern die Saiten nacheinander zupft, kommt das dem Sound des Klaviers sehr nahe, auf dem man ja auch nicht auf alle Tasten gleichzeitig einprügelt.

✔ **Stil ändern:** Wenn man immer nur den gleichen Musikstil spielt, gähnt man wahrscheinlich irgendwann so laut, dass man den Klang der eigenen Ukulele gar nicht mehr hört. Die Welt ist voll mit verschiedenen Musikstilen, also gehen Sie auf Entdeckungsreise. Ob kongolesische Soukous-Musik, mittelalterliche Leierklänge oder japanischer J-Pop – ein Experiment lohnt sich immer. Es ist, als ob man von einem Land in ein anderes reist: Alles sieht anders aus, hört sich anders an, riecht anders – und erweitert den Horizont.

Entdecken Sie Möglichkeiten, wie Sie bekannte
Akkorde neu spielen können

Lernen Sie, wie Sie Standardakkorde durch
Akkordsubstitutionen aufpeppen können

Zeigen wir Ihnen, wie Sie noch spannendere
Akkordprogressionen spielen können

Kapitel 24
Die zehn großartigsten Akkorde für Ukulele

Je mehr Stücke Sie spielen können, desto mehr klingen die entsprechenden Akkordprogressionen wie bequeme Schuhe, in die Sie jederzeit reinschlüpfen können. Vielleicht ist das ganz bequem, aber manchmal wünschen Sie sich doch auch, die Akkorde ein wenig eleganter und schillernder zu spielen. Dann sollten Sie in der Lage sein, einige der großartig klingenden Akkorde dieses Kapitels aus dem Hut zu zaubern.

Die Akkorde, die Sie hier kennenlernen, sind dazu gedacht, anstelle von Standardakkorden genutzt zu werden. Wenn Sie zum Beispiel den G7-Akkord durch den G9-Akkord aus diesem Kapitel ersetzen, dann gibt das dem Song ein ganz neues Gefühl. Man nennt das Akkordsubstitution.

Wenn nur ein oder zwei Noten eines Akkords verändert werden, kann das den fast gleichen Akkord plötzlich dicht, weich, hell oder melancholisch klingen lassen. Probieren Sie das einfach in einigen Liedern aus und lassen sich von Ihren Ohren dabei leiten, wenn Sie herausfinden möchten, ob diese Ersatzakkorde auch passen.

Also – Finger dehnen, Ohren spitzen und los geht's mit einigen der besten Akkorde für die Ukulele.

Wir stärken das C (mit einer hohen Note)

Der durchschnittliche Ukulele-Spieler verbringt rund 17 Tage seines Lebens damit, den C-Akkord zu spielen. Also sollte man ihm ab und zu ein bisschen mehr Leben einhauchen. Das erreichen Sie zum Beispiel dadurch, indem Sie die A-Saite alternativ zum dritten Bund im siebten Bund greifen, wie in Abbildung 24.1 gezeigt. Die hohe Note als oberste des Akkords verleiht ihm einen lebhaften Klang.

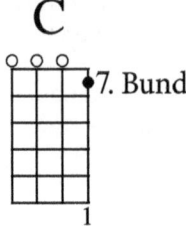

Abbildung 24.1: C-Akkord
mit hoher Note

Die Zahl in der Abbildung oben rechts zeigt, in welchem Bund das Akkord-Diagramm beginnt. Und die Zahlen unten zeigen, welche Finger benutzt werden, um die Saiten herunterzudrücken (siehe Kapitel 4, Abbildungen 4.1 und 4.2). 7. Bund bedeutet hier, dass das Diagramm im siebten Bund anfängt. Sie nutzen den Zeigefinger, um im Bund zu greifen.

Wann benutzen? Immer, wenn Sie einen C-Akkord spielen

Welche Akkordprogression? C – Am7 – F – G7 – C

Der schimmernde a-Moll7-Akkord hoch oben

Diese Version von Am7 (Abbildung 24.2) beinhaltet hohe Noten, die weit oben auf dem Griffbrett gespielt werden. Sie verleihen diesem Akkord einen glockigen, mandolinenartigen Klang. Der Akkord passt so hervorragend zur »C mit hoher Note«-Variation.

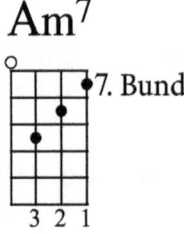

Abbildung 24.2: Am7-Akkordform
oben auf dem Griffbrett

Der Akkord ist einfach zu spielen. Greifen Sie die Em-Akkordform (siehe Kapitel 4, Abbildung 4.21) und bewegen Sie diese auf dem Griffbrett nach oben. Ihr Zeigefinger ist jetzt im siebten Bund.

Wann benutzen? Immer, wenn ein standardmäßiges Am7 gespielt werden soll. Sie können ihn auch fast immer anstelle des gewöhnlichen a-Moll verwenden.

Welche Akkordprogression? C – Am7 – F – G7 – C

Der melancholische F-Major7-Akkord

Major-Akkorde sind direkte und gefällige Akkorde. Deshalb lohnt es sich, immer mal wieder die melancholische und gleichzeitig Spannung aufbauende große Septime zu spielen.

Fmaj7 kann unterschiedlich gespielt werden. In der Version in Abbildung 24.3 wird ein Barré im fünften Bund gegriffen. Wenn das auch nicht die einfachste Art ist, diesen Akkord zu greifen, so passt es doch schön in die Akkordprogression mit den neuen C- und Am7-Akkorden.

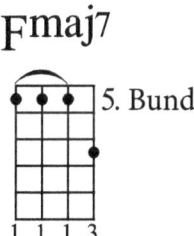

Abbildung 24.3: Akkorddiagramm für den Fmaj7-Akkord

Wann benutzen? Immer dann, wenn Sie einen F-Akkord vielschichtiger klingen lassen wollen

Welche Akkordprogression? C – Am7 – Fmaj7 – G7 – C

Das komplexe G9

G9 ist ein komplexer, jazziger Akkord. Er ist sogar so komplex, dass er mit all seinen Noten – das sind nämlich fünf – gar nicht auf der Ukulele gegriffen werden kann. Also müssen Sie eine Note weglassen, damit Sie das G9 auch auf die Ukulele übertragen können.

In dieser Version des Akkords (Abbildung 24.4) wird die dritte Notenstufe ausgelassen. Dadurch klingt diese Akkordversion vieldeutiger.

Wann benutzen? Immer dann, wenn Sie einen G7-Akkord komplex und geheimnisvoll klingen lassen wollen

Welche Akkordprogression? C – Am7 – Fmaj7 – G9 – C

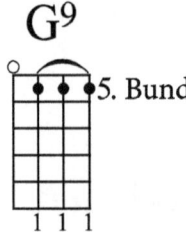

Abbildung 24.4: Akkorddiagramm für den G9-Akkord

Das entspannte G6

G6 ist ein so fluffiger Akkord, dass das kalifornische Elektro-Trio Far East Movement einen Song über ihn geschrieben hat. In hawaiianischer Musik wird das G6 häufig verwendet. Es hat diesen »Insel-Sound«. Der G6-Akkord klingt »laid back«, also ganz stressfrei, und ist auch einfach zu spielen. Sie müssen nur beim Greifen des G-Akkords den Ringfinger weglassen (siehe Abbildung 24.5).

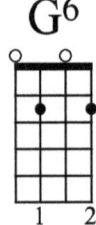

Abbildung 24.5: Akkorddiagramm für den G6-Akkord

Wann benutzen? Immer dann, wenn Sie einen G- oder G7-Akkord weich klingen lassen wollen

Welche Akkordprogression? G6 – D7 – G6

Das hawaiianische D7

Das D7 in Abbildung 24.6 wird oft auch als »hawaiianisches« D7 bezeichnet. Zwar ist da nichts besonders Hawaiianisches dran, aber in Verbindung mit dem G6 klingt es sehr entspannt. Der Wechsel zwischen den beiden Akkorden ist einfach, weil sie bei gleicher Form über eine Saite bewegt werden.

Wann benutzen? Anstelle vom standardmäßigen D7-Akkord

Welche Akkordprogression? G6 – D7 – G6

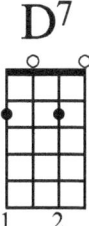

Abbildung 24.6: Akkorddiagramm für hawaiianisches D7

Das unbequeme, übermäßige A7

Aaug7 (Abbildung 24.7) ist ein sehr dissonanter Akkord. Im Zuhörer löst er den Wunsch aus, dass diese Dissonanz in einen entspannteren, harmonischeren Akkord aufgelöst wird. Die Akkordprogression erhält so viel Schwung.

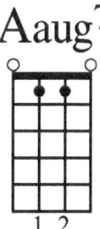

Abbildung 24.7: Akkorddiagramm für den Aaug7-Akkord

Dieser Akkord hat viel Kraft. Also: Vorsicht ist geboten! Denn wenn Sie Aaug7 an falscher Stelle einsetzen, zerschießt das Ihre ganze Akkordprogression.

Wann benutzen? Wenn Sie einen A7-Akkord vor sich haben, dann aber die größtmögliche Spannung erzeugen wollen. Aaug7 passt perfekt an das Ende eines Intros, weil die übermäßige Variante den Beginn der Strophe quasi erzwingt.

Welche Akkordprogression? D – G – D – Aaug7 – D

Das jazzige C9

Eben weil Sie eine Note weglassen müssen, wenn Sie einen 9er-Akkord auf der Ukulele spielen wollen, eröffnet Ihnen das die Möglichkeit, verschiedene leicht unterschiedliche Versionen zu spielen. Abbildung 24.8 zeigt eine Umkehrung, bei der der Grundton (hier das C) weggelassen, dafür aber die dritte Notenstufe beibehalten wird. Dadurch klingt der Akkord »mehr nach Dur« als der G9 im Beispiel weiter oben.

C⁹

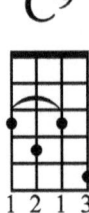

1 2 1 3

Abbildung 24.8: Akkorddiagramm
für den C9-Akkord

Sie greifen über den ganzen Bund, sodass Sie die Akkordform auf dem Griffbrett auf und ab bewegen können. Wenn Sie zum Beispiel die ganze Form um zwei Bünde verschieben, haben Sie das D9 in der Hand.

Wann benutzen? Immer dann, wenn Sie einen C7-Akkord zu spielen haben und ihn maximal jazzig klingen lassen wollen

Welche Akkordprogression? F – C9 – F – C9

Das bedrohliche f-Moll9

Genauso wie Sie C7- und G7-Akkorde mit C9 und G9 ersetzen können, lassen sich auch Mollakkorde durch 9er-Mollakkorde ersetzen. Der Fm9-Akkord (siehe Abbildung 24.9) verfügt über die gleiche Komplexität, klingt als Mollakkord aber mysteriöser.

Fm⁹

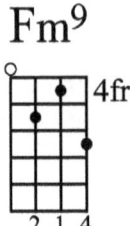

4fr

2 1 4

Abbildung 24.9: Akkorddiagramm
für den Fm9-Akkord

Wann benutzen? Immer dann, wenn Sie einen Fm7- oder Fm-Akkord spielen sollen, diesen aber »bedrohlicher« klingen lassen wollen.

Welche Akkordprogression? C – G – F – Fm9 – C

Das nostalgische verminderte Edim7

Der verminderte Akkord (siehe Kapitel 6) ist der geheimnisvollste von allen und sehr beliebt bei Jazzern. Irgendwie fühlt er sich nostalgisch an, was daher kommt, dass er in den Ukulele-Hochzeiten in den 1920er- und 1930er-Jahren sehr viel gespielt wurde. Abbildung 24.10 zeigt den Edim7-Akkord.

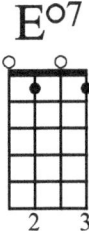

Abbildung 24.10: Akkorddiagramm
für den Edim7-Akkord

Wann benutzen? Anstelle des C7-Akkords

Welche Akkordprogression? C – Edim7 – G7 – A7 – D7 – G7 – C

Teil VII
Anhänge

IN DIESEM TEIL ...

... zeige ich Ihnen die Griffdiagramme für sage und schreibe 96 Ukulele-Akkorde. Nicht erschrecken! Sie müssen sie nicht alle auswendig lernen, aber Sie können jederzeit nachschlagen, wenn Ihnen auf einem Notenblatt (oder in der Tabulatur) ein Akkord begegnet, von dem Sie noch nie gehört haben. Die wichtigsten allerdings sollten Sie schon parat haben. Auf der Bühne mit einer Akkordtabelle aufzutreten, in der Sie suchend herumblättern, gibt vielleicht nicht das beste Bild ab. Außerdem werden Sie ein paar Grundlektionen des Notenlesens erlernen und eine Liste vorfinden, die Ihnen sagt, wo welches Tonbeispiel auf Ihrer CD zu finden ist. Viel Spaß beim Schmökern, Lauschen, Lernen und Spielen!

Anhang A
Akkorddiagramme

Jetzt kommen wir erst einmal zu den versprochenen 96 Akkorden.

Sie wissen ja, es gibt immer mehrere Möglichkeiten, einen Akkord auf der Ukulele zu greifen, und man sollte sich jeweils den aussuchen, der am interessantesten klingt oder bei dem die Finger beim Akkordwechsel am wenigsten Mühe haben. In meiner Liste beschränke ich mich jedoch auf die Varianten in den unteren Bünden.

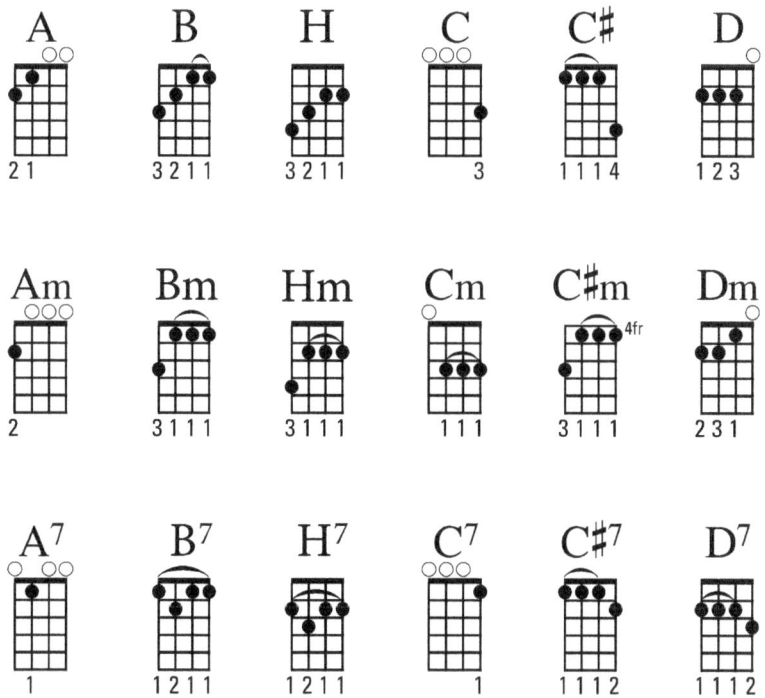

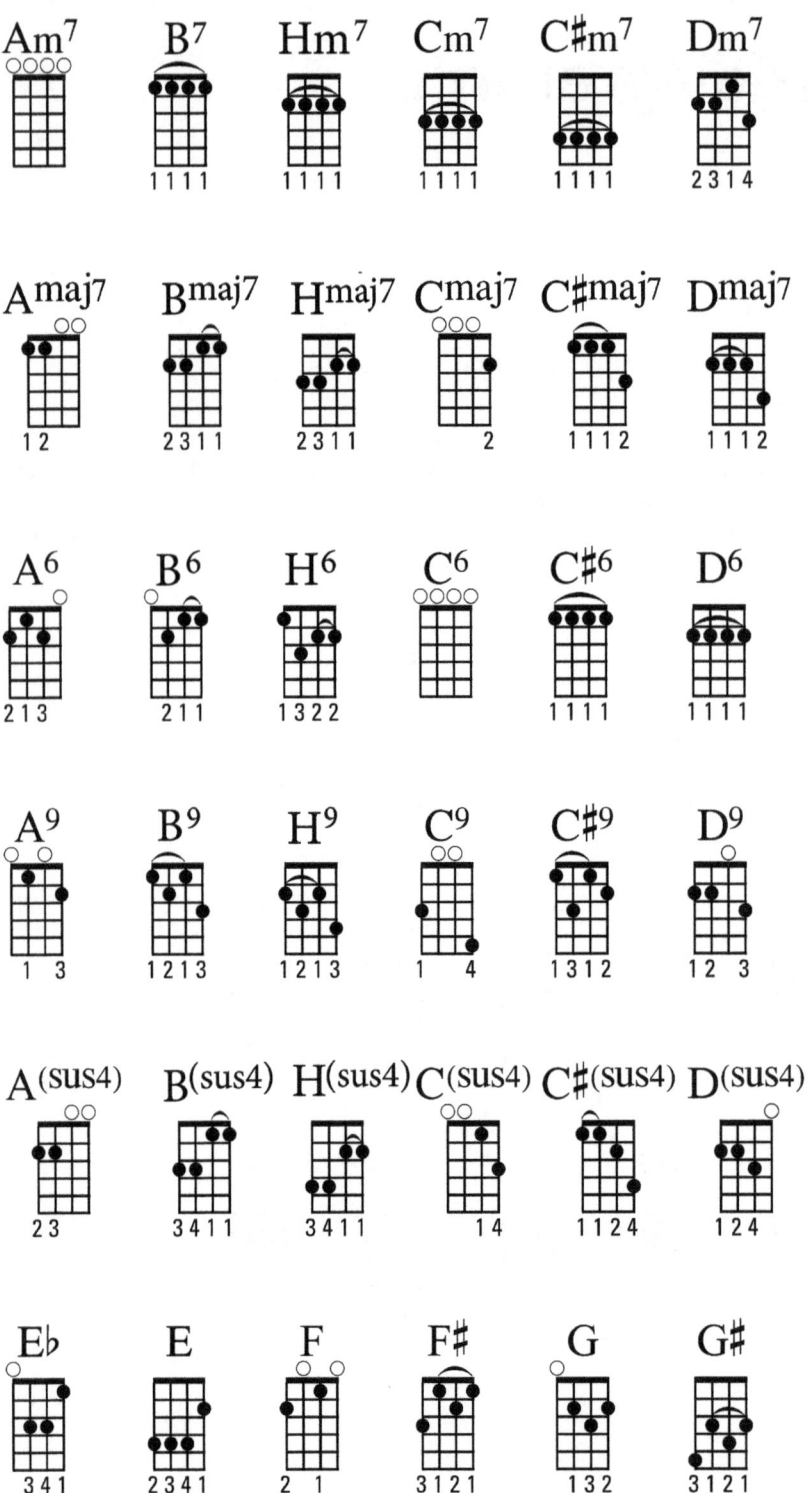

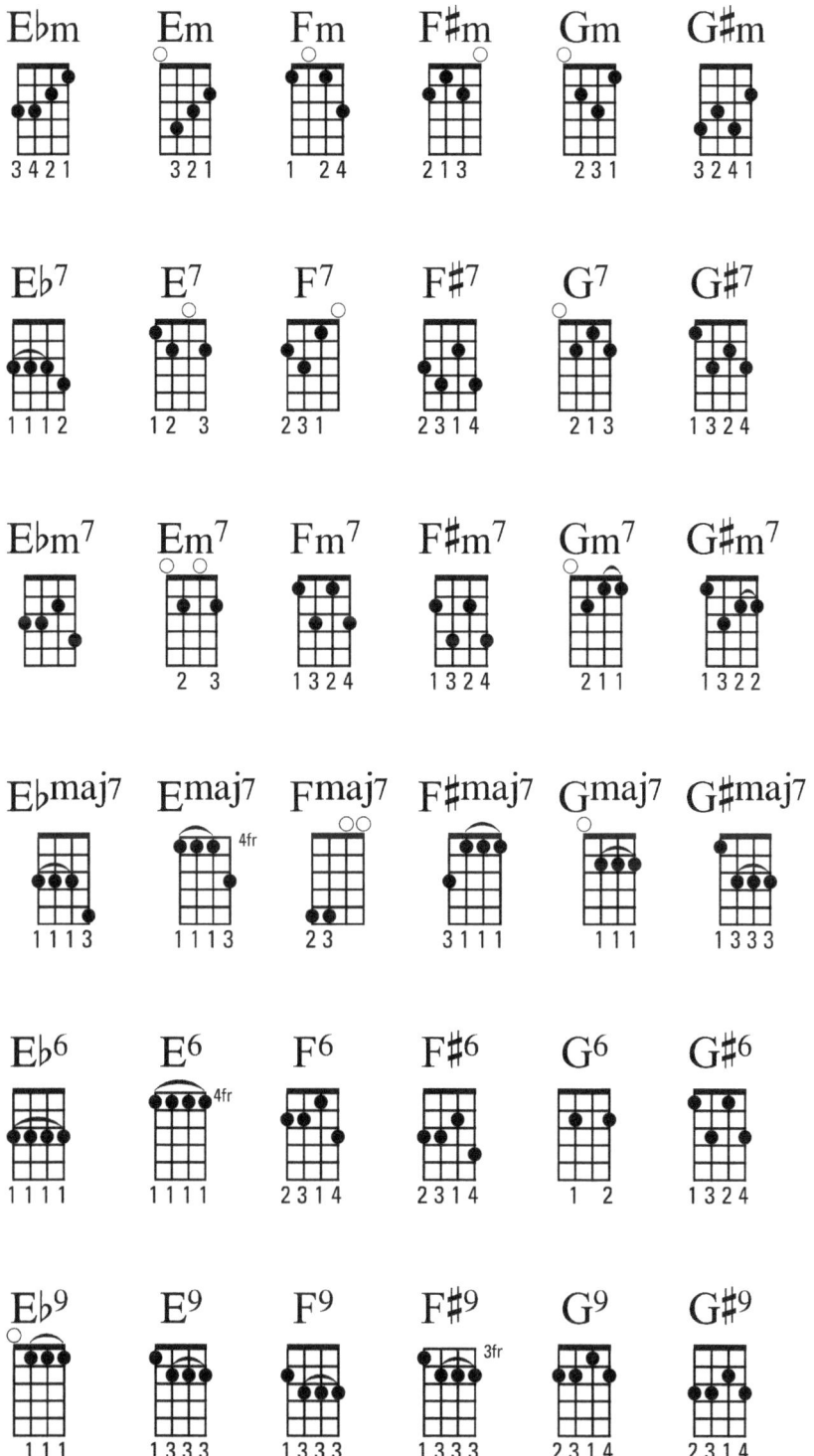

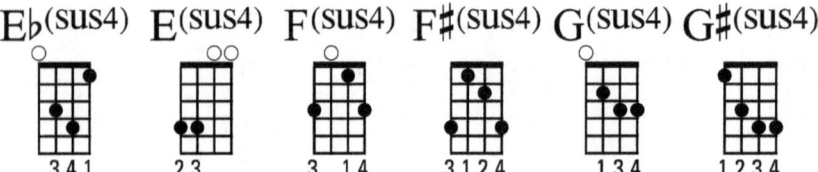

Anhang B
Ein kleiner Kurs im Notenlesen

abulaturen (Tabs) eignen sich fürs Ukulele-Spielen eigentlich bestens: Man sieht auf dem Papier das Gleiche wie vor sich auf seinem Instrument und muss nicht erst mühsam umdenken. Trotzdem lohnt es sich, auch die standardmäßige Notenschrift zu erlernen, denn sie hat einen großen Vorteil: Sie ist für jedes Instrument die Gleiche und somit universal anwendbar. Keine Sorge – niemand verlangt von Ihnen, dass Sie jetzt gleich ein Musikstudium beginnen, aber sich ein paar Grundkenntnisse anzueignen, ist auf jeden Fall nützlich. Sobald ein Notenblatt für Sie nicht mehr so kryptisch aussieht wie vielleicht bisher, können Sie auch Notationen für andere Instrumente entziffern und sich auf diese Weise mit anderen Musikern viel besser verständigen.

In diesem Anhang können Sie einen Schnellkurs in Sachen Standardnotation ablegen und alles, was Sie lernen werden, gleich auf Ihrer Ukulele anwenden. Und falls Sie keine Lust aufs Pauken haben, können Sie die nächsten Seiten zumindest als Nachschlagewerk nutzen, falls Sie mal auf einen Song stoßen, für den keine Tabs verfügbar sind.

Wie hoch oder wie tief ist ein Ton?

Die fünf Linien, die Sie in jeder Zeile eines Notenblatts finden, nennt man das *Liniensystem*. Eine Note kann entweder *auf* einer dieser Linie liegen oder auch *zwischen* zwei von ihnen. Immer wenn eine Note von einer Linie zum nächsten Zwischenraum oder von einem Zwischenraum zur nächsten Linie aufsteigt, wird sie mit dem jeweils darauffolgenden Buchstaben des Alphabets bezeichnet. Aber – die Noten gehen nur hoch bis zum G. Sobald Sie das G erreicht haben, rutschen Sie wieder zurück zum A.

Sie sehen in Abbildung B.1 die vier Zwischenraumnoten – von unten nach oben (also von tief nach hoch) lauten sie F-A-C-E. Gecheckt? Das ist das englische Wort für »Gesicht«. Also eigentlich kinderleicht zu merken.

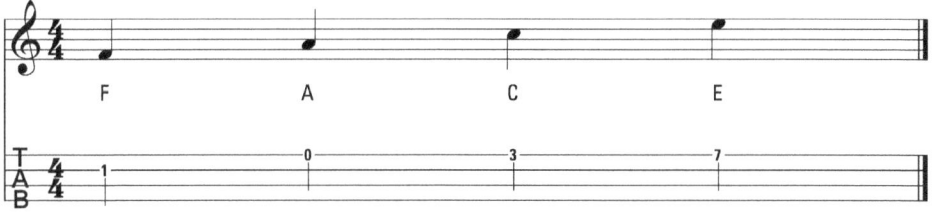

Abbildung B.1: Die Zwischenraumnoten im Liniensystem

Bei den Liniennoten (Abbildung B.2) ist es nicht ganz so einfach, denn da muss man erst einen ganzen Satz auswendig lernen. Die Noten heißen (wiederum von unten nach oben) E-G-H-D-F, und am besten ist es, Sie denken sich selbst einen Merksatz aus, dessen Wörter der Reihe nach mit diesen Anfangsbuchstaben beginnen. Falls Ihnen keiner einfällt, empfehle ich »**E**in **G**ehorsamer **H**und **D**arf **F**ressen«.

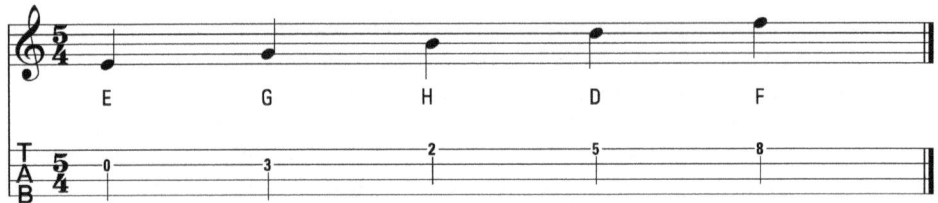

Abbildung B.2: Die Liniennoten

Die tiefste Note im System ist ein E, doch die Ukulele schafft auch noch das um zwei Ganztöne tiefere C. Um es zu notieren, muss man eine *Hilfslinie* ziehen. Die muss nicht übers ganze Blatt gehen, sondern nur etwas breiter sein als der Notenkopf, und das D notiert man einfach, indem man es an die unterste Linie »anklebt«. Wie das bei beiden Noten aussieht, zeigt Ihnen Abbildung B.3.

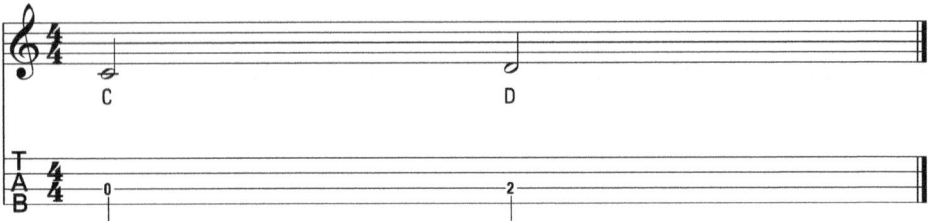

Abbildung B.3: Noten, die sich unterhalb des Liniensystems befinden

Wie sagten die alten Weisen? »Wie unten, so oben.« Das heißt: Hilfslinien kann man natürlich auch oberhalb des Liniensystems ziehen (siehe Abbildung B.4).

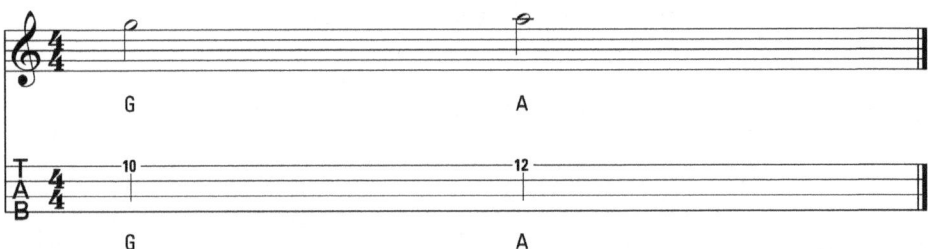

Abbildung B.4: Noten, die sich oberhalb des Liniensystems befinden

 Sehen Sie das verschnörkelte Dingsbums ganz am Anfang der Notenlinien? Das verrät uns, dass wir es hier mit dem sogenannten *Violinschlüssel* zu tun haben. Den Violinschlüssel verwendet man immer dann, wenn man sich im Bereich der höheren Noten bewegen will (eine Violine »singt« ja auch mit heller Stimme und brummt nicht). Für die tieferen Töne gibt es den *Bassschlüssel*; sein Symbol erstreckt sich über vier Linien, und für Pianisten ist er unentbehrlich. Zum Ukulele-Spielen braucht man ihn jedoch nicht.

Versetzungszeichen – der Schlüssel zu den Halbtönen

Noten wie C, D, E oder F nennt man *Stammtöne*, die man jedoch erhöhen oder erniedrigen kann, indem man auf dem Ukulele-Griffbrett einen Bund nach unten beziehungsweise nach oben rutscht. In der Notenschrift erkennt man solche Töne an dem davorstehenden *Versetzungszeichen*. Davon gibt es zwei Arten: das Erhöhungszeichen und das Erniedrigungszeichen.

Das *Erhöhungszeichen* sieht in etwa aus wie ein doppeltes Kreuz oder das Zeichen auf der Rautetaste Ihres Handys. Am besten, wir üben das mal: Sehen Sie sich die erste Note in Abbildung B.5 an. Was für eine Note ist das? Eselsbrücke F-A-C-E, also ein F. Nun steht aber ein Erhöhungszeichen davor, das aus diesem F ein F# (Fis) macht, das man im zweiten Bund der E-Saite spielt.

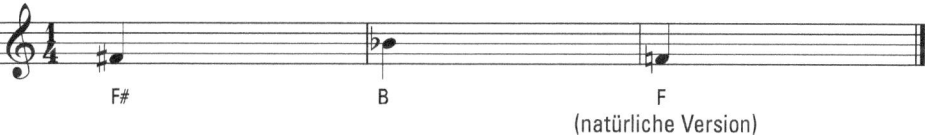

F#   B   F
                                              (natürliche Version)

Abbildung B.5: Erhöhungs-, Erniedrigungs- und Aufhebungszeichen

Steht vor einer Note hingegen ein *Erniedrigungszeichen* (das so ähnlich aussieht wie ein kursives *b*), so wird sie um einen Halbton erniedrigt. Sehen wir uns deshalb die zweite Note in Abbildung 1.5 an. Eselsbrücke »Ein Gehorsamer Hund Darf Fressen«, also handelt es sich um ein H (A-Saite, zweiter Bund). Dieses H wird aber nun erniedrigt, sodass daraus ein B wird (A-Saite, erster Bund).

Taucht vor einer Note ein solches Versetzungszeichen auf, hat es Gültigkeit für den gesamten Takt, wird also nicht jedes Mal neu vor die betreffende Note geschrieben. Braucht man aber zufällig im gleichen Takt auch die Originalnote, kennzeichnet man das durch das sogenannte Aufhebungszeichen. Wie das aussieht, sehen Sie wiederum in Abbildung 1.5, und zwar vor der Note im dritten Takt, einem F, das durch das Aufhebungszeichen vom F# (Fis) wieder zu einem »normalen« F wird (E-Saite, erster Bund).

Die »Noten zwischen den Buchstaben« lassen sich auf zweierlei Weise benennen und auch notieren. Der Ton zwischen dem F und dem G zum Beispiel ist ein erhöhtes F, ein F# – aber es ist der gleiche Ton wie ein erniedrigtes G, also ein G♭ (Ges). Traditionsgemäß verwenden Musiker eher den Namen der erhöhten als den der erniedrigten Note – also C# (Cis) statt D♭ (Des). Eine Ausnahme bilden B und E♭ (Es).

Zwischen diesen Noten gibt es keine Zwischennoten:

✔ H und C

✔ E und F

Was uns Vorzeichen verraten

Ein Vorzeichen? Ist das nicht dasselbe wie ein Versetzungszeichen? Nein, ist es nicht. *Vorzeichen* sind *General*vorzeichen, das heißt, sie gelten für das gesamte Stück und richten sich nach der jeweiligen Tonart. Deshalb stehen sie auch nicht vor jeder betreffenden Note einzeln, sondern nur einmal ganz am Anfang des Stücks, gleich hinter dem Notenschlüssel. In Abbildung B.6 zum Beispiel handelt es sich um die Tonart A-Dur, die drei um einen Halbton erhöhte Noten enthält, nämlich C# (Cis), F# (Fis) und G# (Gis). Diese sogenannte *Vorzeichnung* sagt Ihnen also, dass Sie diese Noten nicht in ihrer normalen (natürlichen) Version spielen sollen, sondern erhöht, und zwar während des gesamten Stückes.

Abbildung B.6: Vorzeichnung für die Tonart A-Dur

 Also nochmal: Die drei Erhöhungszeichen, die Sie am Anfang sehen, gelten für alle C, F und G, die in dem Stück vorkommen. Das heißt: Obwohl das für die Note F geltende Kreuz nur für das im neunten Bund der A-Saite gespielte F (Abbildung B.6, erste Note) vorgezeichnet ist, gilt es ebenso für das F, das man im dritten Bund der E-Saite spielt. In beiden Fällen muss daraus ein F# (Fis) werden.

Wie man die Noten auf dem Griffbrett findet

»Was?«, werden Sie jetzt entsetzt rufen. »Ich soll mir nun auch noch bei jeder Note merken, wo sie sich auf dem Griffbrett befindet? Das ist ja ein Albtraum!«

Gemach, gemach. Sofern man in kleinen Schritten vorgeht, schafft man fast alles. Fangen Sie einfach an, indem Sie sich zunächst nur die Stammtöne (C, D, E, F, G, A und H) einprägen, und auch das nur in den ersten drei Bünden. Sobald Sie das beherrschen, wird es Ihnen viel leichter fallen, auch die erhöhten und erniedrigten Noten zu finden.

Der nächste Schritt besteht darin, ein Stockwerk höher zu gehen und sich die Noten im fünften Bund (cFAD) und im siebten Bund (dGBE) einzuprägen. Auch hier werden Sie wieder bemerken: Weiß man erst mal, wo der Stammton sitzt, sind die Zwischentöne kein großes Problem mehr.

In Abbildung B.7, Abbildung B.8, Abbildung B.9 und Abbildung B.10 sehen Sie alle Noten in den ersten zwölf Bünden, für jede Saite einzeln.

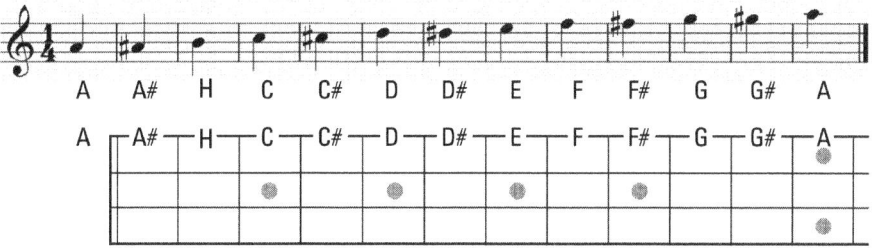

Abbildung B.7: Die Noten auf der A-Saite

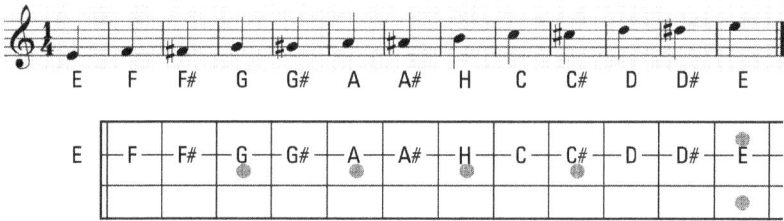

Abbildung B.8: Die Noten auf der E-Saite

Abbildung B.9: Die Noten auf der C-Saite

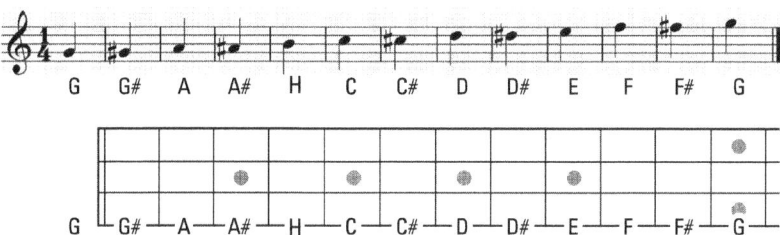

Abbildung B.10: Die Noten auf der g-Saite

Die Audio-Tracks

A uf der Begleit-CD zu *Ukulele für Dummies* finden Sie über 90 Audio-Tracks, auf die in den einzelnen Kapiteln immer wieder mit dem Play-Icon verwiesen wird. Sie können so die beschriebenen Techniken und Songs nachhören.

In diesem Teil des Anhangs habe ich für Sie noch einmal die kompletten Audio-Tracks aufgelistet.

Hier können Sie nachschlagen, wo Sie was auf der CD finden

In der Tabelle finden Sie sämtliche Tracks in durchnummerierter Reihenfolge; so finden Sie immer gleich, was Sie suchen. Die Zahl vor dem Punkt steht immer für die Kapitelnummer, die Zahl dahinter für die Abbildungsnummer.

Track	Abbildung	Songtitel/Beschreibung
1	–	Noten zum Stimmen
2	4.9	Abschlag-Abschlag/Aufschlag
3	4.10	»Li'l Liza Jane«
4	4.16	»I'll Fly Away«
5	4.24	»Wayfaring Stranger«
6	5.1	Schweizer-Armee-Schlagmuster (langsam und schnell)
7	5.7	»What Did the Deep Sea Say?«
8	5.10	»Shady Grove«
9	5.11	Ohne starken Anschlag und mit starkem Anschlag
10	5.19	»Take Me Out to the Ballgame«
11	5.21	»House of the Rising Sun«
12	5.23	Chnk-Anschlag
13	5.25	Zwölftaktiger Blues
14	5.26	Offbeat-Anschlag
15	5.27	»Banana Boat Song«
16	5.31	Riff mit Rock-Akkorden

17	5.32	Roll-Anschlag
18	6.2	»When the Saints Go Marching In«
19	6.7	»Man of Constant Sorrow«
20	6.9	»Irish Rover«
21	7.6	Einzelnoten
	7.7	Notenpaare
22	7.10	Viertelnoten
	7.11	Halbnoten und ganze Noten
	7.12	Achtelnoten und Sechzehntelnoten
23	7.15 und 7.16	Punktierte und gebundene Noten
24	7.23	»London Bridge Is Falling Down«
25	7.24	»I'll Fly Away«
26	7.25	»Take Me Out to the Ballgame«
27	8.3	Aufsteigende Tonfolge (langsam)
	8.4	Aufsteigende Tonfolge mit Akkorden
	8.6	Aufsteigende Tonfolge mit ausgefallenen Akkorden
28	8.7	Picking-Pattern mit auf- und absteigender Tonfolge
	8.8	Auf- und absteigendes Pattern mit Akkorden
29	8.9	Pattern mit gemeinsam gespielten Noten
	8.11	Pattern mit gemeinsam gespielten Noten und Akkorden
	8.12	Pattern mit gemeinsam gespielten Noten und Melodie
30	8.13	Fingerpicking-Pattern mit gemeinsam gespielten Noten (langsam)
	8.14	Fingerpicking-Pattern mit gemeinsam gespielten Noten und Akkorden
31	8.15	Picking mit wechselndem Daumenanschlag
	8.16	Picking-Pattern, bei dem sich der Daumen mit Zeige- und Mittelfinger abwechselt
32	8.19	Variation 1 zu 8.16
	8.20	Variation 2 zu 8.16
	8.21	Variation 3 zu 8.16
	8.22	Variation 4 zu 8.16
33	9.1	»London Bridge Is Falling Down« mit Melodie und Akkorden
34	9.2	»Amazing Grace« mit Melodie und Akkorden
35	9.3	»In the Pines« mit Melodie und Akkorden

36	9.4	»When the Saints Go Marching In« mit Melodie und Akkorden
37	9.5	»I'll Fly Away« mit Melodie und Akkorden
38	9.6	»Freight Train« mit Melodie und Akkorden
39	10.2	Hammering (mit offenen und gegriffenen Saiten)
	10.3	Hammering mit Akkorden
	10.4	Hammering mit Teilakkorden
40	10.5	Pull-offs
	10.6	Kombination aus Hammering und Pull-offs
41	10.9	Kombination aus Aufwärts- und Abwärts-Sliding
	10.11	In die Noten hineinsliden und wieder heraussliden
42	10.14	Bending-Übung
43	10.16	Solo mit Hammering, Pull-offs und Sliding
44	10.17	Banjo-Effekt auf der Ukulele (langsam und schnell)
45	10.18	Tremolo-Picking
46	10.19	Tonfolge mit gedämpften Saiten
47	10.20	Solo mit Akkordformen
48	10.21	Solo, bei dem Noten aller Akkorde einer Progression verwendet werden
49	10.23	Pentatonische C-Dur-Tonleiter
	10.26	Pentatonische c-Moll-Tonleiter
50	11.1	Die typischen drei Punkakkorde
51	11.2	Aus vier Akkorden bestehende Tonfolge im Stil von Nirvana
52	11.4	Akkordfolge mit Powerchords
53	11.6	Rock-Akkordfolge mit sus-Akkorden
54	11.7	Strumming im Stil von Bo Diddley (langsam und schnell)
55	11.8	Strumming im Stil von Iggy Pop (langsam und schnell)
56	11.9	Frage-und-Antwort Motiv
57	11.10	Solo mit Spannungsaufbau und Höhepunkt
58	12.1	Einfacher zwölftaktiger Blues
59	12.2	Variation des zwölftaktigen Blues
60	12.4	zwölftaktiger Blues mit zusätzlichem Akkord
61	12.5	»Careless Love«
62	12.7	»St. James Infirmary Blues«
63	12.8	Blues-Shuffle in C
	12.9	zwölftaktiger Blues-Shuffle
	12.10	zwölftaktiger Shuffle mit sieben Akkorden
	12.11	zwölftaktiger Shuffle in A

64	12.12	Blues-Turnaround (Grundform)
	12.13	Blues-Turnaround mit leer gespielter A-Saite
	12.14	Blues-Turnaround mit Doublestops
	12.15	Kniffliger Blues-Turnaround
65	12.16	»Memphis Blues«
66	12.22	Bluessolo auf der Bluestonleiter in C
67	12.23	Bluessolo auf der Bluestonleiter in A
68	13.1	Typisch hawaiianische Schlagtechnik (Strumming)
69	13.3	»Aloha Oe«
70	13.4	Hawaiianischer Turnaround
	13.5	Hawaiianischer Turnaround mit Triolenanschlag
71	13.6	Hawaiianischer Turnaround (Grundform)
	13.7	Hawaiianischer Turnaround für Fortgeschrittene
	13.8	Doppelter hawaiianischer Turnaround
72	13.9	»Papalina Lahilahi«
73	13.10	»Alekoki«
74	14.1	Jazz-Turnaround in C
75	14.3	»Darktown Strutters' Ball«
76	14.4	Erweiterter Jazz-Turnaround
77	14.6	Progression mit Vierklängen
78	14.7	»12th Street Rag«
79	14.9	Splitstroke mit Melodienoten
80	15.1	Touch-Strumming-Pattern
81	15.2	»Linstead Market«
82	15.3	Thumb-'n'-Strum-Pattern
	15.4	Thumb-'n'-Strum mit Melodieführung
83	15.6	Strumming im Bob-Marley-Stil
	15.7	Bob-Marley-Strumming mit gedämpften Anschlägen
84	16.1	»Guten Abend, gute Nacht« von Johannes Brahms
85	16.2	»Greensleeves«
86	16.3	»Romanza«
87	16.4	Carullis »Andante«
88	16.5	»The Star Spangled Banner« (Standardversion)
	16.6	»The Star Spangled Banner« (Campanella-Version)

89	16.7	»Gran Vals« (Standardversion)
	16.8	»Gran Vals« (Campanella-Version)
90	17.1	»The Twelve Days of Christmas«
91	17.2	»Auld Lang Syne«
92	17.3	»Silent Night«

Stichwortverzeichnis